La révolution
transhumaniste

*La liste des ouvrages
du même auteur
figure en fin de volume.*

Luc Ferry

La révolution
transhumaniste

*Comment la technomédecine et l'uberisation
du monde vont bouleverser nos vies*

PLON
www.plon.fr

© Éditions Plon, un département d'Édi8, 2016
12, avenue d'Italie
75013 Paris
Tél. : 01 44 16 09 00
Fax : 01 44 16 09 01
www.plon.fr

ISBN : 978-2-259-24915-7

Introduction

De quoi s'agit-il ? Pourquoi ce livre ?

Ne croyez surtout pas qu'il s'agisse de science-fiction : le 18 avril 2015, une équipe de généticiens chinois a entrepris de réaliser une expérience sur quatre-vingt-trois embryons humains afin de « réparer », voire « d'améliorer », le génome de leurs cellules. S'agissait-il « seulement » d'embryons non viables ? L'expérience fut-elle encadrée d'un point de vue éthique et limitée dans le temps ? Quels en furent les résultats ? L'opacité qui entoure en Chine ce genre de travaux est telle que nul n'est vraiment capable de répondre à ces questions. Du reste, l'article qui faisait le compte rendu de cette expérimentation fut refusé, pour des raisons déonto-logiques, par les deux revues prestigieuses qui auraient pu lui donner une légitimité, *Science* et *Nature*. Ce qui est certain, à tout le moins, c'est que les techniques qui permettent de « couper/coller » des séquences d'ADN ont formidablement progressé au cours de ces toutes dernières années[1], au point

---

1. Notamment grâce au système dit « Crispr-Cas9 », utilisé par cette équipe chinoise, une technique de « découpage » et « bouturage » de l'ADN mise au point par deux jeunes chercheuses, une Française, Emmanuelle Charpentier, et une Américaine, Jennifer Doudna, dont on dit qu'elles sont nobélisables pour cette avancée extraordinaire.

que les biotechnologies sont désormais capables de modifier le patrimoine génétique des individus, comme on le fait, du reste, depuis des lustres pour les grains de maïs, de riz ou de blé – ces fameux « OGM » qui suscitent tant l'inquiétude et la colère des écologistes.

Jusqu'où pourra-t-on aller dans cette voie avec des êtres humains ? Sera-t-il possible un jour (bientôt ? déjà ?) « d'augmenter » à volonté tel ou tel trait de caractère, l'intelligence, la taille, la force physique ou la beauté de ses enfants, d'en choisir le sexe, la couleur des cheveux ou des yeux ? Nous n'en sommes pas encore là, bien des obstacles restent sans doute à franchir sur les plans technique et scientifique, mais, en théorie du moins, rien n'est désormais impossible. De nombreuses équipes de chercheurs y travaillent de la manière la plus sérieuse qui soit un peu partout dans le monde. Ce qui est tout aussi certain, c'est que les progrès des technosciences sont dans ces domaines d'une ampleur et d'une rapidité inimaginables, qu'ils se font à bas bruit, sans attirer l'attention des politiques, à peine celle des médias, de sorte qu'ils échappent quasi entièrement au commun des mortels, comme à toute régulation un tant soit peu coercitive.

Comme l'ont compris un certain nombre de penseurs de premier plan en dehors de la France, aux États-Unis et en Allemagne notamment – Francis Fukuyama, Michael Sandel ou Jürgen Habermas, par exemple –, cette nouvelle donne nous oblige à réfléchir, à anticiper les questions abyssales que ces nouveaux pouvoirs de l'homme sur l'homme vont inévitablement soulever sur les plans éthique, politique, économique, mais aussi spirituel dans les années qui viennent. Tout l'objet de ce livre est de tenter de poser ces questions, de les expliciter en analysant leurs tenants et aboutissants afin d'en faire ressortir dès maintenant les enjeux essentiels.

Il est temps, en effet, de prendre conscience, chez nous comme dans le reste de l'Europe, qu'une nouvelle idéologie s'est développée aux États-Unis, avec ses prophètes et ses savants, ses éminences et ses clercs, sous le nom de « transhumanisme », un courant de plus en plus puissant, soutenu par les géants du Web, à l'instar de Google, et doté de centres de recherche aux financements quasi illimités. Ce mouvement, encore peu connu chez nous, n'en a pas moins déjà suscité dans d'autres pays, outre-Atlantique notamment, des milliers de publications, de colloques, de débats passionnés dans les universités, les hôpitaux, les centres de recherche, les cercles économiques et politiques. Il est représenté par des associations dont le rayonnement international est de plus en plus impressionnant. On annonce même qu'un candidat à la prochaine élection présidentielle américaine portera les couleurs du transhumanisme. D'une manière générale (mais nous allons approfondir et préciser les choses dès notre premier chapitre), les transhumanistes militent, avec l'appui de moyens scientifiques et matériels considérables, en faveur d'un recours aux nouvelles technologies, à l'usage intensif des cellules souches, au clonage reproductif, à l'hybridation homme/machine, à l'ingénierie génétique et aux manipulations germinales, celles qui pourraient modifier notre espèce de façon irréversible, en vue d'améliorer la condition humaine.

Pourquoi parler à ce propos de « révolution » ? N'est-ce pas forcer le trait ?

Il n'en est rien. D'abord parce que ce type de projet est tout simplement devenu possible et même, pour une part, comme on vient de le suggérer en évoquant les travaux menés en Chine (mais aussi en Corée), réel, et qu'il sera chaque année davantage développé dans certains pays étant donné les progrès fulgurants de la biochirurgie, de l'informatique, des nanotechnologies, des objets connectés, de la médecine régénératrice, de la robotique, des imprimantes 3D, de la cybernétique et du développement des différents visages de l'intelligence artificielle. Ensuite, parce que le nouveau scénario médical – et le changement radical de vision de la médecine qu'il implique – semble de plus en plus accepté, malgré l'effroi qu'il suscite au premier abord chez nombre d'observateurs.

Tâchons d'êtres clairs sur ce point, qui est sans doute l'essentiel.

De l'idéal thérapeutique à l'idéal de « l'augmentation/amélioration »

Depuis les temps les plus reculés, en effet, la médecine reposait sur une idée simple, un modèle bien éprouvé : « réparer » dans le vivant ce qui avait été « abîmé » par la maladie. Son cadre de pensée était essentiellement, pour ne pas dire exclusivement, *thérapeutique*. Dans l'Antiquité grecque, par exemple, le médecin était censé viser la santé, c'est-à-dire l'harmonie du corps biologique comme le juge celle du corps social. On cherchait le retour à l'ordre après le désordre, la restauration de l'harmonie après l'apparition de la maladie, biologique ou sociale, causée par des agents pathogènes ou des criminels. On naviguait entre deux limites bien balisées, celles du normal d'un côté, et du pathologique de l'autre. Pour les tenants du mouvement transhumaniste, ce paradigme est désormais obsolète, dépassé et dépassable, en particulier grâce à la convergence

10

de ces nouvelles technologies qu'on désigne sous l'acronyme
« NBIC » : nanotechnologies, biotechnologies, informatique
(big data, Internet des objets) et cognitivisme (intelligence
artificielle et robotique) – innovations aussi radicales qu'ultrarapides, qui vont probablement faire changer la médecine
et l'économie davantage dans les quarante ans qui viennent
que dans les quatre mille ans qui précèdent, auxquelles on
peut ajouter, comme je viens de le suggérer, les nouvelles
techniques d'hybridation ainsi que l'invention des imprimantes 3D dont les usages divers, notamment médicaux,
se développent eux aussi de manière exponentielle.

Les NBIC – et rassurez-vous si vous ignorez encore
ces termes, nous allons bien entendu les définir le plus
clairement possible dans ce qui suit, notamment dans
l'annexe qui est destinée, pour ceux qui en auraient besoin,
à expliquer les quelques notions indispensables à la compréhension du transhumanisme comme de l'économie dite
« collaborative[1] » –, les NBIC donc permettent désormais
d'envisager les professions de santé sous un angle neuf. Il
ne s'agit plus simplement de « réparer », mais bel et bien
« d'améliorer » l'humain, de travailler à ce que les transhumanistes appellent son *improvement* ou son *enhancement*,
son « augmentation[2] » – au sens où l'on parle d'une « réalité

---

1. Je mets ici des guillemets, par précaution, car, comme on le verra
dans ce qui suit, cette économie est en réalité, à l'encontre de ce qu'es-
saient de faire croire des idéologues comme Jeremy Rifkin, fort peu
collaborative : elle marque bien plutôt une avancée jusqu'alors inédite
dans la logique pure et dure de l'individualisme ultralibéral puisqu'elle
repose très largement sur la quête de superprofits ultrarapides, ainsi
que sur la dérégulation et la marchandisation de biens (voitures, appartements, services, etc.) naguère encore privés.
2. Voir Allen Buchanan, *Better than Human. The Promise and Perils
of Enhancing Ourselves* (« Mieux qu'humain. Promesses et dangers du
projet de nous augmenter nous-mêmes »), Oxford University Press,

augmentée » quand on évoque ces systèmes informatiques qui permettent de superposer des images virtuelles aux images réelles : vous braquez l'appareil photo logé dans votre smartphone sur un monument dans la ville que vous visitez, et vous voyez apparaître aussitôt sur l'écran des informations comme sa date de création, le nom de son architecte, sa destination initiale ou actuelle, etc. Il s'agit donc d'une véritable révolution dans le monde de la biologie et de la médecine – mais nous verrons qu'elle touche toutes les dimensions de la vie humaine, à commencer par l'économie collaborative, celle qui sous-tend des entreprises telles que Uber, Airbnb ou BlaBlaCar, pour ne citer que les plus populaires en France.

Les transhumanistes ont d'ailleurs beau jeu de souligner que, depuis des années déjà, ce bouleversement de perspectives était en marche sans qu'on s'en aperçoive et y réfléchisse vraiment. La chirurgie esthétique, par exemple, s'est développée tout au long du siècle dernier dans le but, non de soigner, mais bel et bien d'améliorer, en l'occurrence « d'enjoliver » le corps humain. Car la laideur, que

2011 ; Nick Bostrom et Julian Savulescu, *Human Enhancement*, Oxford University Press, 2009 ; John Harris, *Enhancing Evolution: The Ethical Case for Making Better People* (« Améliorer l'évolution, la question éthique posée par le projet de rendre les gens meilleurs »), Princeton University Press, 2007. En français, on peut lire également : *La Mort de la mort*, de Laurent Alexandre, JC Lattès, 2011, *Demain les posthumains*, de Jean-Michel Besnier, Fayard, Collection « Pluriel », 2012, ou encore, de Jean-Didier Vincent et Geneviève Férone, *Bienvenue en Transhumanie*, Grasset, 2011. On lira aussi l'ouvrage de Nicolas Le Dévédec, *La Société de l'amélioration. La perfectibilité humaine, des Lumières au transhumanisme*, Liber, 2015, qui défend notamment l'idée que l'intérêt croissant pour une transformation de la nature biologique de l'homme est lié au déclin du projet des Lumières, celui de l'amélioration sociale et politique de sa condition.

l'on sache, n'est pas une maladie, et un physique disgracieux, quelle que soit la définition qu'on en donne, n'a rien d'une pathologie (bien qu'il puisse parfois en être l'effet). Même chose pour le Viagra et autres drogues « fortifiantes » qui visent, elles aussi, cela dit sans mauvais jeu de mots, à quelque « augmentation » de l'organisme humain. Dans de nombreux domaines, la ligne de démarcation entre thérapeutique et amélioration est floue : les médicaments destinés à lutter contre les diverses formes de sénescence qui nous atteignent tous un jour ou l'autre relèvent-ils de la première ou de la seconde catégorie ? Et que dire même de la vaccination ? Où la classer entre ces deux sphères ? La littérature transhumaniste fourmille de discussions pointues et argumentées sur ces sujets[1]. Non seulement la distinction entre augmentation et thérapeutique est parfois difficile à établir, mais, aux yeux des militants, elle n'a de toute façon aucune valeur sur le plan moral. Les transhumanistes aiment illustrer leurs propos en évoquant le cas de deux personnes de très petite taille, par exemple celui de deux hommes ne dépassant pas, disons, un mètre quarante-cinq, le premier parce qu'il a été atteint d'une maladie dans son enfance, le second parce que ses parents, bien que tout à fait « normaux », sont simplement eux-mêmes de très petite taille. Pourquoi soigner l'un et rejeter l'autre, du moment qu'ils souffrent également de leur petitesse dans une société qui, à tort ou à raison, valorise plutôt la grandeur ? Sur le plan éthique, tel est du moins le point de vue du transhumanisme, la différence entre un nanisme « pathologique » et un nanisme « normal »

---

1. Voir par exemple le livre fondamental d'Allen Buchanan *et alii*, *From Chance to Choice, Genetics and Justice*, Cambridge University Press, 2001, ainsi que, du même auteur, *Beyond Humanity?*, Oxford University Press, 2011.

n'a pas lieu d'être, seul le vécu douloureux des individus étant à prendre en compte.

Donnons un autre exemple.

Il y a aujourd'hui, en France, environ 40 000 personnes atteintes d'une maladie génétique dégénérative, la rétinite pigmentaire, qui rend peu à peu aveugles ceux qui en souffrent. Or, une firme allemande a développé une puce électronique qui, une fois implantée derrière la rétine du malade, permet de lui rendre une grande partie de sa vue. La puce convertit la lumière en signaux électriques, puis elle les amplifie et les transmet à la rétine par une électrode, de sorte que les signaux peuvent emprunter la voie normale du nerf optique pour atteindre le cerveau où ils sont transformés en images. Notez déjà que, il y a peu encore, on aurait parlé de science-fiction, et au début du siècle dernier, les meilleurs savants auraient sans doute traité d'imposteur quiconque aurait prétendu parvenir un jour à un tel exploit ! Aujourd'hui, c'est chose faite, et c'est à peine si nous en sommes surpris. Remarquez aussi qu'on a là un bel exemple du passage insensible du thérapeutique à l'augmentatif : au point de départ, il s'agit certes de guérir une pathologie, mais à l'arrivée, on a affaire à une hybridation homme/machine. Ajoutons encore que, si un jour un pas de plus était accompli par la science et que la chirurgie génétique permettait par un «couper/coller» de réparer les gènes défectueux dans l'embryon, il serait bien difficile de s'y opposer, et ce pour une raison assez simple, c'est qu'il n'y aurait en vérité guère de motif raisonnable de le faire.

Où mon lecteur commence, je l'espère, à comprendre que les questions éthiques soulevées par le projet transhumaniste sont très loin d'être aussi simples que le pensent ceux qui se croient autorisés, comme on aime en général dans la grande presse, à prendre position «pour ou contre», comme s'il allait de soi qu'on pouvait régler le sujet en termes binaires. Les progrès des sciences peuvent avoir des retombées réellement admirables, comme des conséquences effroyables. On le verra dans ce qui suit, il est absolument crucial de bien distinguer ces deux niveaux de réflexion tout différents, même si la ligne de partage est parfois difficile à opérer : d'un côté les réalités, ou à tout le moins les projets, authentiquement scientifiques et, de l'autre, les idéologies, parfois détestables, voire effroyables, qui les accompagnent. En l'occurrence, s'agissant de la rétinite pigmentaire, il suffit d'écouter ceux qui ont bénéficié de la puce en question et qui ont recouvré la vision pour comprendre qu'on se meut bel et bien dans le registre du hautement souhaitable – comme nous l'assure cette Anglaise interviewée dans un journal français[1], qui, aveugle depuis l'enfance, n'avait jamais pu voir le visage de ses deux filles et qui raconte comment, après son opération (réussie), elle s'est «sentie comme un enfant le jour de Noël». En la matière, le véritable ennemi de la pensée est le simplisme. Parler du «cauchemar transhumaniste» est aussi profondément stupide que de parler d'une félicité ou d'un salut transhumanistes. Tout est ici question de nuances ou, pour mieux dire, de limites, de distinctions entre science et idéologie, entre thérapeutique, augmentation et même, comme on vient de le voir avec cet exemple, entre thérapeutique classique et «augmentation thérapeutique». Au fond, tout revient en dernière instance à une même question : s'agit-il de rendre l'humain plus humain – ou pour mieux dire, meilleur parce que plus humain –, ou veut-on au contraire le déshumaniser, voire engendrer artificiellement une nouvelle espèce, celle des posthumains ?

---

1. *Le Parisien*, 8 janvier 2016.

Lutter contre la vieillesse et la mort

C'est évidemment dans une optique « méliorative » que les transhumanistes ont entrepris d'aller jusqu'au bout de leur logique et de considérer la vieillesse et la mort, sinon comme des pathologies, du moins comme des maux analogues à des maladies puisque les souffrances qu'elles engendrent sont finalement aussi grandes, voire plus terrifiantes encore que celles provoquées par quelque affection de l'organisme humain – en quoi la médecine, si les nouvelles technologies le permettent, se doit selon eux de viser autant qu'il est possible leur éradication. Mon ami André Comte-Sponville m'a dit un jour que je lui parlais de mon projet de livre sur ces sujets, avec un brin d'ironie et de scepticisme dans la voix : « Mais enfin, Luc, la vieillesse et la mort ne sont tout de même pas des maladies ! » Certes, il a tout à fait raison, et ce d'autant plus que ces fléaux pour nos petites personnes mortelles ont leur utilité bien réelle du point de vue de l'espèce dans une optique darwinienne où l'individu n'a plus grand-chose à faire sur cette Terre une fois qu'il a transmis ses gènes. Dans son excellent *Dictionnaire philosophique* (aux PUF), on n'en lit pas moins, à l'entrée « Vieillesse », ces lignes tout à fait édifiantes :

> « Le vieillissement est l'usure d'un vivant, laquelle diminue ses performances (sa puissance d'exister, de penser, d'agir...) et le rapproche de la mort. C'est donc un processus dont on remarquera qu'il est moins une évolution qu'une involution, moins une avancée qu'un recul. La vieillesse est l'état qui résulte de ce processus, état par définition peu enviable (qui ne préférerait rester jeune ?), et pourtant, pour presque tous, préférable à la mort. C'est que la mort n'est rien quand la vieillesse est encore quelque chose. »

Bien vu et bien dit. Mais, dans ces conditions, puisque tous ou presque aimeraient ne pas vieillir, puisque tous ou presque préfèrent malgré tout la vieillesse à la mort – ce qui en dit long sur le regard que l'on jette sur elles –, pourquoi ne pas les considérer comme des maux dont il faudrait se débarrasser autant qu'il est possible ? Du reste, mythologies et religions n'ont-elles pas tout fait depuis des millénaires pour accréditer l'idée que l'immortalité était un idéal de salut supérieur à tout autre ?

Nombre de biologistes vous diront que le projet de lutter contre la vieillesse et la mort est illusoire, qu'il relève, non de la science véritable, mais de la science-fiction. Peut-être s'agit-il de maux aux yeux des humains, mais du point de vue de la sélection naturelle, ce sont des nécessités qui possèdent, comme je viens de le suggérer, leur utilité : une fois qu'un organisme vivant s'est reproduit, qu'un être humain a engendré sa descendance et qu'il a vécu assez longtemps pour la protéger et l'élever jusqu'à ce qu'elle puisse elle-même à son tour engendrer, sa mission sur cette Terre peut être considérée comme achevée en termes de théorie de l'évolution. Il est donc normal qu'à partir de ce stade l'être humain, comme tous les autres mammifères, vieillisse et meure pour faire, comme on dit si bien, « place aux jeunes ». Du point de vue de l'espèce, la vieillesse et la mort sont donc fort utiles, voire indispensables, et vouloir s'opposer à la logique de la nature reviendrait à s'exposer à des déconvenues terrifiantes. En outre, comme l'explique Axel Kahn, l'un de nos meilleurs généticiens, on « n'améliore » pas un organisme vivant sur ces deux chapitres sans prendre le risque insigne de provoquer d'autres déséquilibres, voire des monstruosités, car l'organisme est un tout, et ce que l'on modifie d'un côté produit en général des catastrophes de l'autre. Du reste, ainsi argumentent ceux qui tiennent cet aspect du transhumanisme pour irréaliste et/ou dangereux, dans l'état actuel des sciences, aucune avancée expérimentale concrète et vérifiable ne permet de dire qu'on pourra réellement « arrêter le temps », enrayer les processus de sénescence et parvenir à ce que *L'Épopée de Gilgamesh* présentait déjà, dix-huit siècles avant notre ère, comme l'idéal de la « vie sans fin ».

Tout cela est juste, doit être pris en compte et examiné avec soin. Il n'en reste pas moins que d'autres scientifiques, tout aussi sérieux, défendent un point de vue différent[1]. Si la « mort de la mort », en effet, n'est pas encore à l'ordre du jour, l'idée de reculer à tout le moins de manière considérable les limites de la fin de vie est tout sauf scientifiquement impensable. Il n'existe encore, c'est également vrai, aucune avancée réelle dans ce domaine[2], même si sur certains champignons et sur les drosophiles (les fameuses mouches de laboratoire), en revanche, la recherche avance. Mais l'usage des cellules souches, les progrès en matière d'hybridation et de médecine réparatrice pourraient permettre un jour prochain de réparer bien des organes abîmés ou vieillis. Le cerveau, hélas, est et restera sans doute longtemps encore

---

1. Dans le genre, le meilleur ouvrage qu'on puisse lire en français est celui du Dr Laurent Alexandre, *La Mort de la mort*, JC Lattès, 2011. Il fait le point de manière lumineuse et argumentée, sans occulter les difficultés morales ni scientifiques, sur la question de la vieillesse et de l'immortalité. On lira aussi avec profit, sur ce sujet et sur les recompositions du monde médical que les nouvelles technologies vont induire, le passionnant livre du Pr Guy Vallancien, *La Médecine sans médecin ? Le numérique au service du malade*, Gallimard, 2015.

2. On notera cependant que, cette année même, une équipe de chercheurs de l'université de Rochester a réussi à augmenter de 30 % la longévité de souris transgéniques tout en améliorant de manière considérable leur qualité de vie. Mais bien évidemment, les humains ne sont pas des souris !

l'organe le plus difficile à « rajeunir », mais l'évolution des sciences et des techniques est si rapide et si impressionnante depuis une cinquantaine d'années qu'exclure cette possibilité *a priori* relèverait en réalité de l'idéologie[1] – les transhumanistes renversant pour ainsi dire la charge de la preuve : en effet, qui pourrait sérieusement prétendre, au vu des découvertes accomplies dans ces domaines depuis la mise au jour de la structure de l'ADN en 1953 par Watson et Crick, qu'un recul plus ou moins considérable de la fin de vie est absolument et définitivement impossible[2] ? La vérité est qu'on n'en sait rien, mais qu'on y travaille, et que la recherche sur les cellules cancéreuses, qui paradoxalement nous tuent parce qu'elles sont immortelles, ouvre elle aussi des perspectives sur la maîtrise du temps, de la « chronobiologie », qui pourraient un jour se révéler prometteuses – ce qui, en toute hypothèse, même si l'on reste prudent, doit nous obliger à réfléchir dès maintenant aux conséquences éventuelles d'une augmentation considérable de la longévité humaine.

Car elle poserait – et pose dès maintenant, étant donné l'allongement de la vie auquel on a déjà assisté au cours du XXe siècle (même s'il est dû à d'autres raisons que la maîtrise de la génétique humaine, à savoir, pour l'essentiel, la diminution des morts précoces) – une foule de questions qu'il nous faut bien commencer à envisager : en admettant même qu'on laisse de côté les problèmes démographiques

---

1. Google a investi tout récemment des centaines de millions de dollars dans sa société Calico dont la finalité officielle est de « tuer la mort ».
2. Il est du reste significatif que la plupart des innovations médicales que Jacques Attali annonçait en 1979 dans son livre *L'Ordre cannibale. Vie et mort de la médecine* (Grasset) et qui semblaient à l'époque relever de la SF la plus futuriste sont devenues réalité.

évidents, mais aussi économiques (la question du financement des retraites prendrait une tout autre dimension
si nous devions vivre deux cents ans !) ou sociaux (il y
aura sans doute des inégalités de plus en plus grandes
et de plus en plus insupportables face aux nouveaux
pouvoirs de la médecine), il va nous falloir renouer avec
l'interrogation qui hantait déjà les mythes et légendes de
Gilgamesh, d'Asclépios ou de Sisyphe, pour ne rien dire de
la grande promesse chrétienne : aurions-nous envie, oui ou
non, de vivre plusieurs siècles comme les transhumanistes
nous promettent d'y parvenir un jour ? Aimerions-nous
vraiment accéder à une certaine forme d'immortalité
« réelle », ici-bas, la mort ne venant plus que de l'extérieur,
par accident, meurtre ou suicide ? Il viendra un temps, me
confiait mon ami Jean-Didier Vincent, l'un de nos plus
grands biologistes, où « nous ne mourrons plus que sur le
modèle du service à thé de la grand-mère : ça finit toujours
par s'ébrécher et se casser, mais seulement par inadvertance ». Que ferions-nous dans une telle situation, si nous
étions (presque) immortels ? Aurions-nous encore envie
de travailler, de nous lever le matin pour aller à l'usine
ou au bureau ? Ne serions-nous pas gagnés par l'ennui
et la paresse ? Qu'aurions-nous encore à apprendre après
d'interminables décennies d'existence ? Voudrions-nous
toujours accomplir de grandes choses, continuer de nous
perfectionner ? Nos histoires d'amour ne deviendraient-elles
pas lassantes ? Souhaiterions-nous, pourrions-nous même
encore avoir des enfants ? Un livre, un film, un morceau
de musique qui n'auraient pas de fin n'auraient guère de
sens. En irait-il de même pour cette « vie sans fin » que le
roi d'Uruk, déjà, dans le premier livre écrit dans l'histoire
de l'humanité, voulait conquérir à tout prix ?

Introduction

J'ai tendance à penser que ceux qui aiment la vie, mais aussi tous ceux que la mort effraie, seraient heureux de pouvoir prolonger leur existence et, du coup, qu'ils deviendraient sans doute fort ingénieux s'agissant de résoudre les problèmes que poserait leur longévité. En toute hypothèse, ce sont aussi ces questions que le transhumanisme nous oblige à nous poser – et après tout, elles en valent bien d'autres, ne serait-ce que pour nous contraindre à réfléchir davantage à notre condition humaine actuelle. Voilà pourquoi, quand bien même son projet n'est pas encore assuré, ni, *a fortiori*, accompli, il rencontre un tel succès sur ce continent nord-américain qui possède encore, pour le meilleur comme pour le pire parfois, une longueur d'avance sur le vieux monde.

Cela dit, le mouvement commence à toucher l'Europe et, soyez-en certains, il ne fera que s'amplifier vite et fort au fil de la décennie qui vient, ainsi que le fait désormais sous nos yeux cette économie collaborative que la France vient de découvrir avec UberPop, comme au sortir d'un réveil en sursaut. Bien que les « GAFA » (Google, Apple, Facebook et Amazon), auxquels on ajoutera Microsoft, Twitter ou LinkedIn, soient tous américains, ils n'en rencontrent pas moins chez nous un écho de plus en plus large. Il est significatif que ce soit fort tardivement, pour l'essentiel au cours des années 2014-2015, que les Européens aient commencé à prendre véritablement conscience des perspectives que les nouvelles technologies portées par les nouveaux géants du Web ont ouvertes sur le plan économique avec « l'uberisation du monde ». Il est à vrai dire étrange, voire préoccupant, que l'Europe ait à ce point sous-estimé l'impact colossal sur la vie de tous les jours, mais aussi sur l'emploi et la consommation, qu'auraient des applications telles que Uber, BlaBlaCar, Airbnb, Vente-privee.com, et tant d'autres – qui viennent concurrencer les taxis, les locations de voitures ou d'appartements, les hôtels ou les grands magasins en s'appuyant sur les nouveaux pouvoirs ouverts par les objets connectés, les réseaux sociaux et les big data, *c'est-à-dire, pour une part non négligeable, sur les mêmes technologies que mobilise le transhumanisme.* Car une fois le processus enclenché, l'uberisation concerne très vite, globalisation oblige, le monde entier. Bien entendu, nous allons, là encore, définir et expliquer le plus simplement possible au cours d'un prochain chapitre ces notions clés, des concepts dont j'ai pu maintes fois vérifier combien ils sont encore mal connus de nos concitoyens, y compris cultivés ou responsables politiques (ce qui n'est pas toujours la même chose, cela dit au passage, par euphémisme…).

Le mouvement transhumaniste n'en a pas moins reçu depuis plus de dix ans ses lettres de noblesse, notamment grâce à quatre grands rapports qui l'ont placé, aux États-Unis, puis dans l'Union européenne elle-même, au cœur du cœur des débats éthiques, politiques et scientifiques, de sorte que ce courant de pensée est devenu, au sens non galvaudé du terme, « incontournable ».

Quatre grands rapports ont permis au transhumanisme d'acquérir ses lettres de noblesse au niveau européen et mondial

Au moment où j'écris ces lignes, j'ai ces textes disposés devant moi, sur mon bureau. Je les ai lus et relus avec attention. Vous pouvez du reste facilement vous les procurer sur le Net[1]. Dès les premières lignes, on mesure

---

1. Et en trouver un résumé synthétique fort bien fait dans l'excellent petit livre du philosophe belge Gilbert Hottois : *Le transhumanisme est-il*

à quel point les approches de la révolution transhumaniste peuvent être différentes, voire opposées entre elles, pour ne pas dire radicalement hostiles. C'en est presque amusant tant on frise parfois la caricature.

Le premier rapport, américain, a été rédigé en 2002 et publié en 2003 sous le titre (que je traduis ici en français) : « La convergence des technologies destinées à augmenter les performances humaines : nanotechnologies, biotechnologies, technologies de l'information et sciences cognitives[1] » (NBIC). Aussi optimiste qu'enthousiaste, il connaîtra un retentissement considérable. Il recommande d'investir massivement dans le projet transhumaniste – ce que Google va s'empresser de faire –, car il en attend les plus grands bienfaits. Du reste, à ne pas le faire, plaide-t-il dans ses conclusions, on prendrait le risque insensé que les États-Unis soient dépassés par des pays moins scrupuleux et moins démocratiques – la Corée du Nord, par exemple, voire telle ou telle théocratie fondamentaliste qui pourrait se lancer dans la course avec moins de barrières éthiques et profiter ainsi d'avantages décisifs sur les plans économique et militaire.

Un deuxième rapport vint aussitôt tempérer le premier pour mettre en place les termes du débat entre « bioprogressistes » et « bioconservateurs » qui n'allait que croître

---

un humanisme ?, aux éditions de l'Académie royale de Belgique, 2014. C'est sans nul doute la meilleure introduction qu'on puisse lire en français sur le sujet. Par sa clarté et son honnêteté intellectuelle, le livre de Gilbert Hottois, qui plaide pour un « transhumanisme modéré », mérite d'être pris tout à fait au sérieux.

1. *Converging Technologies for Improving Human Performance – Nanotechnology, Biotechnology, Information Technology and Cognitive Science,* par Mihail C. Roco et William Sims Bainbridge, Kluwer Academic Publishers, 2003.

et embellir jusqu'à nos jours : « *Beyond Therapy. Biotechnology and the Pursuit of Happiness* » (« Au-delà de la thérapie. Les biotechnologies et la recherche du bonheur »). Rédigé en 2003 par le Comité de bioéthique américain dont les membres étaient alors nommés par le président George Bush, avec la participation et l'influence décisives des deux penseurs américains sans doute les plus hostiles au transhumanisme, Michael Sandel et Francis Fukuyama (dont nous analyserons plus loin les principaux arguments), il s'oppose de toutes ses forces au projet « d'augmenter » l'humain et recommande avec l'énergie du désespoir que la médecine et les nouvelles technologies qui, désormais, la font progresser à pas de géant demeurent clairement dans le cadre traditionnel de la seule thérapeutique, à l'exclusion de toute volonté « méliorative ». Il critique en particulier de manière radicale le projet prométhéen de « fabriquer » des « enfants supérieurs », des « corps sans âge » et des « âmes pleines de félicité » (« *happy souls* ») à l'aide des biotechnologies et des manipulations génétiques. On notera au passage, c'est essentiel, qu'il prend très au sérieux la réalité du projet transhumaniste : loin de le tenir pour fantaisiste ou utopiste, il y voit une possibilité déjà largement réelle, ce qui, du reste, justifie son ton alarmiste qu'on comprendrait mal si le projet de l'augmentation humaine (*human enhancement*) n'était pas considéré comme viable.

Le premier rapport officiel de l'Union européenne consacré au transhumanisme paraît en 2004. Bien qu'écrit, lui aussi, en anglais, sous la direction du commissaire Philippe Busquin, avec ce titre évocateur : « *Converging Technologies. Shaping the future of European Societies* » (« Les technologies convergentes. Façonner le futur des sociétés européennes »), il porte la marque de ses origines continentales. Comme on pouvait s'y attendre, il s'inscrit dans le sillage « bioconservateur » déjà tracé par Fukuyama et Sandel. Non seulement il rejette l'idée qu'il y aurait urgence, dans la compétition mondiale, à s'engager dans la logique « méliorative » proposée par les transhumanistes, mais, se situant explicitement dans la tradition de l'humanisme classique, celui des « Lumières » européennes, il plaide pour l'idée que c'est à l'amélioration, non pas biologique et naturelle, mais avant tout sociale et politique que doivent s'appliquer les nouvelles technologies. Au nom d'un attachement à l'égalitarisme présenté comme une valeur sacrée, il s'oppose de toutes ses forces au projet d'une « amélioration génétique » de l'humanité, logique fatale qui, selon lui, engendrerait des inégalités insupportables et insurmontables. Là encore, malgré son hostilité aux thèses transhumanistes, ou peut-être justement à cause d'elle, ce rapport ne les présente jamais comme délirantes ou irréalistes. Au contraire, c'est parce qu'il les prend tout à fait au sérieux qu'il entend tirer la sonnette d'alarme.

Plus nuancé, paraît en 2009 un nouveau rapport européen. Il émane cette fois-ci, non de la Commission, mais du Parlement. Il est, lui aussi, ce qui décidément en dit long sur la domination américaine en ces domaines comme en d'autres, rédigé en anglais sous le titre « *Human Enhancement* » (« L'amélioration de l'être humain »). Pour l'essentiel, il émane de chercheurs allemands et hollandais. Comme le note à juste titre le philosophe belge Gilbert Hottois[1], il se rapproche, fût-ce avec plus de prudence et de modération, du premier rapport américain. Sans en avoir ni les envolées lyriques ni l'enthousiasme technophile, il n'en tend pas moins à effacer la distinction cruciale entre

---

1. Gilbert Hottois, *Le transhumanisme est-il un humanisme ?*, *op. cit*, chapitre 1.

thérapeutique et amélioration. Considérant que le transhumanisme est désormais incontournable, que le courant est installé de manière définitive et que « les tentatives pour le ridiculiser sont elles-mêmes ridicules », il essaie, à juste titre me semble-t-il, d'inaugurer enfin une réflexion plus fine sur les dangers, certes considérables, du projet, mais aussi sur les avantages incontestables qu'il promet et que nul ne peut balayer sérieusement d'un revers de main. Il s'agit donc, non de tout interdire ou tout autoriser, mais de commencer à penser les limites, de réfléchir aux conditions de la régulation qui devrait s'imposer à un niveau international. C'est dans cet esprit qu'il fera date et qu'une série d'avis ou de recommandations seront ensuite rendus par les diverses instances de l'Union européenne.

Bien entendu, comme en témoignent ces différents rapports, le mouvement transhumaniste soulève des polémiques nombreuses et parfois violentes, il regroupe des tendances et des personnalités fort diverses, depuis les savants les plus sérieux et les entreprises les moins farfelues jusqu'à des personnalités aussi controversées que Ray Kurzweil, le président de la désormais célèbre Université de la Singularité, le grand centre de recherche transhumaniste financé par Google dans la Silicon Valley.

Fondamentalement, nous verrons que le transhumanisme se divise en deux grands camps, entre ceux qui veulent « simplement » améliorer l'espèce humaine sans renoncer pour autant à son humanité, mais au contraire en la renforçant, et ceux qui, comme Kurzweil justement, plaident pour la « technofabrication » d'une « posthumanité », pour la création d'une nouvelle espèce, le cas échéant hybridée avec des machines dotées de capacités physiques et d'une intelligence artificielle infiniment supérieures aux nôtres. Dans le premier cas, le transhumanisme se situe volontiers dans la continuité d'un certain humanisme « non naturaliste » (nous verrons plus loin ce que cela signifie précisément), un humanisme qui, de Pic de la Mirandole jusqu'à Condorcet, plaidait pour une perfectibilité infinie de l'être humain. Dans le second, la rupture avec l'humanisme sous toutes ses formes est à la fois consommée et assumée.

Un inquiétant mutisme des démocraties européennes encore largement plongées dans l'ignorance des nouvelles technologies

Tandis qu'on parle *urbi et orbi* du climat, que l'affaire mobilise chefs d'État et de gouvernement autour de grands raouts médiatico-politiques qui n'engagent que ceux qui veulent y croire, nos démocraties restent quasiment muettes face aux nouvelles technologies qui vont pourtant bouleverser nos vies de fond en comble. Nos dirigeants, mais tout autant nos intellectuels, tétanisés par le sentiment du déclin, voire de la décadence, fascinés par le passé, les frontières, l'identité perdue ou la nostalgie de la Troisième République, semblent, à de rares exceptions près, plongés dans la plus complète ignorance de ces nouveaux pouvoirs de l'homme sur l'homme, pour ne pas dire dans l'hébétude la plus totale, comme si l'injonction si chère aux grands esprits du temps des Lumières, «*sapere aude*», « ose savoir », était devenue lettre morte. Pourtant, dans le contexte actuel, jamais peut-être la compréhension du temps présent, des lames de fond qui le traversent, n'a été aussi nécessaire et urgente qu'aujourd'hui. Jamais le mot *régulation* n'a désigné un enjeu plus décisif que dans la situation inédite, et sans doute irréversible, qui est désormais la nôtre.

Deux attitudes, en l'occurrence, sont également intenables, pour ne pas dire absurdes : d'un côté prétendre tout stopper, de l'autre tout autoriser, laisser faire, laisser passer, au nom du fantasme de toute-puissance, à la fois ultralibéral et technophile, selon lequel tout ce qui est scientifiquement possible doit devenir réel. La tentation de tout interdire, en invoquant la sacralisation religieuse ou laïque (les deux versions existent, comme on verra dans ce qui suit) d'une prétendue « nature humaine » intangible et inaliénable, pour tuer dans l'œuf le retour, sous de nouvelles formes, du « cauchemar eugéniste » que véhicule toujours peu ou prou le transhumanisme, sera impossible à tenir, et ce pour des raisons à la fois si fortes et si évidentes que nul ne pourra y résister.

Imaginez une seconde qu'un jour (on n'y est pas encore, mais des hypothèses de ce type apparaîtront bientôt, c'est inévitable) nos médecins soient en mesure d'éradiquer « dans l'œuf » les pires maladies qui soient, disons par exemple (ce qui est encore fictif, hélas), l'Alzheimer, la mucoviscidose ou la chorée de Huntington, pour ne rien dire de tel ou tel cancer. Imaginons encore que cela ne soit possible qu'au prix de manipulations irréversibles du génome humain. Qui pourra sérieusement s'y opposer ? Ne fût-ce que par amour pour nos proches, par souci du bien-être de nos futurs enfants, par sympathie pour ceux qui souffrent, nous irons dans le sens du « progrès ». Il y aura quelques résistances, bien sûr, à commencer par celles des religions, qui sont d'ores et déjà hostiles aux simples procréations médicalement assistées (ce qui, notons-le au passage, n'arrête à peu près personne, pas même dans le monde des croyants), mais elles seront vite balayées par la volonté de fuir la souffrance, la maladie et la mort. En veut-on un indice ? 97 % des femmes enceintes qui apprennent qu'elles pourraient accoucher d'un enfant trisomique décident d'avorter – ce qui montre à quel point une certaine forme d'eugénisme libéral n'est plus taboue (si tant est qu'elle l'ait jamais été). D'un autre côté, il est assez clair que tout autoriser, au risque de créer de véritables monstres, des êtres hybrides homme/machine/animal, qui n'auront plus grand-chose à voir avec l'humanité actuelle, fait reculer d'effroi la plupart d'entre nous.

Voilà pourquoi, face à la révolution transhumaniste, et plus généralement face aux nouvelles techniques qui la rendent possible, le maître mot, j'y reviens, est «régulation». Il va nous falloir ici, comme en matière d'écologie, d'économie ou de finance, nous efforcer de réguler, de fixer des limites, qui devront autant qu'il est possible être intelligentes et fines, éviter la logique intenable du «tout ou rien». Mais en l'occurrence – et c'est aussi l'un des objets principaux de ce livre, l'autre étant simplement d'informer, de faire comprendre la réalité, les enjeux et les controverses que suscite le transhumanisme –, réguler sera plus difficile que dans tout autre domaine, y compris celui de la bioéthique «classique». Car les technologies nouvelles ont deux caractéristiques qui leur permettent de se soustraire assez aisément aux processus démocratiques ordinaires : elles se développent à une vitesse folle, à proprement parler exponentielle, et elles sont extraordinairement difficiles à comprendre, et plus encore à maîtriser, d'une part parce que les connaissances théoriques et scientifiques qu'elles mobilisent dépassent en général le savoir limité des politiques et des opinions publiques, d'autre part parce que les puissances économiques et les lobbies qui les sous-tendent sont tout simplement gigantesques, pour ne pas dire proprement démesurés.

Non seulement la plupart des technologies nouvelles obéissent à la fameuse loi de Moore (en gros et pour simplifier, la loi selon laquelle la puissance de nos ordinateurs double tous les dix-huit mois depuis leur invention), mais, en outre, qu'il s'agisse des nanotechnologies, du traitement des « grosses données » qui circulent sur la Toile (les fameuses big data), des biotechnologies, de la robotique ou de l'intelligence artificielle, chacune de ses disciplines (ou plutôt de ces grappes de disciplines) pourrait suffire à occuper une vie entière. Dans ces conditions, vous comprenez bien que leur convergence, que ce soit dans le domaine de la médecine ou dans celui de l'économie « collaborative » – à laquelle nous allons aussi consacrer tout un chapitre –, est extraordinairement difficile à suivre, à cerner et, de ce fait aussi, à réguler.

De la biologie à l'économie, ou comment les nouvelles technologies bouleversent autant le marché que la médecine : la naissance de l'économie « collaborative »

On pourra trouver curieux de voir associées dans un même livre deux questions en apparence fort différentes : celle de l'avenir biologique et spirituel de l'identité humaine d'un côté et, de l'autre, celle d'une nouvelle donne économique qui, pour l'essentiel, consiste à établir des relations de particuliers à particuliers en court-circuitant les professionnels des professions. Comme je l'ai déjà suggéré, c'est tout récemment que les Français ont pris conscience de la nouvelle économie avec l'exemple, à vrai dire encore infinitésimal par rapport à ce qui nous attend d'ici peu, du conflit qui a opposé un peu partout dans le monde, de Paris à São Paulo, les taxis traditionnels à Uber, et en particulier à UberPop – une application de « taxis sauvages » à bas coûts, inconcevable avant l'apparition de l'Internet des objets, qui est venue de manière soudaine, et totalement imprévue par les pouvoirs publics, attaquer de plein fouet le commerce traditionnel du transport urbain. Ce manque de prévision est d'ailleurs en lui-même un signe, un indice quelque peu sidérant du fait que nos gouvernants sont complètement dépassés par le mouvement. Leur réaction fut, dans ces conditions, aussi simpliste qu'on pouvait s'y attendre. Elle consista simplement à s'imaginer qu'on allait éteindre l'incendie en interdisant aussitôt l'application en question. Autant arrêter le fleuve Amazone avec une passoire à thé. Ne soyez pas dupes, cette interdiction n'est qu'une rustine provisoire, un sparadrap qui ne tiendra pas longtemps, qui ne réglera rien sur le fond et qui n'aura d'effets qu'éphémères pour endiguer le tsunami dont UberPop n'est que la première vaguelette : « l'uberisation » du monde est en marche, et la plupart des secteurs de l'industrie et du commerce sont susceptibles de se voir concurrencés un jour ou l'autre par l'équivalent d'Uber. Nombre d'entre eux (pas tous, on verra pourquoi) seront plus ou moins touchés, comme c'est déjà le cas dans mille autres domaines, avec des entreprises telles que celles que j'ai déjà évoquées (Airbnb, BlaBlaCar, etc.).

Or, j'y reviens, il faut bien comprendre que cette autre révolution, celle de l'économie dite « collaborative », entretient des liens profonds, bien que souterrains, avec l'idéologie transhumaniste. Sur quatre points au moins, les deux projets se rejoignent et se recoupent très largement. D'abord, l'un comme l'autre ne sont possibles que sur fond d'une infrastructure technologique largement commune. Bien entendu, l'économie collaborative n'utilise pas la biochirurgie, mais, en revanche, les big data, l'Internet des

objets connectés et l'intelligence artificielle, les imprimantes
3D et la robotique s'infiltrent dans ces deux sphères et
rendent possible leur fonctionnement. Sans ces nouvelles
technologies, ni le transhumanisme ni l'économie collaborative n'auraient pu voir le jour.

Mais il y a plus, sur un plan proprement philosophique :
dans les deux cas, en effet, il s'agit de faire entrer dans le
domaine de la liberté humaine, de la maîtrise de son destin
par l'être humain, des pans entiers du réel qui apparte-
naient naguère encore à l'ordre de la fatalité. Du côté du
transhumanisme, il s'agit bien de passer de la chance au
choix (« *from chance to choice* » comme dit le titre d'un livre
fondateur du mouvement), de la loterie génétique qui
nous « tombe dessus » à une manipulation/augmentation
librement consentie et activement recherchée. Même
chose, en un sens, du côté de l'économie des réseaux entre
particuliers, une nouvelle donne qui privilégie sans cesse
davantage, du moins si on se place du côté des utilisa-
teurs, l'accès ou l'usage qui libère plutôt que la propriété
qui asservit. Pourquoi posséder un vélo à Paris si je suis
beaucoup plus libre avec Vélib' ? Pourquoi passer par un
hôtel « professionnel » si je puis m'arranger de manière
plus commode et à meilleur prix avec un particulier qui
se trouve finalement dans la même situation que moi, qui
n'est à vrai dire qu'un autre moi-même ? Pourquoi avoir
une voiture qui coûte cher et occasionne tant de tracas si
je peux recourir à l'autopartage ou au covoiturage, etc. ?
Dans tous les cas de figure, il s'agit de se libérer des aliéna-
tions et des contraintes en tout genre, celles de la nature
brute et brutale d'un côté, mais tout autant celles que nous
imposent de façon arbitraire et aliénante l'économique, le
social et le politique organisés de manière traditionnelle.

Nulle surprise, dans ces conditions, si les deux sphères en question, celle du transhumanisme comme celle de l'économie collaborative, sont sous-tendues très largement, non seulement par une structure technologique et philosophique commune, mais également politique. Dans les deux cas, c'est un certain libéralisme plus ou moins teinté de social-démocratie, voire un ultralibéralisme pur et dur qui anime en sous-main la volonté de ceux qui veulent en finir à tout prix avec le poids des traditions et des héritages imposés aux individus. En témoigne, parmi d'autres, de manière éclatante, le mouvement des makers[1], ces individus de plus en plus nombreux qui veulent s'émanciper définitivement des pesanteurs collectives, parfois aussi des législations nationales, pour fabriquer eux-mêmes, pourquoi pas avec des imprimantes 3D et des logiciels en *open source*, dans des réseaux sociaux et des petites communautés choisies en toute liberté, leur électricité, leurs meubles, leurs appareils ménagers, etc. Bref, tout ce qui est nécessaire et suffisant pour leur bien-être et leur subsistance.

Nulle surprise, là encore, si le transhumanisme et l'économie collaborative s'inscrivent à merveille dans le

---

1. Voir sur ce mouvement de plus en plus important le livre de Chris Anderson, *Makers. La nouvelle révolution industrielle*, Pearson, 2012, pour l'édition française. Voir aussi le livre de Rachel Botsman et Roo Rogers, *What's Mine is Yours. How Collaborative Consumption is Changing the Way We Live*, Harper Collins, 2011 («Ce qui est à moi est à toi. Comment la consommation collaborative va changer notre façon de vivre») et, en français, *L'Âge du faire*, de Michel Lallement, Le Seuil, 2015. À certains égards, les survivalistes et les zadistes relèvent aussi de cette idéologie ultra-individualiste qui, paradoxalement, s'incarne volontiers dans les nouveaux réseaux d'apparence communautariste. Il ne faut pas s'y laisser tromper, car il s'agit de communautés ou de réseaux choisis en toute liberté et opposés au collectif, donc de regroupements modernes et nullement de tribus traditionnelles.

mouvement de fond des démocraties occidentales, une évolution lente mais inéluctable, et de plus en plus rapide depuis la fin du siècle dernier, qui consiste, à partir du siècle des Lumières au moins, à faire entrer sans cesse davantage dans l'orbite de la libre décision humaine ce qui en était exclu *a priori* dans le monde des anciens, dans l'univers des coutumes, des patrimoines, des héritages immémoriaux et intangibles qui avaient caractérisé les sociétés traditionnelles depuis l'aube de l'humanité.

De là aussi le vertige qui s'empare de nous quand nous commençons à comprendre que c'est notre propre identité qui est désormais en jeu, car la définition même de ce que nous sommes et de ce que nous voulons devenir va nous appartenir de plus en plus là où nous pensions, dans les temps anciens, que cette définition appartenait à Dieu, à la coutume ou à la nature.

C'est là un point essentiel, et le troisième objet majeur de ce livre, qui s'inscrit donc directement dans la lignée du précédent, *L'Innovation destructrice*, vise, dans le même esprit, à contribuer autant que possible à faire comprendre la nature profonde des innovations économiques, scientifiques et médicales en cours, mais aussi des bouleversements éthiques, politiques, spirituels et métaphysiques dont ces nouvelles technologies sont porteuses. Car c'est, j'y insiste, sur fond du développement d'une même infrastructure technologique totalement inédite dans l'histoire humaine, grâce aux progrès exponentiels de la «digitalisation du monde», que ces start-up peuvent aujourd'hui voir le jour. Sans les big data et les objets connectés, sans la convergence des diverses formes de l'Internet que nous étudierons dans le chapitre consacré à l'économie collaborative, la «troisième révolution industrielle» serait tout simplement impensable. Des milliers d'applications plus ou moins analogues à Uber fleurissent aux quatre coins de la planète, entraînant la naissance de réseaux communautaires, pour l'essentiel dérégulateurs et mercantiles. Or cette nouvelle économie pose, elle aussi, une série de questions.

Allons-nous vivre, avec la conjonction de la digitalisation, de la robotique, de l'automatisation et de l'uberisation du monde, la «fin du travail», à tout le moins une diminution du salariat au profit de travailleurs indépendants sans statut social clair, une «croissance sans emploi», voire la fin de la croissance? Est-ce, comme le prétend un futurologue tel que Jeremy Rifkin, la fin ou, du moins, «l'éclipse» du capitalisme qui s'annonce au profit de «réseaux collaboratifs», de «communaux» d'un nouveau genre où «l'accès» prendra la place de la propriété privée (sur le modèle déjà évoqué d'Autolib' ou de Vélib'), où l'usage remplacera la possession, le souci des autres l'individualisme libéral, le partage l'égoïsme, le gratuit le profit, le durable le jetable, le *care* le souci de soi, etc.? Est-ce bien plutôt, comme je le montrerai dans ce qui suit, une formidable lame de fond ultralibérale, tout à la fois dérégulatrice et vénale qui se profile à l'horizon, les nouvelles applications «marchandisant» ce qui ne l'était pas encore (sa voiture, son appartement, ses vêtements, ses services, son travail à domicile et mille autres choses encore) au profit d'une formidable visée, non pas «anticapitaliste», mais au contraire hypercapitaliste? À défaut de pouvoir interdire indéfiniment l'apparition de ces nouveaux services de particuliers à particuliers, comment pourrons-nous les réguler, voire les fiscaliser sans pour autant les tuer?

Soyons clairs : aucune de ces questions n'est simple, aucune ne peut recevoir de réponse hâtive, car, de toute évidence, l'idéal de la régulation, qui me semble être le plus juste, supposera pour devenir réalité un prérequis : que les démocraties ne soient pas totalement dépassées par cette volonté de puissance sans freins ni limites qui s'est incarnée désormais dans le monde de la technique, qu'elles soient capables de prendre conscience du mouvement infiniment rapide et puissant qui les traversent de façon encore très largement secrète et souterraine.

De là le projet de ce petit livre qui vise au fond à accomplir la première tâche que Hegel assignait à la philosophie : « comprendre ce qui est », fournir l'image la plus exacte possible du réel, contribuer à saisir « son temps dans la pensée » afin de préparer autant que faire se peut l'action juste.

❃ ❃
❃

Plan raisonné de l'ouvrage

C'est dans cette perspective que je vous propose les chapitres suivants :

Le premier sera consacré à l'élaboration de ce que l'on pourrait appeler un « type idéal » du transhumanisme, c'est-à-dire, pour parler plus simplement, un repérage des principaux traits caractéristiques de son projet, repérage qui devra évidemment tenir le plus grand compte des divisions, voire des différends profonds qui traversent ce mouvement relativement pluriel. Nous aurons ainsi une idée claire du sujet qui est le nôtre, et notamment des rapports entre humanisme classique, transhumanisme et posthumanisme.

Le deuxième chapitre dressera un bilan aussi exhaustif que possible des principaux arguments avancés pour et contre le transhumanisme. C'est donc de l'antinomie qui oppose aujourd'hui « bioprogressistes » et « bioconservateurs » qu'il sera question avec, notamment, l'analyse des critiques de Fukuyama, Sandel et Habermas sur le plan éthique et, plus généralement, philosophique.

Je vous proposerai d'analyser ensuite, dans le chapitre III, la philosophie politique qui se cache plus ou moins secrètement derrière cette économie qu'on dit à tort et à raison « collaborative ». Nous examinerons non seulement la façon dont elle fonctionne, mais aussi par quels moyens elle dégage des profits considérables, parfois même à partir de ce qui semble naïvement gratuit aux usagers, comment aussi, loin de marquer la fin du capitalisme, elle nous entraîne vers une dérégulation et une marchandisation croissantes du monde.

Le chapitre intitulé « Conclusions » s'intéressera à l'antinomie de l'optimisme et du pessimisme qui domine largement, trop largement, le paysage intellectuel et politique actuel et qui, à force de vouloir tout autoriser ou tout interdire, empêche une véritable régulation de voir le jour. À l'écart de ces deux écueils navrants de la pensée contemporaine, c'est à une réhabilitation de l'antique catégorie du tragique qu'il faudrait plutôt œuvrer pour penser enfin de manière plus adéquate et profonde la plupart des conflits qui ensanglantent aujourd'hui le monde. C'est également dans cette perspective que je proposerai une réflexion sur la régulation, ainsi qu'en annexe une mise au point aussi claire et brève que possible sur ce qu'il faut savoir des nouvelles technologies convergentes, et notamment de ces fameuses NBIC, pour comprendre les soubassements technoscientifiques du projet transhumaniste, mais aussi le développement exponentiel de l'économie collaborative.

CHAPITRE I

Qu'est-ce que le transhumanisme ?

Un essai de type idéal

Qu'est-ce donc que le transhumanisme ?

En première approximation, il s'agit, comme nous l'avons dit en introduction, du vaste projet[1] d'amélioration de l'humanité actuelle sur tous les plans, physique, intellectuel, émotionnel et moral, grâce aux progrès des sciences et en particulier des biotechnologies. L'une des caractéris-

---

1. Parmi les grands noms du courant, il faut citer les travaux de Max More (Grande-Bretagne), Nick Bostrom (Suède, mais qui enseigne à Oxford), Julian Savulescu (Australie), David Pearce (Grande-Bretagne), James Hughes, Richard Dawkin, Ray Kurzweil (États-Unis), Gilbert Hottois (Belgique), Laurent Alexandre (France), mais aussi Hans Moravec (Autriche) et Kim Eric Drexler (États-Unis), l'un pionnier de la robotique et l'autre des nanotechnologies, ou encore Marvin Minsky (États-Unis), qu'on considère comme le père de l'intelligence artificielle. Ajoutons que le mouvement transhumaniste est adossé à de nombreuses associations internationales parmi lesquelles l'Extropy Institute, la World Transhumanist Association, mais aussi Aleph en Suède, Transcedo aux Pays-Bas, etc. Il est aussi largement financé par des entreprises engagées dans le développement des nouvelles technologies, comme Google. Sur l'histoire du courant, à partir notamment de la première occurrence du mot chez Julian Huxley, le frère de l'auteur du *Meilleur des mondes*, je renvoie de nouveau au petit livre de Gilbert Hottois qui contient des indications précieuses sur ce sujet, ainsi qu'à l'article de Nick Bostrom, « *A History of Transhumanist Thought* », publié en avril 2005 dans le *Journal of Evolution and Technology* (mais qu'on peut très facilement trouver aussi sur le site de son auteur).

41

tiques les plus essentielles du mouvement transhumaniste tient donc, comme nous l'avons aussi suggéré, à ce qu'il entend passer d'un paradigme médical traditionnel, celui de la thérapeutique, qui a pour principale finalité de « réparer », de soigner maladies et pathologies, à un modèle « supérieur », celui de l'amélioration, voire de « l'augmentation » de l'être humain. Comme l'écrit Nick Bostrom, l'un des principaux représentants du courant, un scientifique et philosophe suédois qui enseigne à Oxford :

> « Viendra un jour où la possibilité nous sera offerte d'augmenter nos capacités intellectuelles, physiques, émotionnelles et spirituelles bien au-delà de ce qui apparaît comme possible de nos jours. Nous sortirons alors de l'enfance de l'humanité pour entrer dans une ère posthumaine[1]. »

Reconnaissons que, sans même prendre le temps d'y réfléchir, nous avons presque tous une tendance spontanée, préformée par une longue tradition judéo-chrétienne ou humaniste traditionnelle, à considérer comme une évidence le fait que la nature est ce qu'elle est, une donnée éternelle et intangible, de sorte que la tâche de la médecine ne saurait être que de guérir, en aucun cas d'améliorer. C'est d'ailleurs au nom de ce principe que, dans la loi française, on réserve les procréations médicalement assistées aux couples stériles, à l'exclusion des femmes homosexuelles ou ménopausées. Pour les mêmes raisons, il nous semble aller de soi que, la vieillesse et la mort n'ayant rien de pathologique, elles ne sauraient relever d'une approche proprement médicale.

Le transhumanisme pense exactement l'inverse.

Pourtant, c'est pour une large part au nom d'une certaine tradition humaniste qu'il projette de renverser les partis

---

1. In *Human Reproductive Cloning from the Perspective of the Future*, décembre 2002.

pris théologiques et naturalistes qui sous-tendent ces opinions qu'il considère comme des préjugés irrationnels. Voici, à titre d'exemple, la définition que Max More, un des piliers du mouvement, en a proposé, en mars 2003, dans un texte intitulé « Principes extropiens 3.0 », un manifeste qu'on peut aisément consulter sur Internet, en anglais comme en français (une précision, avant lecture, sur le terme « extropien », qui peut sembler quelque peu bizarroïde : en fait, il s'oppose tout simplement à la notion d'entropie, c'est-à-dire aux idées de désorganisation et de déclin comprises au sens large, en quoi il entend indiquer que le projet transhumaniste repose sur la conviction qu'un progrès sans fin, qu'une perfectibilité illimitée de l'espèce humaine, est à la fois possible et souhaitable) :

> « Comme les humanistes, les transhumanistes privilégient la raison, le progrès et les valeurs centrées sur notre bien-être plutôt que sur une autorité religieuse externe. Les transhumanistes étendent l'humanisme en mettant en question les limites humaines par les moyens de la science et de la technologie combinés avec la pensée critique et créative. Nous mettons en question le caractère inévitable de la vieillesse et de la mort, nous cherchons à améliorer progressivement nos capacités intellectuelles et physiques ainsi qu'à nous développer émotionnellement. Nous voyons l'humanité comme une phase de transition dans le développement évolutionnaire de l'intelligence. Nous défendons l'usage de la science pour accélérer notre passage d'une condition humaine à une condition transhumaine ou posthumaine. Comme l'a dit le physicien Freeman Dyson : "L'humanité me semble être un magnifique commencement, mais pas le dernier mot"... Nous n'acceptons pas les aspects indésirables de notre condition humaine. Nous mettons en question les limitations naturelles et traditionnelles de nos possibilités. [...] Nous reconnaissons l'absurdité qu'il y

a à se contenter d'accepter humblement les limites dites "naturelles" de nos vies dans le temps. Nous prévoyons que la vie s'étendra au-delà des confins de la Terre – le berceau de l'intelligence humaine et transhumaine – pour habiter le cosmos. »

Comme on le verra dans le chapitre consacré à l'antinomie qui oppose les « bioconservateurs » aux « bioprogressistes », c'est précisément au respect de ces limitations naturelles et traditionnelles, religieuses ou laïques, que des auteurs comme Michael Sandel ou Francis Fukuyama fonderont leur critique radicale de ce qu'ils considèrent à tort ou à raison comme un délire technoscientique. Nous verrons aussi comment l'argumentation de Jürgen Habermas, bien qu'elle aussi hostile au transhumanisme, adopte des voies quelque peu différentes de celles de ses deux collègues américains.

Mais pour l'instant, contentons-nous de cerner davantage en profondeur le projet de Max More et de ses amis. Et pour donner au lecteur de quoi se faire une idée par lui-même, lisons encore le « manifeste transhumaniste » dans sa version de 2012 (une modification de la première mouture adoptée en plénière le 4 mars 2002 par la World Transhumanist Association), un document signé notamment par deux éminents pères fondateurs du mouvement, Nick Bostrom et Max More, qu'il est aisé, là aussi, de consulter dans son intégralité sur le Net. On notera au passage l'emphase mise à la fois sur l'idéal d'une transformation de l'espèce humaine, mais également sur les précautions à prendre en la matière :

« 1) L'humanité sera profondément affectée par la science et la technologie dans l'avenir. Nous envisageons la possibilité d'élargir [*broadening*] le potentiel humain en surmontant le vieillissement, les lacunes cognitives, la souffrance involontaire et notre isolement sur la planète Terre.

2) Nous pensons que le potentiel de l'humanité n'est toujours pas réalisé dans l'essentiel. Il existe des scénarios crédibles qui permettraient d'améliorer la condition humaine de façon merveilleuse et extrêmement intéressante.

3) Nous reconnaissons que l'humanité fait face à de graves risques, en particulier dans l'utilisation abusive des nouvelles technologies. Il existe des scénarios envisageables qui conduisent à la perte de la plupart, voire de la totalité de ce que nous tenons pour précieux. Certains de ces scénarios sont radicaux, d'autres sont plus subtils. Bien que tout progrès soit changement, tout changement n'est pas progrès.

4) L'effort de recherche doit être investi dans la compréhension de ces perspectives. Nous devons soigneusement débattre de la meilleure façon de réduire les risques tout en favorisant les applications bénéfiques. Nous avons également besoin de forums où les gens peuvent discuter de manière constructive de ce qui pourrait être fait et d'une organisation sociale où les décisions responsables puissent être mises en œuvre.

5) La réduction des risques d'extinction humaine, le développement de moyens pour la préservation de la vie et de la santé, l'allègement des souffrances graves et l'amélioration de la prévoyance et de la sagesse humaine doivent être considérés comme des priorités urgentes, généreusement financées.

6) Les décisions politiques doivent être guidées par une vision morale responsable et fédératrice, prenant au sérieux à la fois les avantages et les risques, respectant l'autonomie et les droits individuels, faisant preuve de solidarité et se préoccupant des intérêts et de la dignité de toutes les personnes à travers le monde. Nous devons aussi être attentifs à nos responsabilités morales envers les générations à venir.

7) Nous défendons le bien-être de toutes les intelligences, en y incluant les humains, les non-humains, les animaux, les futures intelligences artificielles, les formes de vie modifiées ou toutes autres intelligences auxquelles les progrès technologiques et scientifiques pourraient donner naissance.

8) Nous promouvons la liberté morphologique, le droit de modifier et d'améliorer son corps, sa cognition, ses émotions. Cette liberté inclut le droit d'utiliser ou de ne pas utiliser des technologies pour prolonger la vie, la préservation de soi grâce à la cryogénisation, le téléchargement et d'autres moyens, et de pouvoir choisir de futures modifications et améliorations. »

À la lecture de ce texte « canonique », parfaitement typique de l'idéologie transhumaniste, certains seront parfois saisis de rire ou d'effroi, peu rassurés à tout le moins par les quelques invitations à la précaution ou au recours à la discussion démocratique pour éclairer des choix qui ne sont pas seulement individuels, mais forcément en quelque façon collectifs : on voit mal, en effet, et ce sera l'un des arguments majeurs des « bioconservateurs », comment le fait de modifier l'humanité, fût-ce de manière partielle, pourrait ne pas avoir des conséquences sur l'espèce humaine dans sa totalité. De nombreuses tentatives ont vu le jour pour ridiculiser le mouvement où le sérieux côtoie parfois les thèmes les plus fantaisistes de la science-fiction traditionnelle – et, de fait, il serait facile de rassembler un florilège de citations et de déclarations qui laissent pantois même les plus fidèles partisans de ce courant de pensée. D'autres seront peut-être enthousiastes, mais la plupart resteront prudents, quelque peu désarçonnés à l'idée que le projet est déjà en chantier dans des laboratoires, dans des universités, des centres de recherche et de grandes entreprises un peu partout aux États-Unis ou en Chine sans que nos vieilles démocraties en aient seulement pris conscience.

De là, bien évidemment aussi, la question qui s'impose immédiatement à l'esprit et qui apparaît vite comme cruciale entre toutes : comment situer le transhumanisme entre l'humanisme classique, disons celui des « Lumières », des droits de l'homme et de la démocratie d'un côté et, de l'autre, le plaidoyer « posthumaniste » pour la création d'une nouvelle espèce, plus ou moins radicalement différente de l'humanité actuelle ? S'agit-il d'un prolongement ou d'une rupture ? C'est la question que pose avec talent le petit livre de Gilbert Hottois que nous avons déjà cité, un ouvrage remarquablement synthétique qui prend soin de repérer les filiations auxquelles le transhumanisme peut se référer : il est, en effet, l'héritier, parfois paradoxal, mais néanmoins crédible à bien des égard, 1) d'une certaine forme d'humanisme classique, celui qui insiste, depuis Pic de la Mirandole jusqu'à Condorcet et Kant en passant par Rousseau, Francis Bacon, Ferguson ou La Mettrie, sur la perfectibilité infinie de cet être humain qui n'est pas au départ enfermé dans une nature intangible et déterminante comme peut l'être un animal guidé par le seul logiciel de l'instinct naturel commun à son espèce ; 2) le transhumanisme hériterait aussi de l'optimisme scientiste et technophile qui s'est développé dans les Temps modernes à partir des Lumières et de la révolution scientifique jusqu'à la naissance des NBIC, de la robotique et de l'intelligence artificielle ; 3) il y aurait bien entendu aussi chez lui un héritage assumé de la science-fiction, mais cependant lié au projet de la rendre tout simplement scientifique et non plus fictive, ainsi que, enfin, 4) une filiation également assumée avec la contre-culture des années 1960, à la fois féministe, écologiste, égalitariste, libertaire et «déconstructionniste» de la tradition du fameux «phallo-logo-blanco-centrisme» cher à Jacques Derrida, l'une des références philosophiques du «politiquement correct» américain.

Humanisme, posthumanisme, antihumanisme?

Pour tenter de clarifier les choses avant d'entrer plus avant dans le contenu des débats dont nous allons voir qu'ils sont aussi passionnés que passionnants, on distinguera deux formes de transhumanisme.

D'abord un transhumanisme «biologique», qui se réclame volontiers de cette tradition humaniste que nous venons d'évoquer, une tradition bien représentée par certains passages de l'*Esquisse d'un tableau historique des progrès de l'esprit humain* (1795) de Condorcet. À l'encontre d'une idée reçue, cet humanisme des Lumières, qui reprend largement à son compte la notion rousseauiste d'une «perfectibilité» potentiellement infinie de l'être humain, ne se contente pas d'imaginer des changements politiques et sociaux, mais bel et bien aussi des progrès dans l'ordre de la nature, y compris humaine. Voici, à titre d'exemple, ce que Condorcet dit à ce sujet dans son fameux essai:

> «Nos espérances sur les destinées de l'espèce humaine peuvent se réduire à ces trois questions: la destruction de l'inégalité entre les nations; les progrès de l'égalité dans un même peuple; enfin le perfectionnement réel de l'homme.»

Or, sur ce dernier point, Condorcet n'hésite pas à poser la question qui sera très exactement celle du transhumanisme:

> «L'espèce humaine doit-elle s'améliorer, soit par de nouvelles découvertes dans les sciences et dans les arts et, par une conséquence nécessaire, dans les moyens de

bien-être particulier et de prospérité commune ; soit par des progrès dans les principes de conduite et dans la morale pratique ; soit enfin par le perfectionnement réel des facultés intellectuelles, morales et physiques, qui peut en être également la suite, ou de celui des instruments qui augmentent l'intensité et dirigent l'emploi de ces facultés, ou même dans celui de l'organisation naturelle ? En répondant à ces trois questions, nous trouverons dans l'expérience du passé, dans l'observation des progrès que la science, que la civilisation ont faits jusqu'ici, dans l'analyse de la marche de l'esprit humain et du développement de ses facultés, les motifs les plus forts de croire que la nature n'a mis aucun terme à nos espérances[1]. »

On ne saurait être plus clair : malgré le faible développement des sciences de son temps, c'est bel et bien déjà à une « augmentation » du potentiel naturel, et non seulement social et politique, de l'être humain que rêve Condorcet – où l'on voit que le transhumanisme peut, sans forcer outre mesure le trait, se réclamer d'une certaine tradition de l'humanisme classique qu'il ne souhaite au fond que faire croître et embellir.

On distinguera de ce premier visage du transhumanisme l'inquiétant projet « cybernétique » d'une hybridation systématique homme/machine mobilisant la robotique et l'intelligence artificielle davantage encore que la biologie. C'est celui que propose Ray Kurzweil, le patron de l'Université de la Singularité financée par Google. Il me semble que, en toute rigueur, il faudrait réserver le terme de « posthumanisme » à ce courant-là, car il s'agit bien ici de créer une espèce nouvelle, radicalement différente de la

---

1. Nicolas de Condorcet, *Esquisse d'un tableau historique des progrès de l'esprit humain*, Éditions sociales, coll. « Les classiques du peuple », 1966, p. 255.

nôtre, des milliers de fois plus intelligente et plus puissante qu'elle, une autre humanité, donc, dont la mémoire, les émotions, l'intelligence, bref, tout ce qui ressortit à la vie de l'esprit, pourraient être stockées sur des supports matériels d'un type nouveau, un peu comme on télécharge des fichiers sur une clef USB. Ce dont rêve Kurzweil, c'est d'un homme « interfacé » avec un ordinateur, avec tous les réseaux du Net, grâce à des implants cérébraux, et qui serait alors « posthumain ».

Alors que, dans le premier transhumanisme, il ne s'agit en principe « que » de rendre l'humain plus humain, ce deuxième trans/posthumanisme repose au contraire sur l'idée – délirante ou non, c'est toute la question – que des machines dotées d'une l'intelligence artificielle dite « forte » (je vous renvoie à l'annexe de ce livre sur cette notion difficile) vont l'emporter bientôt sur les êtres biologiques, car ces machines ne se contenteraient pas d'imiter l'intelligence humaine, mais seraient dotées de la conscience de soi et d'émotions, devenant ainsi parfaitement autonomes et pratiquement immortelles. On pourrait alors 1) séparer l'intelligence et les émotions du corps biologique (comme l'information et son support), et 2) stocker sa mémoire comme sa conscience sur des machines – hypothèse matérialiste, qui me semble absurdement réductionniste, mais qui n'en reçoit pas moins un écho assez largement majoritaire dans le monde des spécialistes de l'intelligence artificielle. Où l'on voit que ce second transhumanisme est véritablement un posthumanisme, puisqu'il plaide, non pour une simple amélioration de l'humanité actuelle, mais pour la fabrication d'une tout autre espèce, d'une espèce qui, à la limite, n'aura plus grand-chose à voir avec la nôtre.

Ce transhumanisme d'un second type se pense lui-même moins comme un héritier des Lumières que comme un avatar du matérialisme en rupture totale avec l'humanisme classique, un matérialisme aux yeux duquel le cerveau n'est qu'une machine plus sophistiquée que les autres et la conscience son produit superficiel, une mince pellicule de pensée qui s'imagine, mais bien à tort, être autonome par rapport à la machinerie sous-jacente (l'infrastructure neurale) qui la génère. La conviction qui anime cette idéologie est qu'à partir du moment où l'ordinateur devient totalement autonome, capable de se régénérer, de se reproduire, de corriger ses erreurs et d'apprendre par lui-même (ce qui est d'ores et déjà assez largement le cas, même si l'intelligence artificielle dite « forte[1] » n'est pas encore d'actualité), dès lors qu'il peut sans difficulté non seulement battre le meilleur joueur d'échecs du monde, mais aussi l'emporter face aux champions de jeux télévisés formulés en langue naturelle tels que le fameux « Jeopardy ! » américain, remporté par Watson, l'ordinateur d'IBM, rien ne nous prouve absolument qu'il restera pour toujours essentiellement différent de notre pauvre cerveau, manifestement déjà supplanté dans bien des domaines par la machine.

Tel est du moins le pari de ce second versant du transhumanisme, et pour avoir eu l'occasion à diverses reprises de discuter pied à pied avec quelques-uns de ses représentants – souvent des mathématiciens/informaticiens de talent, convaincus que leurs ordinateurs, déjà capables de l'emporter sur l'être humain dans tous les domaines qui sont les leurs, vont devenir rapidement autonomes en accédant à l'intelligence artificielle dite forte –, je puis vous assurer qu'il est extrêmement difficile, pour ne pas dire

---

1. Sur cette question, je renvoie de nouveau à l'annexe de ce livre.

Profitons-en pour signaler que l'ordinateur a battu cette année même le champion d'Europe du jeu de go en pratiquant le *deep learning*, c'est-à-dire une forme sophistiquée d'autoapprentissage.

impossible, de réfuter *a priori* leurs arguments. Nous allons y revenir dans le prochain chapitre ainsi que dans l'annexe de ce livre.

Comme on le voit, la distinction entre ces deux courants, pour assez nette qu'elle soit au départ, autorise malgré tout bien des glissements, le premier transhumanisme pouvant insensiblement transiter vers le second chez un même auteur. Pour en rendre raison, on pourrait formuler les choses de la façon suivante : le transhumanisme est le trajet, tandis que le posthumanisme est le but ; l'un est le chemin ou le processus, l'autre le résultat ou le point d'arrivée. Si on accepte cette description, on peut alors considérer qu'il existe[1] deux conceptions, certes différentes au départ, mais possiblement reliées entre elles à l'arrivée, du « trans- » et du « post- » : d'un côté, la plupart des auteurs (par exemple Laurent Alexandre ou Guy Vallancien[2] en France, ou encore Max More aux États-Unis) considèrent « simplement » que les révolutions technologiques présentes et à venir vont conduire à une amélioration/augmentation telle de l'humanité que, à partir d'un certain point, « l'humain augmenté » sera, certes, différent de l'humain actuel, mais qu'il n'en restera pas moins tout à fait humain, voire plus humain que jamais. Toutefois, la question de savoir à partir de quand on entre dans le domaine du « posthumain » finira par se poser. Dans la mesure où les transhumanistes de ce premier type ne sont pas hostiles, bien au contraire, à une réflexion bioéthique « prudentielle » sur les limites morales et politiques à ne pas franchir, sur les précautions

---

1. Comme le proposent d'ailleurs assez clairement Gilbert Hottois et ses collègues, Jean-Noël Missa et Laurence Perbal, dans leur *Encyclopédie du trans/posthumanisme*, Vrin, 2015.
2. Voir Laurent Alexandre, *La Mort de la mort, op. cit.*, et Guy Vallancien, *La Médecine sans médecin ?, op. cit.*

à prendre dans l'usage des technologies, on peut dire qu'ils se situent encore dans le sillage de l'humanisme classique inauguré par des auteurs comme Pic de la Mirandole ou Condorcet. Il s'agit donc davantage de ce qu'on pourrait appeler un « hyperhumanisme[1] » que d'un antihumanisme – la différence principale avec le darwinisme classique étant qu'il ne s'agit plus ici de subir l'évolution naturelle, mais de la maîtriser et de la conduire par nous-mêmes –, ce qu'un humanisme classique à la Condorcet pourrait à la limite parfaitement accepter du moment que les questions d'éthique et de prudence sont sérieusement prises en compte et que les décisions démocratiques sur ces sujets ne sont pas totalement dépassées par la vitesse et l'ampleur des révolutions technologiques.

Précisons encore que, dans cette perspective, le posthumanisme reste et restera sans doute à jamais un simple « idéal régulateur », dans la mesure où ce qu'on pourrait appeler les « fondements naturels de l'humanité », ceux dont la biologie nous livre progressivement les clefs, représentent un chantier potentiellement infini. On ne quitte donc, dans le premier transhumanisme, ni la sphère du vivant, du biologique, ni celle d'une humanité que son augmentation ne vise pas à détruire, ni même à dépasser qualitativement, mais plutôt à enrichir, à améliorer, c'est-à-dire, au fond, à rendre plus humaine. Dans l'idéal, ce versant du transhumanisme rêve de parvenir à une humanité plus raisonnable, plus fraternelle, plus solidaire et, pour tout dire, plus aimable parce que plus aimante – donc à la fois identique et différente de celle qui a jusqu'à présent ensanglanté le monde par des guerres aussi absurdes qu'incessantes.

---

1. J'emprunte le terme à Joël de Rosnay, qui plaide dans le sens d'un approfondissement de l'humain contre une version du transhumanisme narcissique et posthumain.

Du transhumanisme biologique au posthumanisme cybernétique : vers la fin de l'humanité ?

Dans l'autre versant, bien représenté par des personnalités comme le mathématicien et auteur de science-fiction Vernor Vinge, mais plus encore aujourd'hui par Hans Moravec (*Robot, Mere Machine to Transcend Mind*, Oxford University Press, 1999) ou, bien entendu, Ray Kurzweil (*The Singularity is Near. When Humans Transcend Biology*, Penguin Books, 2005), il s'agit bel et bien de sortir complètement tout à la fois du biologique et de l'humain – ce que veut marquer clairement la notion de « singularité » : empruntée à la physique mathématique, elle renvoie à l'idée qu'à partir d'un certain point de l'évolution de la robotique et de l'intelligence artificielle les humains seront totalement dépassés et remplacés par des machines autonomes ou, pour mieux dire, par l'apparition d'une conscience et d'une intelligence globales des milliers de fois supérieures à celles de l'humain actuel – une intelligence dont les réseaux créés par Google constituent déjà la préfiguration.

Ce transhumanisme de la « singularité » rejoint ainsi par bien des biais certains courants de l'écologie profonde contemporaine, et notamment l'idée, déjà développée par James Lovelock dans son fameux livre intitulé de manière significative : *La terre est un être vivant. L'hypothèse Gaïa* (1979)[1], selon laquelle la planète n'est pas seulement le support des organismes biologiques, mais est elle-même un véritable être vivant, voire une personne qui réfléchit, qui se pense et prend conscience d'elle-même à travers nous, à travers l'humanité qui serait dès lors comme sa tête, comme son cerveau pensant :

---

1. Traduction chez Flammarion, 1993.

« Le concept de la Terre Mère, ou Gaïa, ainsi que les Grecs la baptisèrent autrefois, est l'un des plus importants parmi ceux que l'homme a formulés tout au long de son histoire. Sur lui est fondée une croyance dont les grandes religions sont encore porteuses. L'accumulation d'informations relatives à l'environnement naturel et le développement de la science de l'écologie nous ont amenés à poser l'hypothèse selon laquelle la biosphère pourrait être plus que l'ensemble de tous les êtres vivants évoluant dans leur habitat naturel : terre, eau, air... Si nous faisons partie de Gaïa, il devient intéressant de se demander : "Dans quelle mesure notre intelligence collective est-elle aussi partie de Gaïa ? Est-ce qu'en tant qu'espèce, nous constituons un système nerveux gaïen et un cerveau capable d'anticiper consciemment les modifications de l'environnement ?" Que cela nous plaise ou non, nous commençons à fonctionner ainsi. »

Comme dans la *Théogonie* d'Hésiode, la planète Terre est personnifiée, rendue au statut d'une divinité sacrée dotée d'une intelligence et d'un nom propres. Dans la mesure où nous, les humains, faisons partie intégrante de la nature, dans la mesure où nous n'en sommes que des fragments dispersés, mais néanmoins de plus en plus reliés entre eux (notamment par les réseaux sociaux et le Web), les sciences et les techniques que nous développons ne doivent pas être conçues comme des artefacts opposés à la nature, mais au contraire comme son niveau de conscience le plus élevé, comme une intelligence globale dont elle se dote elle-même. Gaïa serait ainsi une entité qui, à travers l'une de ses composantes, en l'occurrence l'humanité, développerait des savoirs lui permettant de se protéger, de s'adapter et de survivre :

« L'évolution de l'*Homo sapiens*, avec son inventivité technologique et son réseau de communication de plus en plus subtil, a considérablement accru le champ de perception de Gaïa. Grâce à nous, elle est désormais éveillée et consciente d'elle-même. Elle a vu le reflet de son beau visage à travers les yeux des astronautes et des caméras de télévision des vaisseaux spatiaux en orbite. Il ne fait aucun doute qu'elle partage notre sentiment d'émerveillement et de plaisir, notre capacité à penser et à spéculer de manière consciente et notre curiosité insatiable. Cette nouvelle relation entre l'homme et Gaïa n'est pas encore pleinement établie. Nous ne sommes pas encore une espèce vraiment collective, enfermée et domptée, partie intégrante de la biosphère, comme nous le sommes en tant que créatures individuelles. Mais il se peut cependant que la destinée de l'humanité soit d'être apprivoisée de sorte que les forces féroces, destructrices et cupides du tribalisme et du nationalisme se fondent en un besoin impérieux d'appartenir à la communauté de toutes les créatures qui constituent Gaïa. »

Grâce aux réseaux intelligents déjà mis en place par Google, non seulement l'intelligence collective de la multitude devient centrale[1], mais les scénarios de science-fiction élaborés depuis longtemps par Isaac Asimov deviendront plausibles, car les machines intelligentes prendront inévitablement la relève de l'humanité actuelle. Ici, le posthumanisme renvoie donc, non pas à une amélioration de l'humanité, mais à son dépassement radical sur le plan à la fois intellectuel et biologique. La posthumanité n'aura pratiquement plus rien d'humain, car elle ne sera plus enracinée dans le vivant, la logique des nouvelles technologies étant fondamentalement celle de la *dématérialisation*. Kurzweil et ses disciples supposent ainsi que la conscience sera située en dehors de tout substrat biologique

---

1. Voir Nicolas Colin et Henri Verdier, *L'Âge de la multitude. Entreprendre et gouverner après la révolution numérique*, Armand Colin, 2012.

corporel, qu'il sera possible de stocker l'intelligence, la mémoire et les émotions sur des supports informatiques d'un type encore à imaginer.

Les théories de Kurzweil, pour hypersophistiquées qu'elles soient, ont suscité la critique de tant de scientifiques que, contrairement au premier transhumanisme, qui veut ne rien avoir de fictionnel, le trans/posthumanisme de la « singularité » s'apparente davantage à une utopie fantastique, pour ne pas dire à un fantasme délirant, qu'au rationalisme scientifique. En outre, l'idéologie de la singularité repose en grande partie sur un matérialisme philosophique qui, comme tout matérialisme, réduit naïvement la conscience humaine à un simple reflet mécanique de la machinerie cérébrale, comme si le mystère de la liberté humaine pouvait être réduit par des machines capables de passer le fameux test de Turing (en gros, un test dans lequel un humain dialoguant avec un ordinateur ne pourrait plus savoir s'il discute avec un autre humain ou une machine tant les réponses de cette dernière seraient appropriées, inventives, intelligentes et, bien entendu aussi, sensibles). Personnellement, j'y reviendrai de manière argumentée dans le prochain chapitre ainsi que dans l'annexe de ce livre, je pense que le projet est philosophiquement absurde, mais il est vrai que je suis depuis toujours très critique à l'égard du matérialisme, comme en témoigne mon livre écrit à quatre mains avec André Comte-Sponville, *La Sagesse des Modernes*. Or l'honnêteté oblige à dire que toute la tradition du matérialisme philosophique va dans le sens des hypothèses philosophiques auxquelles s'adosse ce transhumanisme d'un second type, puisqu'elle ne voit, elle aussi, entre la machine et le cerveau, entre la matière et l'esprit, qu'une différence de degré et non de nature – ce qui, bien entendu, n'est pas du goût de l'humanisme spiritualiste, en particulier celui qui s'incarne dans des traditions religieuses.

Voici, à titre d'exemple, la façon dont un penseur chrétien, Jean Staune, dans son livre intitulé *Les Clés du futur*, a résumé, de manière à mon sens tout à fait juste, les thèses défendues par Kurzweil et ses amis. Avec beaucoup de probité intellectuelle, Staune commence par reconnaître, comme je viens moi-même de le faire, que l'hypothèse d'une imitation parfaite de l'esprit humain par des machines est archimajoritaire chez les chercheurs en sciences cognitives et autres spécialistes de l'intelligence artificielle, l'humanisme spiritualiste, qui repose sur le dualisme esprit/matière, étant, lui, largement minoritaire :

« Leur raisonnement est le suivant : certes, nous sommes très loin de comprendre le cerveau humain, et surtout la façon dont celui-ci peut donner naissance à la conscience, ce sentiment que nous avons tous d'exister et de vouloir continuer à le faire. Mais, en théorie, il ne doit rien y avoir de mystérieux ni de magique dans ce sentiment d'exister qu'on appelle la conscience. Il s'est lentement forgé au cours de millions d'années d'évolution, comme nous le montre la capacité qu'a un grand singe de se reconnaître dans la glace alors que ce n'est pas le cas du chien. Un jour, grâce à une étude suffisamment poussée du cerveau, nous arriverons à comprendre le fonctionnement de la conscience et nous pourrons alors fabriquer une machine susceptible d'arriver au même niveau de conscience, et donc d'évolution, que l'espèce humaine. Croire le contraire au nom d'une prétendue spécificité humaine serait une position réactionnaire, inspirée par des croyances religieuses et "antiprogrès" qui ont toujours connu des défaites sur le plan scientifique et sociétal durant les siècles précédents [...] S'il est possible de réaliser une machine qui soit en tout point équivalente à un être humain, les conséquences sont alors stupéfiantes et terrifiantes [...].[1] »

Stupéfiantes, en effet, car cette machine pourrait vingt-quatre heures sur vingt-quatre apprendre par elle-même, se reproduire et fabriquer d'autres machines, se perfectionner sans cesse et, surtout, comme tout être darwinien, sa première préoccupation serait d'éliminer les êtres susceptibles de mettre fin à son existence, de la débrancher, c'est-à-dire au premier chef nous, les humains, hypothèse d'autant plus terrifiante que la machine saura lire tous les livres et toutes les informations disponibles sur la planète, y compris celles selon lesquelles nous pourrions vouloir en finir avec elle !

Vous croyez qu'il s'agit d'une blague ?

Alors prenez connaissance (via Google, bien entendu...) de la pétition signée en juillet 2015 par Bill Gates, Stephen Hawking, Elon Musk (excusez du peu !), accompagnés pour l'occasion par près d'un millier d'éminents scientifiques, sur les dangers grandissants d'une intelligence artificielle qui deviendrait « forte », par exemple celle de ces fameux « robots tueurs » programmés, comme le sont déjà certains drones, pour décider par eux-mêmes, sans en référer à une quelconque autorité humaine, qui doit être éliminé, qui doit vivre ou mourir. Le plus frappant, dans cette pétition, c'est qu'elle n'émane pas, c'est le moins qu'on puisse dire, de personnalités hostiles à la science ni aux nouvelles technologies, mais au contraire de technophiles convaincus, certains d'entre eux étant pourtant horrifiés par les conséquences potentielles de leurs propres activités. Ce qui interpelle, c'est aussi ce commentaire de Bill Gates selon

---

1. Jean Staune, *Les Clés du futur*, Plon, 2015, avec une préface de Jacques Attali, p. 47.

lequel, ce qui est sidérant, « ce n'est pas que l'intelligence artificielle (IA) suscite la crainte, mais tout à l'inverse, c'est que les gens ne soient pas terrifiés ! », tandis qu'Elon Musk affirme combien l'IA est « pour l'humanité la plus grande menace existentielle jamais inventée » ! – remarques qui à elles seules devraient nous inciter à prendre au sérieux, ne fût-ce que pour tenter de les réfuter, les réflexions transhumanistes sur le dépassement potentiel de l'humanité par la robotique.

Enfin, il existe aussi, et ce au sein de toutes les formes de transhumanisme, comme on le voit affleurer au point 7 de la déclaration « extropienne », une composante qui se veut « postmétaphysique », écologiste, égalitariste, féministe et « antispéciste » (favorable au droit des animaux), une sensibilité tout à fait en phase avec l'idéologie de la « déconstruction » exportée aux États-Unis par la « Pensée 68 », cet antihumanisme à la française qui apporta sa légitimation intellectuelle au politiquement correct des universités américaines en raison de ses critiques de l'humanisme classique sous toutes ses formes.

Esquisse d'un type idéal du transhumanisme

Comme on le voit déjà d'après ce qui précède, le mouvement transhumaniste est donc divers. Voilà pourquoi il n'est pas inutile d'en proposer une espèce de portrait-robot ou, pour employer un langage plus exact, un « type-idéal » qui puisse en faire ressortir les traits communs sans pour autant gommer les divergences. Des définitions/déclarations que nous venons de citer découlent déjà quelques principes fondamentaux ou, si l'on veut, quelques caractéristiques essentielles du transhumanisme.

Qu'est-ce que le transhumanisme ?

I – Un eugénisme d'un genre nouveau, à prétention éthique, qui veut passer de la «chance au choix» («From chance to choice»)

«De la chance au choix» : aussi paradoxal que cela puisse paraître, c'est bel et bien pour des raisons éthiques que ce slogan fondateur du transhumanisme le conduit à assumer pleinement un nouvel eugénisme – nouveau parce que à tous égards opposé à l'eugénisme totalitaire, exterminateur et étatique qui fut celui des nazis auxquels on pense encore, comme par un réflexe pavlovien, dès qu'on prononce le mot. L'eugénisme transhumaniste présente quatre différences essentielles avec l'ancien : 1) Il n'est pas étatique, mais relève de la liberté individuelle, comme le suggère le titre du livre fameux d'Allen, Buchanan *et alii, From Chance to Choice,* autrement dit : de la très injuste et très hasardeuse loterie naturelle au libre choix de la volonté humaine. 2) Il n'est pas discriminatoire, mais vise au contraire l'égalisation des conditions puisqu'il cherche à réparer les injustices infligées aux humains par une nature aveugle et insensible. 3) Il s'inscrit donc dans une perspective démocratique : à l'égalité économique et sociale, il entend bien ajouter l'égalité génétique (d'où le sous-titre du livre de Buchanan : «génétique et justice»). 4) Enfin, il est tout le contraire de l'eugénisme nazi, attendu qu'il veut, non pas du tout éliminer les faibles ou les supposés «tarés», mais au contraire réparer, voire augmenter les qualités humaines que la nature distribue de manière à la fois parcimonieuse et inégalitaire.

Dans ces conditions, les critiques traditionnelles de l'eugénisme, critiques que les transhumanistes connaissent par cœur, et partagent du reste très largement, tombent pour la plupart à plat. Qui refusera de réparer des gènes pathogènes, porteurs de maladies terrifiantes, le jour où ce sera possible dans le génome de cellules embryonnaires ? Qui refusera même d'améliorer la résistance de l'organisme humain au vieillissement, d'augmenter ses capacités perceptives, intellectuelles, voire de doter l'espèce humaine, par hybridation, d'aptitudes supérieures dans tous les compartiments du jeu de la vie ? Si des parents s'obstinaient, pour des raisons morales ou religieuses, à refuser ces bienfaits de la science à leurs enfants, ne risqueraient-ils pas de s'exposer un jour à leurs reproches ? Voici ce que Gilbert Hottois, partisan d'un transhumanisme « à visage humain », écrit de manière significative sur le sujet :

« L'eugénisme raciste n'avait aucune base scientifique ; il niait l'égalité essentielle des personnes ; il ne respectait pas l'autonomie des parents : c'était un eugénisme d'État. La question de l'eugénisme est à reconsidérer aujourd'hui en affirmant la liberté individuelle et parentale, l'égale dignité des personnes et le souci fondamental de corriger les inégalités contingentes naturelles. Jusqu'ici, en effet, la justice (re)distributive s'est limitée à l'exigence d'un rééquilibrage compensatoire des diverses inégalités : d'une part les inégalités dues à la "loterie sociale" (y compris la lutte contre les discriminations : sexe, genre, ethnie, race, religion) ; d'autre part les inégalités causées par la "loterie naturelle" (santé, dons, etc.), sans pouvoir intervenir dans cette dernière. Jusqu'ici on a procédé de manière "externe", par compensations pécuniaires, soins gratuits, enseignement spécial, etc. La génétique devrait apporter la possibilité croissante de corriger les inégalités naturelles elles-mêmes, soit en les prévenant (eugénisme négatif), soit par thérapie génique ou eugénique positive. Il s'agira à l'avenir de passer de la redistribution de ressources purement sociales à la redistribution de ressources naturelles (en bref : les gènes). Tout ceci reste, certes, très spéculatif, mais la question se posera de plus en plus :

peut-on, doit-on intervenir au nom de la justice et de l'égalité des chances dans la loterie naturelle[1] ? »

Bien entendu, le transhumanisme répond à cette question par l'affirmative – en quoi, loin de rejeter l'eugénisme au nom de l'éthique, il en fait bien plutôt un devoir moral, pourvu bien évidemment qu'on le conçoive en un sens égalitariste, « mélioratif », non étatique et librement décidé par ceux qui souhaiteront y recourir.

Tout cela demeure certes, comme dit Hottois, « spéculatif ». Mais les avancées aussi fulgurantes que spectaculaires dans le domaine de la génétique comme dans celui des nouvelles technologies nous contraignent à anticiper d'ores et déjà ces questions, comme tous ceux qui s'intéressent au sujet, aussi bien partisans que contempteurs du transhumanisme, le reconnaissent. Je ne dis pas qu'elles sont simples ni que les interrogations sur les limites de la science soient illégitimes. Bien au contraire, je ne cesserai de répéter et développer tout au long de ce livre que leur complexité est phénoménale tandis que le problème de leur limitation et de leur régulation est crucial. Mais qui peut prétendre qu'une fois de telles possibilités d'eugénisme ouvertes par les progrès de la recherche nul n'aura la tentation de les actualiser, de passer du virtuel au réel ? Selon toute probabilité, c'est même une large majorité de parents qui sera tentée par le projet d'amélioration de leur progéniture, ne serait-ce que pour éviter qu'elle ne soit défavorisée par rapport aux autres – ce qui devrait conduire dès maintenant à nous interroger, comme nous le ferons dans les prochains chapitres, sur les limites *collectives, c'est-à-dire politiques,* non

---

1. Gilbert Hottois, *Le transhumanisme est-il un humanisme ?*, *op. cit.*, p. 54-55.

pas des avancées de la technoscience en tant que telles, mais de leurs retombées potentielles sur un plan éthique. D'autant que certains scientifiques, comme Laurent Alexandre, vont même plus loin que Buchanan. En fait, si l'on se place du point de vue de la théorie synthétique de l'évolution, le recours à des manipulations génétiques rendues possibles par les biotechnologies ne serait plus une option, un simple choix possible parmi d'autres, mais une nécessité absolue pour la survie de l'espèce en raison de l'affaiblissement de la sélection naturelle dans nos pays ultracivilisés et médicalisés :

> « La fin de la sélection darwinienne est une situation inédite dans l'histoire du monde et nous manquons de point de comparaison permettant de prévoir ce qui va se passer [...]. L'homme, comme les autres espèces, n'est pas à l'abri de la régression : elle a déjà commencé sur des caractères qui ne sont plus soumis à la pression de la sélection. Un exemple parmi d'autres : la perte de l'odorat. Notre sens de l'odorat est aujourd'hui dix mille fois moins puissant que celui d'un chien. Pourtant, il y a quelques millions d'années, il n'était pas moins performant que celui des autres mammifères... Sous cet affaiblissement de la sélection naturelle, la dégradation de notre génome va affecter particulièrement notre système nerveux central et notre câblage neuronal. Voilà pourquoi la technomédecine qui s'annonce n'est pas un choix, mais bel et bien une nécessité. [...] Le risque est en effet certain sur une longue période : la réplication de l'ADN ne connaît pas le zéro défaut et le sens des défauts est imprévisible[1]. »

Passer de la chance (de la loterie naturelle) au choix (aux décisions humaines) serait donc inévitable si nous

---

1. Laurent Alexandre, *La Mort de la mort*, *op. cit.*, p. 145.

voulons compenser intelligemment les effets négatifs de la régression de la sélection naturelle d'ores et déjà organisée par nos sociétés policées.

II – Antinaturalisme : non seulement le progrès indéfini est souhaitable, mais, loin de se limiter à des réformes politiques et sociales, il doit porter désormais aussi sur notre nature biologique

Pas de malentendu : le mot « antinaturalisme » est ambigu, il demande ici à être précisé. Il signifie en l'occurrence que, pour les transhumanistes, la nature n'est pas sacrée, ce pour quoi rien n'interdit de la modifier, de l'améliorer ni de l'augmenter. C'est même, comme nous l'avons vu, un devoir moral. Le génome humain n'est donc pas un sanctuaire et, du moment que les modifications qu'on pourrait lui apporter vont dans le bon sens, celui de la liberté et du bonheur humains, il n'y a non seulement aucune raison de les interdire, mais il faut au contraire les favoriser. Cela dit, en un autre sens, le transhumanisme est bien évidemment « naturaliste », puisqu'il est philosophiquement matérialiste, ce qui signifie qu'à la différence des philosophies spiritualistes et des doctrines de la liberté entendue au sens du libre arbitre il considère que l'être humain n'est nullement un être « surnaturel », hors nature, mais au contraire de part en part déterminé par son infrastructure biologique. Quand on dit que le mouvement transhumaniste est « antinaturaliste », c'est donc seulement au sens où il vise explicitement une amélioration de l'être humain par la science et la technique, une augmentation qui transcenderait les limites prétendument « naturelles » qui sont les siennes au départ. Pour des raisons morales, là encore, comme dans le cas de l'eugénisme positif, nous devons autant que faire se peut aller vers plus d'intelligence, de sagesse, de durée de vie, de bonheur, bref, nous devons sans cesse transgresser les limites naturelles du moment que c'est pour le bien de l'humanité – en quoi le transhumanisme peut à juste titre, comme nous l'avons déjà dit, se réclamer de la notion de perfectibilité qu'on trouve chez Pic de la Mirandole, Ferguson, Rousseau ou Condorcet, c'est-à-dire de l'idée que l'homme n'étant rien de déterminé au départ, il peut devenir tout, il peut et doit forger son destin.

De là aussi le fait que le transhumanisme s'oppose non seulement à l'humanisme chrétien, mais aussi à toutes les formes de sacralisation de la nature, comme le souligne Max More dans sa Déclaration transhumaniste des principes extropiens :

> « Nous allons plus loin que la plupart des humanistes classiques dans la mesure où nous proposons des modifications essentielles de la nature humaine » car, ajoute-t-il (dans un autre essai intitulé *On Becoming Posthuman*), « l'humanité ne doit pas en rester là, elle n'est qu'une étape sur le sentier de l'évolution, pas le sommet du développement de la nature. »

On retrouve les mêmes thèmes dans la « Déclaration des principes extropiens 3.0 » :

> « Les extropiens contestent les affirmations traditionnelles selon lesquelles nous devrions conserver la nature humaine inchangée de façon à nous conformer à la "volonté de Dieu" ou à ce qui est considéré comme "naturel". Comme nos cousins intellectuels, les humanistes, nous recherchons le progrès constant dans toutes les directions. Nous allons plus loin que certains humanistes en proposant certaines altérations de la nature humaine, dans la recherche de ce progrès. Nous mettons en question les contraintes

traditionnelles d'ordre biologique, génétique et intellectuel pesant sur notre progrès potentiel. »

En général, le transhumanisme pointe quatre ruptures plus ou moins radicales avec les formes traditionnelles de l'humanisme : a) d'abord le passage du thérapeutique au méliorisme dont nous avons déjà parlé ; b) ensuite le fait que, quand il s'agit de passer du « subi passivement » au « maîtrisé activement » (« *from chance to choice* »), l'échelle historique considérée n'est plus sociale, politique ou culturelle, mais est celle de la théorie de l'évolution, fort différente, qui fait ici référence ; c) un troisième élément est qu'aux yeux des transhumanistes il n'existe pas de droits naturels liés à une quelconque nature humaine (ce que contesteront ses critiques traditionalistes, à commencer par Fukuyama et Sandel) ; d) enfin, il est clair que l'amélioration de l'humanité ne vise pas seulement le social, le politique ou le culturel, ni même uniquement la nature environnante extérieure, mais bel et bien nos données biologiques « internes ».

Il n'en reste pas moins, comme nous l'avons vu, qu'une filiation avec l'humanisme antinaturaliste de Pic de la Mirandole ou Condorcet est à la fois réelle et assumée comme telle.

III – La quête de la « vie sans fin », de Gilgamesh à nous : l'immortalité ici-bas et par la science

La lutte contre la vieillesse et la mort fait évidemment partie du projet transhumaniste. Il s'agit bien de faire passer le désir d'immortalité de la mythologie et de la religion vers la science. Plusieurs auteurs font volontiers référence à *L'Épopée de Gilgamesh*, un texte très ancien qui, trop souvent, ne fait pas encore partie de la culture générale des Occidentaux alors qu'il occupe la place d'un classique incontournable dans d'autres civilisations. Il s'agit d'une œuvre grandiose, du premier roman écrit dans l'histoire de l'humanité, dont les fragments originels ont été rédigés au XVIIIe siècle avant J.-C. – dix siècles avant l'*Odyssée* d'Homère, onze (ou treize) siècles avant la rédaction de la Bible – en langue sumérienne, dans cette écriture cunéiforme gravée à l'aide de petits coins dans des tablettes d'argile. Ce sont ces tablettes que l'on a découvertes et réussi à déchiffrer au XIXe siècle. Comme l'*Odyssée*, *L'Épopée de Gilgamesh* est un conte philosophique. Il nous rapporte l'histoire légendaire de ce grand roi d'Uruk qui découvre presque en même temps l'amour fou et l'épreuve terrible du deuil de l'être aimé. C'est donc d'abord un récit d'amitié, voire de passion amoureuse, comme on n'en rencontre guère que dans la littérature romanesque. Après avoir connu le bonheur d'aimer et d'être aimé, le malheureux souverain assiste impuissant à la mort de son ami, de son *alter ego*, Enkidu, ce qui le conduit à une réflexion sur le sens de la vie. Dans un premier temps, c'est plutôt en termes de religion qu'il s'interroge. Il commence par rechercher désespérément l'immortalité, un remède contre l'irréversibilité de la mort. Il a entendu parler d'un homme, un certain Utanapisti, qui aurait échappé au Déluge et qui aurait été rendu immortel par les dieux. Il part en quête de cet individu pour tenter de lui arracher son secret. Mais bientôt, il comprend que cette quête est vaine, que l'immortalité est définitivement inaccessible aux mortels. Il passera alors d'une problématique qu'on pourrait dire religieuse (la quête de l'immortalité) à une problématique laïque, philosophique (comment accepter la mort sans abandonner pour autant la quête d'une vie bonne).

Mais c'est aussi, et même surtout, à une fable plus récente que se réfèrent les transhumanistes : *The Fable of the Dragon-Tyrant* de Nick Bostrom, un petit conte philosophique qu'on trouvera facilement, lui aussi, sur le Net. Que nous dit-il ?

Écrit dans le style des contes de fées les plus classiques (ça commence, comme il se doit, par l'incontournable *« Once upon a time »*, « Il était une fois »), il raconte l'histoire d'un dragon terrifiant auquel il faut chaque jour offrir un tribut de 10 000 malheureux mortels. Certains sont dévorés sur-le-champ, d'autres attendent une fin atroce, parfois pendant des mois, dans une prison insalubre, pleine de souffrance et de tourments (symbole de la maladie et de la vieillesse qui précèdent la mort). Mais les victimes ne sont pas seules à souffrir :

> « La misère infligée par le Dragon-Tyran était incalculable. Mais en plus des 10 000 qui étaient chaque jour mis à mort de manière atroce, il y avait là des mères et des pères, des maris et des épouses, des enfants et des amis qui restaient en arrière à pleurer la perte de ceux qu'ils aimaient. »

Comme on le comprend assez vite, ce Dragon, bien entendu, n'est autre que la mort elle-même. Bostrom se plaît à décrire comment, face à lui, les humains passent par diverses attitudes : la résignation et la soumission, d'abord, devant l'inéluctable ; la collaboration avec l'ennemi, ensuite ; puis la révolte, qui se prolonge par une prétendue victoire, en réalité bien fictive et illusoire, celle que nous offrent les religions en nous assurant de la « mort de la mort », en nous promettant une vie éternelle, des retrouvailles avec les chers disparus, mais plus tard, après cette vie terrestre, dans l'au-delà – passage crucial de la fable où l'on mesure tout ce qui oppose le transhumanisme aux religions monothéistes, lesquelles, du reste, lui rendent sans ménagement la pareille : non seulement ces dernières sont depuis toujours hostiles à toute forme de manipulation du vivant (y compris aux simples et pourtant très banales procréations médicalement assistées que l'Église continue de condamner avec constance comme des péchés mortels, ainsi qu'on peut le lire dans le catéchisme officiel du Vatican), mais il est clair que, si la science parvenait un jour à vaincre réellement la mort, non seulement en pensée et dans l'au-delà, bel et bien ici et maintenant, sur cette Terre et non dans le ciel, ce serait un coup terrible pour les doctrines religieuses du salut.

Or, c'est justement cette dernière étape qu'annonce la fable, ce moment de l'histoire humaine où les progrès de la technoscience pourraient un jour permettre aux infortunés mortels que nous sommes encore de terrasser l'affreux Dragon – philosophes et théologiens traditionnels s'employant de toutes leurs forces à faire échouer ce projet révolutionnaire en invoquant les sacrilèges qu'il y aurait à modifier le sanctuaire que constitue à leurs yeux malveillants la sacro-sainte nature humaine (je traduis ici librement la fin de la fable de Bostrom) :

> « Les histoires consacrées à la vieillesse se sont traditionnellement centrées sur le besoin de s'en accommoder, de s'y accoutumer avec humilité et gratitude. La solution recommandée pour diminuer la vitalité et la mort imminente était une résignation accompagnée d'un effort pour mettre en ordre, avant son départ, ses affaires ainsi que les relations avec ses proches. À une époque où, en effet, rien ne pouvait être fait pour prévenir ou retarder le vieillissement, cette perspective avait du sens. Plutôt que s'angoisser face à l'inévitable, on pouvait viser la paix de l'esprit. Mais aujourd'hui, la situation est différente. Même si nous manquons encore de moyens effectifs et

acceptables pour retarder le processus de vieillissement, nous pouvons cependant identifier des directions de recherche qui pourraient conduire au développement de tels moyens dans un futur prévisible. Les histoires et les idéologies mortifères qui nous recommandent une acceptation passive n'ont plus rien de sources de consolation innocentes. Elles sont devenues des barrières fatales à un besoin urgent d'action ! »

Et de fait, aussi étrange que cela puisse paraître, de nombreux chercheurs pensent aujourd'hui que le problème qui préoccupe l'humanité depuis les origines, celui de la mort, n'appartient plus à la mythologie, à la religion ou à la philosophie, mais à la médecine et à la biologie, plus précisément à ces fameuses NBIC dont nous avons déjà parlé. Selon eux, l'immortalité pourrait bien un jour, peut-être même au siècle prochain, quitter le ciel des dieux pour descendre sur la Terre des hommes. Telle est notamment la thèse brillamment défendue par Laurent Alexandre dans son livre au titre explicite : *La Mort de la mort*, déjà cité. Sans entrer ici dans les détails de cet ouvrage d'autant plus significatif qu'il s'efforce de ne rien emprunter à la science-fiction, mais s'intéresse à ce qui est d'ores et déjà établi de manière factuelle, scientifique et accessible dans le domaine public, le fil conducteur qu'il suit jusque dans ses ultimes prolongements est le suivant : grâce à la convergence de ces nouvelles technologies, dont la réalité est encore quasiment ignorée du grand public, la mort pourrait dans l'avenir être vaincue. Évidemment, nous en sommes encore fort loin. Bien plus, pour le moment, aucune expérimentation vérifiable ne permet en quoi que ce soit de l'affirmer. D'évidence aussi, la mort, même si nous parvenions à maîtriser le vieillissement de l'organisme, resterait toujours possible dans un accident, un suicide ou un attentat. Mais elle ne viendrait plus alors de l'intérieur, seulement de l'extérieur, par inadvertance, comme les six grandes innovations qui sont déjà là, dans nos laboratoires, permettent de l'imaginer.

D'abord celle de la génomique, avec les progrès faramineux du séquençage de l'ADN comme des thérapies géniques. Le premier séquençage d'un génome humain, réalisé dans l'an 2000, avait coûté 3 milliards de dollars. Ce coût est tombé aujourd'hui à 3 000 dollars, et il sera insignifiant avant la fin de la décennie. On pourra bientôt détecter la plupart des maladies génétiques, donc prévenir certaines d'entre elles, voire réparer un jour les gènes défectueux grâce à une chirurgie génique qui, elle aussi, progresse depuis quelques années à pas de géant. Ensuite, ce sont les nanotechnologies qui viendront à l'appui de la médecine, en fabriquant des nanomachines, des milliers de fois plus petites que le diamètre d'un cheveu. Une fois placées dans nos organismes, elles pourront diagnostiquer et réparer nos défauts. Troisième révolution, celle des big data, avec l'apparition d'ordinateurs surpuissants qui permettront de comparer entre elles des milliards de milliards de cellules, ouvrant ainsi la voie à une médecine personnalisée, adaptée à chaque maladie comme à chaque malade. Quatrième direction de recherche, celle de la robotique qui, avec l'aide des autres technologies, renforcera comme jamais les possibilités d'hybridation de l'homme avec des machines. La recherche sur les cellules souches ouvrira la voie de la médecine réparatrice, tandis que, sixième élément, les progrès de l'intelligence artificielle conduiront inévitablement à l'apparition d'un « homme augmenté ». Contrairement à une idée reçue, donc, la mort ne serait pas tout à fait inéluctable. On entend souvent dire : « La seule chose certaine, c'est que nous allons mourir », mais cette phrase, prononcée avec l'assurance de M. Prudhomme, est un poncif que personne n'a jamais pu démontrer absolument.

Certes, comme tous les processus biologiques sélectionnés par l'évolution, la mort a son utilité, sa fonction – la succession des générations permettant notamment de relancer chaque fois les dés du hasard génétique, favorisant ainsi, dans une optique darwinienne, l'apparition de mutations utiles, de «monstres réussis».

Reste que rien n'interdit *a priori* de penser, même si les obstacles à ce projet apparaissent aujourd'hui encore considérables, que l'homme, dans sa volonté de maîtrise du monde comme de lui-même, ne puisse un jour s'arroger enfin le pouvoir exorbitant de dominer la mort.

Telle est du moins l'espérance qui anime le transhumanisme, comme le résume Laurent Alexandre dans le livre que l'on vient d'évoquer :

> «Dans quelques décennies, les nanotechnologies vont nous permettre de construire et de réparer, molécule par molécule, tout ce qu'il est possible d'imaginer. Non seulement les objets usuels, mais aussi les tissus et les organes vivants. Grâce à ces révolutions concomitantes de la nanotechnologie et de la biologie, chaque élément de notre corps deviendra ainsi réparable, en partie ou en totalité, comme autant de pièces détachées. [...] Les quatre composantes des NBIC se fertilisent mutuellement. La biologie, et notamment la génétique, profite de l'explosion des capacités de calcul informatique et des nanotechnologies indispensables pour lire et modifier la molécule d'ADN. Les nanotechnologies bénéficient des progrès informatiques et des sciences cognitives qui, elles-mêmes, se construisent à l'aide des autres composantes. En effet, les sciences cognitives utiliseront la génétique, les biotechnologies et les nanotechnologies pour comprendre puis "augmenter" le cerveau et pour bâtir des formes de plus

en plus sophistiquées d'intelligence artificielle, éventuellement directement branchées sur le cerveau humain... Implantés par millions dans notre corps, des nanorobots nous informeront en temps réel d'un problème physique. Ils seront capables d'établir des diagnostics et d'intervenir. Ils circuleront dans le corps humain, nettoyant les artères et expulsant les déchets cellulaires. Ces robots médicaux programmables détruiront les virus, les cellules cancéreuses.»

Et tout cela pourrait aller plus vite que nous ne le pensions il y a peu encore. Du reste, peu importe que « l'homme vivant plus de mille ans » soit pour le siècle prochain ou pour le suivant. Sur le principe, cela ne change rien à l'affaire. Ce qui compte dans le raisonnement transhumaniste, c'est que ces révolutions sont en route et que la question de savoir si elles sont légitimes, si on doit les financer ou non, les encourager ou les stopper est d'ores et déjà posée.

Comme je l'ai suggéré dès l'introduction, nul n'ignore qu'il existe de nombreuses objections scientifiques contre la possibilité même de la « mort de la mort », notamment en raison de l'utilité de cette dernière d'un point de vue darwinien, aussi parce que l'organisme est un tout d'une complexité infinie, de sorte que réparer ses parties isolément risquerait d'entraîner des effets pervers en chaîne dont rien ne dit qu'ils pourront être maîtrisés. En outre, le cerveau humain est si complexe qu'on voit mal comment ralentir les processus de sénescence qui le guettent fatalement avec l'âge. Tout cela est juste, mais il reste que, sur le principe, telle est du moins la conviction des transhumanistes, il n'y a aucune raison « rationnelle » de fixer *a priori* des limites absolues à la recherche scientifique, et si l'on en juge par les progrès accomplis par la biologie ces derniers temps, rien ne permet d'affirmer avec certitude que les recherches sur le vieillissement ne connaî-tront pas des avancées comparables dans les décennies ou dans les siècles qui viennent. Ce qui est certain, à tout le moins, c'est qu'une voie est ouverte et qu'il sera difficile de la refermer.

Bien entendu, une telle éventualité suscite déjà des réactions d'hostilité sans nombre, de la part des religions d'abord, qui risquent d'y perdre une grande part de leur raison d'être, mais aussi sur bien d'autres plans – démogra-phique, économique, écologique, métaphysique, éthique, politique, sur lesquels nous reviendrons dans le prochain chapitre. Reste que, le Dragon-Tyran n'ayant guère la faveur du commun des mortels, il est probable que si nous étions un jour en mesure de le terrasser, ou même seulement de l'affaiblir quelque peu, nombre d'entre nous seraient intéressés par un projet qui, comme on le voit, ne manque ni d'envergure ni d'optimisme.

IV – Un optimisme technoscientifique à toute épreuve : l'idéal du « solutionnisme »

Contre toutes les formes de pessimisme qui conduisent au « bioconservatisme », contre les idéologies du déclin et du retour à l'âge d'or, le transhumanisme affiche une foi dans le progrès tout à fait comparable à celle qui animait philosophes et savants au temps des Lumières. Comme l'affirme Nick Bostrom dans un essai intitulé *Human Genetic Enhancements: A Transhumanist Perspective* (« Amélioration génétique de l'être humain : une perspective transhumaniste ») :

> « L'ingénierie germinale humaine aura sans doute quelques conséquences négatives qu'on n'aura pas prévues ou pas pu prévoir. Pour autant, il va de soi que la seule

présence de quelques effets négatifs n'est nullement une raison suffisante de s'abstenir. Toutes les technologies majeures impliquent certains effets négatifs, certains effets pervers. Mais il en va exactement de même si on choisit de maintenir le *statu quo*. Seule une juste comparaison des coûts et avantages possibles peut permettre de parvenir à une juste décision qui repose sur une analyse en termes de coût-bénéfices. »

L'humanisme des Lumières valorisait déjà l'arrachement à la nature, alors pourquoi s'arrêter en si bon chemin ? Pourquoi ne pas aller jusqu'au bout ? Et quoi de pire moralement que la sélection darwinienne, cette élimination des déviants comme des plus faibles dont les nazis ont fait l'apologie ? Du reste, nous avons déjà compris qu'elle tendait à s'estomper dans la civilisation occidentale moderne et que cela impliquait que le projet d'une maîtrise par les hommes de leur propre matériel génétique aille jusqu'au bout s'ils voulaient éviter sa détérioration irréversible.

Il n'y a dans ce contexte rien d'étonnant au fait que les passionnés de technologies nouvelles, à commencer par les grands patrons des entreprises multinationales qui en portent les couleurs, se soient reconnus dans cet optimisme du progrès.

Voici, à titre d'exemple, un extrait d'un discours prononcé en 2011 devant le MIT par Eric Schmidt, le CEO de Google :

> « Quand on évoque la technologie, il ne s'agit plus vraiment de logiciels ni de matériels, mais plutôt de l'utilisation qui est faite de cette énorme quantité de données amassées dans le but de rendre le monde meilleur. »

Dans une autre conférence, prononcée un an plus tard, Schmidt pousse le bouchon encore un peu plus loin :

« Si nous nous y prenons bien, assure-t-il, je pense que nous pourrons réparer tous les problèmes du monde. »

Et, dans le même, sens, cette réflexion de Mark Zuckerberg, le fondateur de Facebook :

« Le monde étant confronté à de nombreux enjeux majeurs, ce que nous tentons de mettre en place en tant qu'entreprise, c'est une infrastructure sur laquelle s'appuyer pour en dénouer un certain nombre. »

Cette conviction – il faut bien l'avouer, assez ridicule parfois : nous y reviendrons là aussi dans le prochain chapitre – selon laquelle le progrès des sciences et des techniques va pouvoir « résoudre tous les problèmes du monde » est devenue si forte dans la Silicon Valley qu'on a fini par lui donner un nom, par la baptiser comme s'il s'agissait d'une authentique doctrine philosophique : on parlera donc désormais de « solutionnisme » pour désigner cette foi technophile inébranlable dans les vertus retrouvées du progrès. Quels sont les problèmes auxquels ce nouvel optimisme prétend apporter des solutions ? En vérité, comme le dit Schmidt, à peu près tous, toutes les difficultés qui empoisonnent la planète pourraient trouver selon lui une issue favorable si on voulait bien investir davantage encore dans les nouvelles technologies : les accidents de la route grâce à la voiture autopilotée, la fameuse « Google Car », le cancer, grâce à la médecine personnalisée que permettront les big data, mais aussi l'obésité, les insomnies, les épidémies, les catastrophes humanitaires, les accidents d'avion, la criminalité, le terrorisme, le réchauffement climatique, la pollution, la faim dans le monde, la prise en charge à domicile des personnes dépendantes, âgées ou handicapées, la vieillesse, et pourquoi pas la mort ? Potentiellement, les nouvelles technologies pourront tout résoudre, tel est l'optimisme, parfois délirant, qui anime le transhumanisme au même titre que ceux qui entendent le financer. Les tenants de ce projet, qui s'affiche volontiers comme grandiose, font alors tout pour faire oublier la dimension économique, pour ne pas dire mercantile, qui l'anime aussi, les enjeux commerciaux des nouvelles technologies étant tout simplement colossaux. Comme y insiste souvent Zuckerberg, « on ne se réveille pas avec le but de faire du fric » – mais il faut bien avouer qu'il en a tellement qu'on voit mal comment ça pourrait le réveiller...

V – Un rationalisme matérialiste, déterministe et athée

Le transhumanisme est donc, dans le sillage de cet optimisme, un rationalisme absolu, une vision du monde qui le plus souvent se veut à la fois déterministe et athée, qui privilégie comme au temps des Lumières l'esprit critique contre la foi aveugle, l'autoritarisme et le dogmatisme liés à toutes les formes de traditionalisme et d'arguments d'autorité. « Ni Dieu ni maître » : telle pourrait être sa devise. Dans le langage courant, le mot « matérialisme » a mauvaise presse. Il désigne en général une vision du monde qui manque de hauteur de vues, d'idéal, une doctrine qui encourage la vulgarité, qui ne s'intéresse qu'à l'argent et aux plaisirs médiocres.

Au sens philosophique, le matérialisme n'a rien à voir avec tout cela.

Il définit une attitude de pensée, une position intellectuelle qui consiste à postuler que la vie de l'esprit est tout à la fois *produite* et *déterminée* par une réalité plus profonde qu'elle, plus « matérielle » justement, qui pour l'essentiel se confond avec la nature et l'histoire, avec la dimension biologique de notre existence et les données sociologiques touchant les milieux sociaux et familiaux qui sont les nôtres. En clair : le matérialisme défend l'opinion selon laquelle toutes nos idées, par exemple nos convictions religieuses ou politiques, mais aussi nos valeurs morales, nos jugements esthétiques et nos choix culturels, ne sont pas librement posés et assumés par nous. Ils ne sont en vérité que des *produits inconscients* de réalités plus profondes qui nous déterminent à notre insu, *les reflets* de notre milieu social ou de notre infrastructure neurale qui, très matériellement, les conditionnent de part en part. En d'autres termes, pour le matérialiste, il n'y a aucune autonomie véritable de la pensée, rien qui ressemble à quelque chose comme une « transcendance » de nos idées par rapport à notre environnement biologique et historique, mais seulement une illusion d'autonomie. Même quand il prend en compte la complexité des facteurs qui entrent en jeu dans leur production, le matérialisme doit assumer deux traits caractéristiques fondamentaux : le *réductionnisme* et le *déterminisme*.

Voyons cela d'un peu plus près.

Tout matérialisme est, en effet, à un moment ou à un autre, un *réductionnisme*, puisqu'il consiste à *réduire* des idées, vécues comme « grandioses » par ceux qui les défendent, aux réalités matérielles qui les ont engendrées et qui sont le plus souvent triviales. Par exemple, un biologiste matérialiste cherchera volontiers les « fondements naturels de l'éthique », pour reprendre une formule chère à Jean-Pierre Changeux. Il y a donc bien réduction du grandiose au trivial, du conscient à l'inconscient, du dicible à l'inavouable, bref, *du spirituel au matériel* – d'où la pertinence du mot « matérialisme ». Pour le dire dans des termes légèrement différents : aux yeux d'un authentique matérialiste, de même qu'il n'y a pas de transcendance par rapport à la matière, l'*absolu* n'existe pas, il n'y a que du *relatif*.

Au sens étymologique, l'absolu désigne ce qui est séparé, détaché de tout, ce qui est transcendant par rapport à toute matière. Pour le matérialiste, une telle idée est en soi un mensonge, au mieux une illusion, car tout n'est que *relatif à une réalité matérielle*, toutes nos idées, toutes nos valeurs viennent d'ailleurs que de notre pensée prétendument libre et autonome. Elles viennent de notre biologie et de notre histoire, de notre corps et de notre milieu social.

Comme le souligne dans son *Dictionnaire philosophique* un de nos meilleurs philosophes matérialistes d'aujourd'hui, André Comte-Sponville, avec l'honnêteté et la clarté qui lui sont coutumières :

> « Si l'on entend par réductionnisme [...] la négation de toute autonomie absolue des phénomènes humains, le matérialisme ne saurait, sans cesser d'être matérialiste, s'en passer. »

En effet.

Pour la même raison, tout matérialisme est aussi un *déterminisme* en ce sens qu'il prétend montrer comment les idées et les valeurs dont nous croyons pouvoir disposer librement, comme si nous en étions nous-mêmes les auteurs, s'imposent en vérité à nous selon des mécanismes inconscients que le travail de la philosophie matérialiste consistera justement à mettre au jour. Voilà pourquoi le matérialisme rejette avant toute chose la notion de libre arbitre, l'idée que nous pourrions *choisir* de façon souveraine entre plusieurs options possibles, l'idée, par conséquent, que nous serions responsables de nos actes. Pour lui, nous sommes de part en part, sans reste, déterminés par ces deux grands déterminismes que constituent notre nature biologique et notre milieu social.

C'est là encore ce qu'explique très bien André Comte-Sponville, en commentant le livre I de l'*Éthique* de Spinoza – le philosophe qu'il considère, à juste titre il me semble, comme le père fondateur du matérialisme moderne :

« L'homme n'est pas un empire dans un empire : il n'est qu'une partie de la nature dont il suit l'ordre. [...] Qui condamnerait moralement une éclipse ou un tremblement de terre ? Et pourquoi faudrait-il condamner davantage un meurtre ou une guerre ? Parce que les hommes en sont responsables ? Disons qu'ils en sont causes, qui le sont à leur tour par d'autres, et ainsi à l'infini (*Éthique*, I, 28). Il n'y a rien de contingent dans la nature (*Éthique*, I, 29), ni donc rien de libre dans la volonté (*Éthique*, I, 32 et II, 48) : les hommes ne se croient libres de vouloir que parce qu'ils ignorent les causes de leur volition. [...] La croyance au libre arbitre n'est donc qu'une illusion, et c'est pourquoi toute morale (si l'on entend par là ce qui autorise à blâmer ou à louer absolument un être humain) est illusoire aussi. »

La nouveauté, cependant, par rapport au matérialisme de Spinoza, c'est que le matérialisme contemporain, qui domine largement le courant transhumaniste, s'alimente volontiers aux sciences. De ce point de vue, il y a dans le monde d'aujourd'hui deux grands matérialismes : un matérialisme historico-sociologique, qui s'enracine dans les sciences humaines et tient que nous sommes déterminés par le contexte historique, le milieu social dans lesquels nous avons été éduqués ; et un matérialisme naturaliste, qui pense pouvoir aller encore plus loin que le premier, ou à tout le moins le compléter utilement en affirmant que, en dernière instance, c'est notre code génétique qui détermine l'essentiel de ce que nous sommes. Ce second matérialisme ne rejette pas d'ailleurs son voisin de palier, en ce sens qu'il peut accorder lui aussi une place considérable au milieu et à l'éducation. Simplement, il tend à penser que cette place, même cruciale, reste plus ou moins secondaire par rapport au poids spécifique de la réalité biologique en nous. C'est aussi pourquoi, loin de s'exclure mutuellement, les deux grands matérialismes contemporains vont le plus souvent de pair (quoiqu'il leur arrive aussi d'entrer parfois dans des querelles de préséance), pour parvenir à la conclusion que l'être humain ne *possède* pas une histoire et un corps, mais qu'il *est* purement et simplement cette histoire et ce corps, et rien de plus.

C'est cette conviction matérialiste qui permet aux transhumanistes du second type de penser que, le cerveau étant une machine comme une autre, simplement plus complexe, les ordinateurs parviendront un jour à penser comme nous, à imiter et peut-être même à ressentir nos sentiments et nos émotions avec, en outre, une puissance de calcul des milliers de fois supérieure à la nôtre, ainsi qu'une résistance quasiment infinie aux outrages du temps.

VI – Une éthique utilitariste et libertaire qui navigue de manière plus ou moins cohérente entre néolibéralisme et social-démocratie

S'il est vrai qu'il existe une filiation entre le transhumanisme et les révoltes libertaires des années 1960, il n'y a rien d'étonnant à ce que le mouvement considère qu'il est «interdit d'interdire», qu'il revendique le droit absolu qu'aurait tout individu à choisir, à passer en toute liberté «de la chance au choix». On dira que cet appel à la liberté est en totale contradiction avec tout ce que nous venons de dire du matérialisme et du déterminisme. C'est vrai, du moins aux yeux d'un partisan du libre arbitre. Mais le matérialisme s'est en réalité toujours accommodé de ce type de contradiction. Comme le disait déjà Spinoza, il faut bien utiliser dans la vie courante le vocabulaire du libre arbitre, on ne peut pas faire autrement, car cette illusion est inhérente à la condition humaine. Il faut simplement ne pas en être dupe et savoir qu'il s'agit d'une illusion, que nos décisions ne relèvent pas de choix libres, mais de volitions enracinées dans des causes matérielles.

Mais laissons ce débat métaphysique de côté, et venons-en plutôt aux connotations politiques de cet idéal libéral/libertaire que les transhumanistes ne cessent de proclamer, comme le souligne par exemple Max More dans son manifeste intitulé : *The Extropian Principles Version 3.0. A Transhumanist Declaration* :

> « L'autonomie individuelle et la responsabilité vont de pair avec l'autoexpérimentation. Les extropiens assument leurs responsabilités face aux conséquences de leurs décisions libres. [...] L'expérimentation et l'autotrans-formation ne vont pas sans prendre des risques, mais nous souhaitons être libres d'évaluer nous-mêmes ces risques potentiels, de même que les avantages, d'émettre nos propres jugements et d'assumer la responsabilité de leurs conséquences. Nous nous élevons avec force contre toute coercition venant de ceux qui prétendraient imposer leurs options concernant la sécurité ou l'effectuation de l'autoexpérimentation. »

Discours typiquement « sixties » de cet individualisme révolutionnaire qui se moque du collectif et refuse de prendre en compte le fait pourtant évident que des modifi-cations radicales du patrimoine génétique d'une certaine catégorie de la population ne pourraient pas ne pas avoir de conséquences sur le reste de cette population. Cela dit, partout où elles ont existé en Occident, les révoltes libertaires ont eu deux rejetons plus ou moins légitimes : l'ultralibéralisme d'un côté et, de l'autre, la social-démocratie égalitariste, comme le souligne à juste titre Gilbert Hottois, dont on comprend aisément dans le passage qui suit qu'il penche pour le second versant :

« Une lame de fond du transhumanisme a été et demeure profondément attachée à l'individualisme libéral, voire néolibéral, et même libertaire. Cette tendance, qui s'affiche volontiers comme étant apolitique, est *de facto* proche du technocapitalisme futuriste des grandes compagnies américaines multinationales. [...] Simultanément, les transhumanistes socialement sensibles entendent ne pas ignorer les grands problèmes sociaux de la pauvreté, de l'injustice, de l'inégalité et de l'environnement. [...] Il faut mener la lutte sur les deux fronts : humaniste traditionnel et transhumaniste. Un rêve transhumaniste est de concilier individualisme et socialisme : l'amélioration (bien entendu aussi affective, émotionnelle, morale) librement voulue d'individus conduira progressivement à l'amélioration globale de la société et de l'humanité. Selon cette optique, les transhumains ne sont pas à craindre, ils sont à souhaiter. Entre apolitisme de tendance technocratique, libéralisme et néolibéralisme, libertarianisme et social-démocratie, le positionnement politique du transhumanisme reste irréductiblement divers, même contradictoire, en dépit des efforts d'unification opérés par la World Transhumanist Association[1]. »

La vérité, c'est que cette dimension apparemment contradictoire de l'idéologie politique transhumaniste s'explique assez bien, comme je viens de le suggérer, quand on la replace dans sa filiation « soixante-huitarde ». Cela dit, l'essentiel est peut-être ailleurs : car si l'exigence de liberté individuelle est bien à la fois le moteur et la revendication première du transhumanisme, sa visée dernière, son but

---

1. Gilbert Hottois, *Le transhumanisme est-il un humanisme ?*, *op. cit.*

ultime se situe clairement dans une perspective utilitariste, au sens philosophique du terme : ce dont il s'agit d'abord et avant tout, c'est de lutter contre toutes les formes de souffrance, d'apporter à l'humanité le maximum de bonheur possible – ce qui explique du reste le succès croissant du mouvement. Qui pourrait être contre le bien-être et l'éradication du malheur, sinon le diable en personne ?

En effet, l'utilitarisme, philosophie morale largement dominante dans le monde anglo-saxon depuis le XVIIIe siècle, est d'abord et avant tout ce qu'on appelle un *eudémonisme* : une vision du monde dans laquelle les humains sont d'abord définis comme des êtres qui ont *intérêt* au bonheur. Le mot « intérêt », ici, est fondamental. Car pour les utilitaristes, nous sommes essentiellement définis par le fait que nous sommes porteurs d'intérêts. Bien que divers et multiples au premier abord, ils reviennent finalement à un principe unique : ils visent tous, tout le temps et tout au long de la vie le bonheur, ils tendent fondamentalement au plaisir et au bien-être ; inversement, ils cherchent sans faille à fuir ou à éviter la douleur et la souffrance. En d'autres termes (et c'est un point de désaccord radical avec les morales républicaines, en particulier avec la morale kantienne, mais aussi avec l'héritage du christianisme), *il n'y a pas, chez les humains – jamais –, d'actions désintéressées*. Cette quête perpétuelle du bonheur peut bien entendu se révéler plus complexe que prévu : d'ailleurs, il existe des plaisirs et des désirs très sophistiqués, très intellectuels, d'autres réputés matériels, vulgaires ou bas. Mais dans les deux cas, selon les utilitaristes, nos actions sont toujours dominées par la logique de l'intérêt qui, du reste, peut être aussi bien conscient qu'inconscient. Certaines actions, qui peuvent paraître désintéressées ou altruistes lorsque, par exemple, un individu va jusqu'à sacrifier sa propre vie pour en

sauver d'autres, sont en réalité secrètement ou incon-
sciemment déterminées par des intérêts cachés. Dans tous
les cas de figure, le désintéressement n'est jamais qu'une
apparence, une illusion : les êtres qui semblent à première
vue altruistes, ceux qui sacrifient leur temps ou même leur
vie pour les autres, témoignent seulement du fait qu'ils ont,
encore et toujours, intérêt au bonheur d'autrui, de sorte que
c'est bien, en dernière instance, la poursuite de leur intérêt
qui les pousse à se sacrifier.

Cela étant posé, pas de malentendu : l'utilitarisme
n'est pas une théorie qui valoriserait exclusivement la
satisfaction des intérêts particuliers. Contrairement à
ce que l'on croit souvent sur le continent, l'utilitarisme
n'est pas une doctrine nécessairement égoïste. En effet,
sa proposition fondamentale est la suivante : *une action
est bonne, non pas quand elle satisfait uniquement mes intérêts
personnels, mais quand elle tend à réaliser la plus grande somme
de bonheur possible pour le plus grand nombre d'êtres susceptibles
de souffrir ou d'éprouver du plaisir.* Autrement dit, une action
est bonne quand elle *augmente la somme globale de bonheur
ou de bien-être dans le monde,* et elle est mauvaise quand
elle entraîne une diminution de cette somme globale de
bonheur et qu'elle augmente par conséquent la somme
globale de souffrances pour le plus grand nombre d'êtres
concernés par cette action. Il s'ensuit que ce qui compte
aux yeux des utilitaristes, c'est le souci de l'ensemble, pas
seulement celui des particuliers pris isolément, le souci,
donc, de la somme globale de bonheur ou de souffrances,
et non pas la seule satisfaction de nos intérêts personnels.
Il s'agit donc bien d'une doctrine qu'on peut qualifier
d'*universaliste* – qui prend en compte le bien commun et
l'intérêt général. Autrement dit, l'utilitarisme n'est pas
un individualisme.

De là le fait, comme on le voit dans la Déclaration transhumaniste extropienne, que tous les êtres susceptibles d'éprouver de la peine ou du plaisir, y compris les animaux et, un jour peut-être, les machines intelligentes, doivent être pris en compte dans la morale transhumaniste qui se veut, du moins à cet égard, profondément égalitariste.

VII – Une idéologie «déconstructionniste», égalitariste, antispéciste et proécologiste

L'idéal démocratique directement lié à l'utilitarisme repose par conséquent sur la conviction suivante : les sociétés anciennes ont négligé toute une catégorie d'êtres en raison de leurs préjugés racistes, sexistes, spécistes (antianimaux, l'espèce humaine étant jugée seule porteuse de droits) ou tout simplement aristocratiques. Or le mouvement de la démocratie, au moins depuis deux siècles, consiste justement à inverser ces logiques funestes : après la reconnaissance tardive du droit des Noirs et des esclaves, après celle des «sauvages», est venu le temps du droit des femmes, des enfants, des fous, et maintenant, c'est au tour des animaux d'entrer dans la sphère de la protection juridique. Où l'on voit, comme le souligne à juste titre Hottois, combien le transhumanisme s'oppose aux préjugés de l'anthropocentrisme métaphysique traditionnel selon lesquels le sujet humain, de préférence «mort, mâle et blanc», aurait une place à part dans le cosmos :

«Être "posthumaniste" revient à dénoncer ces illusions et leurs conséquences : l'anthropocentrisme spéciste qui sépare radicalement l'espèce humaine des autres êtres vivants, les opprime ou les détruit ; la fiction d'un sujet qui méconnaît tous les déterminismes (inconscients, économiques, culturels, idéologiques, sociaux…) qui limitent sa liberté et sa lucidité. L'humanisme traditionnel et moderne serait en outre une invention de l'Occident ethnocentriste, sexiste, colonialiste, impérialiste. [...] Il privilégie la figure de l'homme mâle blanc occidental[1]. »

En quoi le transhumanisme ne veut garder de l'humanisme traditionnel que son héritage « positif » : en gros, le rationalisme, l'esprit critique, l'égalitarisme, la liberté et les droits de l'homme, mais rejeter tout le reste au nom d'un « humanisme posthumaniste ».

VIII – Un plaidoyer pour la prudence, la démocratie et l'éthique de la discussion

Enfin, nombre de transhumanistes sont bien évidemment conscients des risques scientifiques comme des problèmes éthiques soulevés par leur projet. Ils connaissent, souvent « par cœur », les critiques qui leur sont adressées par leurs détracteurs et ils ne cessent de s'efforcer d'argumenter pour y apporter des réponses. Nous allons justement aborder ces débats dans le chapitre qui vient. Mais il faut noter dès maintenant que leur parti pris libertaire-social-démocrate s'accompagne, au moins en principe, d'une ouverture constante à la discussion, d'un appel le plus souvent sincère et fervent au dialogue démocratique pour tenter d'élaborer les solutions les moins risquées en même temps que les plus rationnelles. D'une manière générale, les transhumanistes sont des passionnés d'argumentation, des gens qui ne fuient pas, mais recherchent plutôt la contradiction parce qu'ils sont convaincus que c'est la raison et non le dogmatisme, *a fortiori* la violence, qui doit régler les différends inévitables sur des sujets aussi difficiles que les manipulations génétiques.

---

1. Gilbert Hottois, *Le transhumanisme est-il un humanisme ?*, *op. cit.*, p. 34-37.

De même, comme l'écrit Laurent Alexandre malgré sa ferveur transhumaniste, la prise en compte des risques, mais aussi des problèmes éthiques inhérents au passage du modèle thérapeutique au projet «mélioratif», ne doit jamais être occultée:

> «Notre génome est bien fragile. Il est animé par des dizaines de mécanismes plus subtils les uns que les autres, et une modification minime de l'un d'entre eux peut avoir des conséquences catastrophiques. [...] Nous sortons à peine d'un siècle où la génétique a été instrumentalisée pour justifier le racisme, la Shoah ou bien encore des opinions conservatrices et coloniales. Auschwitz a été construit sur la base de théories raciales qui puisaient leur inspiration dans un dévoiement de la génétique. [...] La biologie doit donc être extrêmement prudente et ne jamais oublier qu'elle a été instrumentalisée pour mettre en œuvre les pires folies raciales[1].»

C'est par conséquent sur deux plans qu'il convient d'être prudent: d'abord sur un plan scientifique, où il est hors de question de faire n'importe quoi avec le matériel humain, de tenter des expériences sur nos gènes qui pourraient, en raison de la complexité infinie de nos organismes, avoir des conséquences aussi inattendues que désastreuses. Mais c'est aussi sur le plan moral qu'il faut s'interroger, qu'il faut peser les avantages et les inconvénients d'expérimentations sur les cellules germinales, ces dernières étant potentiellement terrifiantes parce qu'irréversibles.

Ce sont justement ces questions qu'il nous faut maintenant aborder de front.

---

1. Laurent Alexandre, *La Mort de la mort, op. cit.*, p. 163-168.

CHAPITRE II

L'antinomie des biotechnologies

« Bioconservateurs » contre « bioprogressistes »

À vrai dire, les objections les plus sérieuses contre le projet transhumaniste ne sont pas forcément les plus sophistiquées. Elles sont plutôt de l'ordre du bon sens, voire de l'évidence, à commencer par celle-ci, qui vient immédiatement à l'esprit : ne prend-on pas des risques insensés sur le plan tout simplement médical et scientifique en se livrant à des manipulations génétiques germinales, à la fois transmissibles et irréversibles ? Est-on certain que le projet d'améliorer l'humanité va réellement aller vers le mieux plutôt que vers le pire, la monstruosité ?

Les transhumanistes répondent invariablement que, si la recherche scientifique n'est pas entravée, mais au contraire encouragée et financée, rien ne permet de déclarer *a priori* que l'espoir d'enrayer un jour les différentes formes de pathologies liées à cette sénescence qui nous menace tous soit hors de portée. Le raisonnement est toujours le même : au vu des progrès accomplis ces dernières années par la génétique comme par les nouvelles technologies, il serait absurde et irresponsable de fermer la porte aux révolutions que la science peut très probablement réaliser encore pour le bien de l'humanité dans la lutte contre le vieillissement et les maladies génétiques incurables, voire pour l'amélioration de l'espèce humaine tout entière. Tout, ici, est affaire de prudence, mais il n'y a en vérité rien de vraiment nouveau sous le soleil : depuis toujours, les avancées de la recherche ont supposé de l'audace et des prises de risques plutôt que l'application tatillonne du principe de précaution.

Du reste, si l'on suivait toujours ce fichu principe, même l'aspirine ne serait plus mise aujourd'hui sur le marché ! Le tout est d'encadrer raisonnablement et rationnellement l'expérimentation sur le plan éthique autant que médical, pas de l'interdire. On peut d'ailleurs inverser facilement la perspective, comme le fait Bostrom en conclusion de sa petite fable sur le Dragon-Tyran : le véritable risque, aujourd'hui, serait de n'en prendre aucun ! Même chose pour les préoccupations morales qui ne sont pas nécessairement où l'on croit, car à partir du moment où des perspectives réelles d'amélioration de la condition humaine pourraient être à portée de main, c'est en les entravant qu'on commettrait une faute, pas en les favorisant. Il suffit de réfléchir à ceci pour s'en convaincre : que diraient à leurs parents des enfants qu'on aurait privés des bienfaits de la science au motif qu'ils étaient prohibés par tel ou tel principe éthique ou religieux plus ou moins irrationnel ?

Par-delà ces interrogations factuelles et de bon sens, par-delà aussi les réponses que les transhumanistes tentent de leur apporter et que nous devons garder à l'esprit si nous voulons réfléchir à ces sujets, non pas en termes de tout ou rien, mais en termes de régulation, ce sont aussi des questions ultimes, portant sur les principes, qui se font jour — l'un des principaux mérites du transhumanisme étant justement de nous obliger à les poser. Ce sont elles que le présent chapitre voudrait d'abord exposer, analyser en profondeur, puis évaluer quant à leur pertinence.

Pour les introduire, je ne puis faire mieux que citer l'ouvrage, désormais classique, d'Allen Buchanan, *Beyond Humanity ?*[1]. Je vous propose d'en traduire les toutes premières lignes. Buchanan s'y efforce, non sans talent

---

1. *Op. cit.*, p. 10.

d'ailleurs, de résumer en quelques phrases bien senties les principales critiques philosophiques, théologiques et morales avancées contre le transhumanisme (notamment par les deux philosophes américains majeurs que nous avons déjà cités, Michael Sandel et Francis Fukuyama), ainsi que les principales réponses que son livre entreprend d'y apporter. Cela donne d'entrée de jeu une idée assez juste de ce qu'on pourrait appeler « l'antinomie » des « bioconservateurs » et des « bioprogressistes ».

Du côté de la thèse, d'abord, portée par les « bioconservateurs », dont Buchanan résume ainsi les arguments les plus forts :

« Pour la première fois, la biologie humaine et le génome humain lui-même peuvent être façonnés par l'action humaine. Mais l'organisme humain est une totalité équilibrée et réglée de manière fine, le produit d'une évolution exigeante et complexe. Il est donc totalement déraisonnable de s'amuser à saccager la sagesse de la nature, le chef-d'œuvre du Maître Ingénieur de l'évolution, dans le but d'être mieux que bien. La situation actuelle n'est pas parfaite, bien entendu, mais elle est clairement satisfaisante. Par conséquent, c'est une erreur de prendre de tels risques dans le simple but d'une amélioration [*enhancement*]. Ceux qui visent une amélioration biomédicale désirent en fait atteindre la perfection. Ils sont emportés par leur désir, mais cette attitude est totalement incompatible avec celle qui consiste à apprécier à sa juste valeur ce qui nous est donné, avec le sens de la gratitude pour ce que nous avons déjà. »

Voilà bien, en effet, résumées en peu de mots, les principales critiques que moralistes et théologiens plus ou moins conservateurs ou traditionalistes ne manquent pas d'adresser au projet transhumaniste. Aux yeux des partisans de l'antithèse, le problème vient de ce que toutes les assertions contenues dans la thèse sont, comme le dit et le pense Buchanan, «dramatiquement fausses» («*dead wrong*»), aucune d'entre elles ne méritant d'être conservée par un esprit un tant soit peu rationnel. Voici alors l'antithèse qu'il lui oppose et que son livre va s'attacher à développer:

«Depuis qu'il y a des êtres humains sur cette Terre, l'action humaine a modifié et façonné sans cesse la biologie humaine et altéré le génome humain: toute une série d'améliorations des capacités humaines, depuis la révolution agraire jusqu'à l'édification des villes, des institutions politiques et des technologies avancées du transport, ont déclenché des processus de sélection naturelle et mélangé des paquets de gènes qui étaient auparavant isolés. L'organisme humain n'est en rien une "totalité équilibrée et réglée de manière fine", et cela parce que l'évolution ne crée pas d'organismes harmonieux et "complets". Bien au contraire, elle produit des tentatives changeantes, provisoires et bricolées de solutions *ad hoc* à des problèmes éphémères de "*design*", en se moquant éperdument du bien-être humain. La nature n'a rien de sage (ni d'ailleurs de non sage), et l'évolution n'est en rien comparable à un processus conduit par un Maître Ingénieur. Elle est bien plutôt semblable à celui d'un bricoleur gravement agité, aveugle et totalement insensible sur le plan moral. La situation de millions d'êtres humains n'a rien de satisfaisant et, pour améliorer leurs vies, voire pour préserver le bien-être des mieux lotis d'entre nous, il peut être nécessaire d'entreprendre des améliorations biomédicales. Pour résoudre les problèmes que nous avons nous-mêmes créés – tels que la pollution, la surpopulation, le réchauffement climatique –, les êtres humains devraient augmenter leurs capacités intellectuelles et peut-être mêmes morales. La recherche d'améliorations biomédicales n'est pas la recherche de la perfection, c'est seulement celle d'un perfectionnement. Désirer améliorer certaines capacités humaines dans le but d'augmenter le bien-être humain ou de préserver celui dont nous jouissons déjà n'a rien à voir avec une volonté de maîtrise totale. Une juste appréciation de ce que nous avons déjà est tout à fait compatible avec la recherche d'un perfectionnement et elle peut requérir des améliorations si ces améliorations sont nécessaires pour préserver ce qui est bon dans ce qui nous est déjà donné.»

Comme vous pouvez le voir d'après ce simple résumé des débats, les critiques les plus aiguisées portent à la fois sur le principe et sur les conséquences, ingérables aux yeux des conservateurs, des révolutions biotechnologiques. Tâchons maintenant d'en prendre connaissance plus en profondeur en commençant par celles que développe Fukuyama dans son petit livre intitulé, de manière volontairement dramatique, *La Fin de l'homme. Les conséquences de la révolution biotechnique*[1], un essai où il entend bien opposer un traditionalisme raisonnable à une modernité qui sombre dans ce que les Grecs anciens appelaient l'*hybris*, l'orgueil, l'arrogance et la démesure.

Les arguments de Francis Fukuyama contre le transhumanisme : la sacralisation de la nature comme norme morale

Si on se place du point de vue des religions traditionnelles, selon lesquelles toute manipulation du vivant est sacrilège, attendu que c'est Dieu et Lui seul qui en détient le monopole, mais si on y ajoute, plus largement,

---

1. Francis Fukuyama, *La Fin de l'homme. Les conséquences de la révolution biotechnique*, La Table ronde, 2002 ; Gallimard, « Folio », 2004.

les partisans, croyants ou non, d'une sacralisation/sanctua-risation de la nature humaine (du génome humain), on comprendra qu'entreprendre de modifier la nature humaine puisse apparaître comme la manière la plus sûre de ruiner la morale universelle. Car cette morale, pour les traditionalistes, ne saurait s'enraciner ailleurs que dans la considération des traits naturels communs à l'humanité. Ne pas les respecter, vouloir les modifier, c'est donc tout simplement détruire les fondements naturels de l'éthique. Voilà pourquoi, aux yeux de Fukuyama, la modification de la dotation biologique des individus annonce la fin de l'homme, car elle représente une menace irréversible et terrifiante pour l'intégrité de l'espèce humaine en tant qu'espèce morale, digne d'être protégée par des droits humains :

« Même si l'ingénierie génétique au niveau de l'espèce demeure encore à échéance de vingt-cinq, cinquante ou cent ans, elle est de loin le plus important de tous les développements futurs en biotechnologie. La raison en est que la nature humaine est fondamentale pour nos concep-tions de la justice, de la moralité et de la vie bonne, et que toutes ces conceptions subiront de profonds changements si cette technologie devient largement répandue. [...] De bonnes raisons de prudence poussent à respecter l'ordre naturel des choses et à se garder de penser que les êtres humains peuvent facilement l'améliorer en intervenant de façon arbitraire. [...] Construire un barrage ou intro-duire une monoculture dans un secteur donné dérange des relations invisibles et détruit l'équilibre du système de façon imprévisible. Il en va de même pour la nature humaine. Il est bien des aspects de celle-ci que nous pensons fort bien comprendre ou que nous voudrions changer si nous en avions la possibilité. Mais faire mieux que la nature n'est pas toujours aussi facile : l'évolution est peut-être un processus aveugle, mais elle suit une logique d'adaptation rigoureuse qui fait que les organismes conviennent à leur milieu[1]. »

Mais il y a plus.

Non seulement les biotechnologies risquent de détruire les fondements de la morale, mais elles ouvrent de nouveau sans vergogne la voie à un eugénisme auquel elles confèrent même une nouvelle légitimité. Certes, il s'agit, comme nous l'avons dit, d'un eugénisme qui se veut « libéral », un eugénisme dont Fukuyama reconnaît qu'il sera différent sur deux points essentiels de l'ancien, dont le modèle repoussant fut donné par le nazisme : ce dernier était à la fois exterminateur et étatique. Celui que permettent les nouvelles technologies sera non étatique (librement décidé par les familles ou les individus), non éliminateur et même « mélioriste », donc pas négatif, mais positif. Fukuyama fait cependant valoir que le grand risque, c'est que les parents cèdent à des modes (telle génération voudra des enfants blonds, telle autre des bruns, celle-là des gentils, l'autre des combatifs, etc.), de telle sorte que les enfants pourront plus tard leur reprocher leurs choix.

On notera au passage que l'argument de Fukuyama est réversible aux yeux des transhumanistes : les enfants pourraient tout autant reprocher à leurs parents de ne pas avoir exploité toutes les possibilités pour les débarrasser d'une maladie potentielle, voire pour les « améliorer » au motif que leurs convictions religieuses ou morales les empêchaient de recourir aux avancées de la technoscience. On remarquera cependant au passage qu'ici encore les critiques du transhumanisme, y compris et même surtout

---

1. Francis Fukuyama, *La Fin de l'homme...*, Gallimard, « Folio », 2004, p. 154, 178-179.

les plus acerbes, prennent son projet au sérieux, personne n'entreprenant plus, comme c'était le cas il y a vingt ans (et comme c'est, hélas, encore le cas chez nous, en Europe, où le retard sur la prise de conscience des questions posées par la révolution des nouvelles technologies est colossal), de hausser les épaules, de ricaner ou moquer l'idéologie « méliorative ». Les progrès de la génétique au cours des deux dernières décennies y sont évidemment pour beaucoup : il est indéniable qu'ils rendent l'entreprise chaque année plus crédible. Chacun reconnaît désormais, comme le fait Fukuyama, que les avancées promises ne sont probablement plus qu'une question de temps, que les progrès annoncés auront bien lieu, y compris en ce qui concerne la longévité humaine, ce qui nous oblige à y réfléchir dès maintenant, avant qu'il ne soit trop tard pour infléchir le cours de l'histoire.

À partir de ces deux arguments, selon lesquels nos principes éthiques s'enracineraient dans une nature humaine intangible, les droits naturels de l'homme étant directement liés à cette « infrastructure » biologique, Fukuyama développe toute une série d'autres objections explicitement fondées sur le projet d'une réhabilitation des formes de pensée traditionnelles, cosmologiques ou religieuses, antérieures à la révolution scientifique comme aux idées de progrès développées au siècle des Lumières.

C'est, pour commencer, la différence entre être et devoir être qui lui semble contestable. Certes, elle paraît juste au départ. Par exemple, la science dit que fumer est dangereux pour la santé, mais elle ne peut ni ne pourra jamais affirmer pour autant qu'il *ne faut pas* fumer, que c'est là un devoir éthique, que fumer est une faute morale : c'est affaire de choix individuel, du moins tant qu'on ne met pas la santé des autres en danger et qu'on assume financièrement ses responsabilités. Pourtant, contre cette argumentation typiquement moderne (c'est celle de Kant comme de Hume), Fukuyama veut restaurer l'idée, chère aux philosophes grecs, en particulier à Aristote, selon laquelle les fins morales sont «domiciliées dans la nature», inscrites dans l'être même des choses, dans l'ordre naturel du cosmos. Son raisonnement est le suivant : d'abord, il est clair que le lien entre l'être et le devoir être se fait par la volition ; ensuite, il va de soi que si telle pratique, par exemple fumer, est dangereuse, comme je ne veux pas mourir, ne pas fumer devient une sorte d'impératif, en quoi, selon Fukuyama, les fins morales sont quand même incarnées dans la nature. Disons-le franchement : cette argumentation ne tient pas la route trois secondes. Vouloir enraciner la moralité dans l'être, dans la nature, est et restera à jamais un projet vain, peu convaincant pour qui prend le temps d'y réfléchir avec un tant soit peu de rigueur. Certes, si je ne veux pas mourir, j'ai intérêt à arrêter de fumer, mais il n'y a dans cette proposition pas la moindre considération morale. De toute évidence, nous restons dans le cadre d'un impératif clairement hypothétique, c'est-à-dire conditionné par la forme «si..., alors» qui n'a rien de prescriptif ni de normatif. Oui, sans doute, *si* je veux garder ma santé, *alors* je dois arrêter la cigarette... mais si je ne veux pas ? Si je m'en fiche ? Si je préfère, comme on dit, brûler la chandelle par les deux bouts, que peut-on m'opposer sur le plan moral, du moins si je n'entraîne personne avec moi dans ma chute ? Rien du tout. La vérité, c'est que Fukuyama reste trop prisonnier du contexte intellectuel exclusivement américain pour comprendre que, dans la perspective d'un humanisme républicain, non naturaliste, comme il s'en est développé sur le vieux continent dans la tradition philosophique qui va, disons, de Pic de la Mirandole à Kant,

Husserl ou Sartre, ce qui qualifie l'être humain comme être moral, différent des animaux, ce n'est pas sa nature, ses traits naturels communs à l'espèce (sinon on ne sort pas des impératifs hypothétiques), mais exactement l'inverse, à savoir cette capacité d'excès, de transcendance par rapport à la nature. C'est justement cet écart qui lui permet, à la différence des bêtes, de juger le monde de l'extérieur, d'un point de vue supérieur, et de devenir ainsi un être moral. Et si on n'accepte pas cet argument, si on rejette l'idée de libre arbitre, de transcendance par rapport à la nature, alors il faut parler d'éthologie, pas d'éthique : on décrira des comportements factuels, des façons de penser ancrées dans les mœurs, mais jamais des normes impératives.

Un autre argument de Fukuyama, pour le coup plus pertinent que le précédent, s'en prend à l'idéologie néolibérale sous-jacente aux prétentions transhumanistes à une liberté souveraine : les choix individuels, en effet, auront forcément, qu'on le veuille ou non, des conséquences sur les autres, sur le collectif – ce qui est déjà le cas : les fumeurs et les alcooliques, par exemple, mettent parfois la vie des autres en danger, et même quand ce ne serait pas le cas, resterait qu'ils engagent la collectivité ne fût-ce que par les coûts engendrés par leurs maladies, coûts assumés au moins en partie par nos généreux systèmes de protection sociale. Il en va de même dans le cas du transhumanisme, certains choix, comme celui de vieillir plus longtemps, pouvant se révéler coûteux pour le reste de la société :

« Si une majorité d'individus choisit, par exemple, de vivre dix ans de plus au prix d'une perte de 30 % de ses fonctionnalités, c'est la société dans son ensemble qui devra payer l'addition pour les maintenir en vie. Or, c'est déjà ce qui se passe dans des pays comme le Japon, l'Italie ou l'Allemagne, où les populations vieillissent rapidement.

On peut même imaginer des scénarios encore pires où la proportion de vieillards dépendants serait encore plus forte, entraînant un déclin substantiel dans le niveau de vie moyen. [...] Dans un scénario extrême, la prolongation indéfinie de la vie finirait par forcer les sociétés à imposer de sévères restrictions au nombre de naissances autorisées. Les soins aux parents âgés ont déjà commencé à remplacer partiellement le soin apporté aux enfants pour beaucoup d'adultes aujourd'hui[1]. »

L'objection, certes, n'est pas négligeable, mais, si on en fait un principe universel, elle devient plutôt terrifiante : faudra-t-il se résoudre à ne pas soigner le cancer du poumon d'un fumeur, la cirrhose d'un alcoolique ? À partir de quel âge arrêter les traitements d'une personne âgée ? Fukuyama pose sans doute une question bien réelle, mais on aimerait savoir ce qu'il propose en guise de réponse. Son éloge discret du bon vieux cocotier m'enchanterait peut-être, n'était le fait que, ayant atteint moi-même un âge canonique, je découvre, il est vrai avec une certaine surprise si je me réfère à ce que je croyais cinquante ans plus tôt, que je continue d'aimer la vie, que je n'ai aucune envie de la quitter et que dix ans de plus, même vieux, m'arrangeraient bien. Est-ce pur égoïsme si l'air du « place aux jeunes » ne m'enthousiasme qu'à moitié ? Et si les riches voulaient un jour se payer eux-mêmes leur longévité, faudra-t-il le leur interdire au nom de l'égalitarisme ? Faudra-t-il supprimer les soins des vieillards, mais à partir de quel âge ? Passé soixante-dix, quatre-vingts ou quatre-vingt-dix ans, un comité d'éthique étant là pour décider du seuil à partir duquel on laissera mourir nos vieux ? N'oublions pas que la jeunesse est un état hautement transitoire et fragile et

---

1. Francis Fukuyama, *La Fin de l'homme...*, *op. cit.*, p.176-177.

que, comme dans une fameuse nouvelle de Buzzati, ceux qui pourchassent les vieux aujourd'hui auront demain des cheveux blancs...

Une troisième critique, que l'on adresse souvent au transhumanisme, vise l'idée moderne, notamment newtonienne et kantienne, selon laquelle la nature serait moralement mauvaise, à la fois égoïste et paresseuse, orientée, comme le note Buchanan, vers la sélection aveugle et insensible des plus faibles. S'inspirant des travaux des sociobiologistes et des théoriciens des morales évolutionnistes, Fukuyama plaide pour une tout autre vision de la nature, une entité qui selon lui serait plutôt, comme chez les Grecs anciens, un cosmos harmonieux, juste, beau et bon, dont les humains auraient tout intérêt à s'inspirer. Dans les éthiques évolutionnistes héritées de Darwin, cette thèse a pris une forme extrême : elle s'appuie sur l'idée que l'espèce humaine aurait finalement sélectionné les morales altruistes. L'évolution naturelle aurait ainsi permis à l'humanité de comprendre enfin qu'elle a plus intérêt à la coopération qu'à la discorde, à la paix qu'à la guerre, à l'entraide qu'à l'individualisme et au repli sur soi. C'est, par exemple, dans cette optique néodarwinienne qu'un philosophe américain, Michael Ruse, a élaboré une « défense de l'éthique évolutionniste », un essai publié par le biologiste Jean-Pierre Changeux dans un livre collectif dont le titre, à lui seul, fixe déjà tout un programme : *Fondements naturels de l'éthique* (chez Odile Jacob, 1993).

Selon Ruse, qui se veut ici fidèle disciple de Darwin, « la morale, c'est-à-dire le sens du bien, du mal et de l'obligation, est en fait un fruit de l'évolution ». « Je veux dire par là, poursuit-il, qu'elle est un produit final de l'évolution naturelle et de son action sur les mutations aléatoires. » L'humanité aurait, selon les disciples de Darwin, finalement sélectionné, au hasard de ses nombreuses mutations génétiques, quelque chose comme la théorie de la justice de Rawls, une morale égalitariste, centrée sur le respect d'autrui et les droits de l'homme. Pour bien se faire comprendre, Ruse propose de distinguer deux sortes d'altruisme, «l'altruisme biologique» et «l'altruisme éthique». Le premier est celui qui règne déjà dans le monde animal et qui n'a nul besoin de l'intervention de la conscience : il est même présent chez la fourmi, qui aide ses congénères à porter un insecte mort, ou encore chez l'abeille, qui donne une partie de son miel pour nourrir les larves. En revanche, dit Ruse, l'altruisme de mère Teresa (c'est son exemple) a besoin de la conscience des valeurs que la sœur mettait en œuvre quand elle se dévouait pour autrui. Mais en vérité, et c'est là qu'on retrouve la continuité avec la nature fondement de la moralité, les deux altruismes ne font qu'un, car le second, celui des humains devenus humanitaires, n'est lui-même que le résultat d'une évolution naturelle. Cette dernière a sélectionné ce type de morale parce qu'elle était plus favorable que toute autre à la survie d'une humanité qui veut continuer à propager ses gènes autant et aussi longtemps qu'elle le pourra. Comme dit Ruse :

> «Ce que je veux suggérer, c'est que, pour nous rendre biologiquement altruistes, la nature nous a remplis de pensées littéralement altruistes. Mon idée est que nous avons des dispositions innées, non pas simplement à être sociaux, mais bel et bien aussi à être authentiquement moraux.»

C'est ainsi que la morale, qui n'était naturelle au départ que sous forme de dispositions virtuelles, est devenue réelle, actuelle : elle serait passée de la puissance à l'acte grâce au long processus de l'évolution et de la sélection naturelle de sorte que, au final, il y a bien continuité parfaite entre nature et culture, entre biologie et morale, entre altruisme éthique et altruisme biologique.

J'ai déjà critiqué ailleurs, sur un plan proprement philosophique, cette vision incroyablement naïve de l'éthique et j'y renvoie mon lecteur s'il le souhaite[1]. Je me contenterai ici de redescendre du niveau des arguments philosophiques à celui des simples faits observables : à regarder l'histoire du monde telle qu'elle va, j'avoue avoir quelques doutes touchant l'idée que les morales du respect d'autrui s'enracineraient dans la nature, qu'elles auraient enfin été sélectionnées par l'évolution. Voyez le XXᵉ siècle, le génocide des Arméniens par les Turcs, la Seconde Guerre mondiale et ses 60 millions de morts, la Shoah, le communisme qui en fit 120 millions, puis, plus récemment encore, les massacres dans l'Amérique latine des années 1960, en Inde, au Cambodge, au Rwanda, en Algérie, en Yougoslavie, en Syrie, en Centrafrique, au Liberia, au Mali, en Irak, bref à peu près partout dans le monde et tout récemment encore, avec les émules de Daech dont la prolifération semble gagner la planète tout entière : sommes-nous absolument certains que la préoccupation majeure de l'humanité soit la coopération et l'entraide, la solidarité, la paix et la fraternité ? Sommes-nous vraiment sûrs que la nature soit si bonne qu'il ne faille surtout pas l'améliorer mais la conserver comme telle avec gratitude ? Sauf à s'enfermer dans une université californienne, entouré de gentils étudiants et de collègues sympathiques en ne mettant surtout jamais le nez dehors, que peut-il rester d'une telle vision du monde ? À mon avis : à peu près rien.

---

1. Voir Luc Ferry et Jean-Didier Vincent, *Qu'est-ce que l'homme ?*, Odile Jacob, 2000.

Cela ne justifie sans doute pas le projet d'améliorer l'humanité, car le mal et le bien dépendent de notre liberté que rien, par définition même, ne saurait rendre *a priori* «meilleure». Si des dispositions morales existent en l'homme, et je suis tout prêt à l'admettre, elles sont, contrairement à ce que prétendent les retours aux Anciens autant que les éthiques darwiniennes, tout sauf naturelles. Elles sont plutôt, du moins dans la plupart des cas, le résultat d'un arrachement douloureux à la nature, l'effet d'une culture démocratique hypersophistiquée, du reste encore souvent limitée à l'Europe et à ses épigones occidentaux, de sorte que l'idée selon laquelle l'être humain n'aurait pas besoin de lutter contre sa nature pour prendre en vue l'intérêt d'autrui me paraît assez comique, pour ne pas dire franchement délirante au regard des faits qui jalonnent l'histoire humaine. La vérité, c'est que l'être humain, très probablement, n'est pas programmé tout entier par sa nature, qu'il possède une marge de liberté, ce qui lui donne la possibilité de choisir sans cesse entre le bien et le mal, d'apparaître par moments comme l'être le plus généreux qui soit, mais parfois aussi comme infiniment pire que les animaux les plus sauvages, un être qui peut se dévouer pour autrui, mais qui se révèle tout aussi capable d'assassiner et de torturer dans des conditions d'une telle cruauté qu'aucune bête ne l'égalerait. Tant que l'humanité continuera d'exister, il semble bien que l'homme soit voué à demeurer l'être des possibles, non pas un animal enfin programmé pour être bon par je ne sais quels «fondements naturels», mais un être de transcendance, mi-ange mi-bête, comme disait Pascal avec plus de lucidité que ces esprits, non pas scientifiques, mais scientistes, quand ils se mêlent de philosopher...

Ce qui, à l'encontre d'une idée reçue, ne nie nullement notre part biologique et animale, mais doit plutôt nous conduire à établir une distinction enfin claire entre «situation» et «détermination».

Comme j'ai souvent eu l'occasion de l'expliquer dans mes livres précédents – ce pour quoi je n'y reviens que brièvement ici –, nous sommes toujours, cela va de soi et nul ne saurait le nier sans nier la réalité, «en situation». Il y a bien entendu une «condition humaine», à la fois biologique et historique : je suis né homme ou femme, avec telle ou telle dotation génétique, prolétaire ou bourgeois, dans tel milieu social, dans telle nation, dans telle culture et telle langue, dans telle famille, dans tel siècle, etc. Je suis donc toujours déjà inscrit au sein d'une situation particulière qui, du reste, peut éventuellement se muer en détermination, et c'est cette éventualité que Sartre appelait fort justement la «mauvaise foi». Mais cette situation ne se transforme pas forcément en détermination, elle ne saurait se confondre avec une privation totale de liberté : ce n'est pas parce que je suis née femme que je suis obligée de vivre dans la domesticité, rivée à ma cuisine et à l'éducation de mes enfants. Ce n'est pas parce que je viens au monde prolétaire que je deviendrai nécessairement un «rouge», un révolutionnaire : je peux aussi militer dans un parti fasciste, être libéral ou social-démocrate. J'ai le choix. De même, naître bourgeois n'implique pas forcément que je devienne réactionnaire. La preuve : Engels et Marx étaient des bourgeois et pourtant des révolutionnaires. Dans tous ces cas de figure, nous avons affaire à des *situations* et non à des *déterminations* qui viendraient anéantir la liberté. À la différence d'un tigre, je suis incapable de faire des bonds de trois mètres. Suis-je moins libre pour autant ?

J'avoue que le retour à la nature prôné par Fukuyama comme fondement de l'éthique ne me convainc pas, mais alors pas du tout, tant il me semble évident que la morale n'a rien de naturel. Du reste, il suffit de voir comment nous éduquons nos enfants pour nous en persuader : leur apprendre les rudiments de la civilité est déjà une tâche quasiment infinie, qui nous occupe pendant des années : si la morale et la civilité étaient affaire de naturalité, cela se saurait. Passons donc aux autres critiques, celles de Michael Sandel notamment, qui se présenteront peut-être sous un jour meilleur.

Les critiques de Michael Sandel ou la « perfection en procès[1] » : la destruction des valeurs de l'humilité, de l'innocence et de la solidarité

Rappelons, pour le lecteur français, qu'avec Francis Fukuyama, Michael Sandel est un des philosophes américains les plus reconnus, non seulement dans son pays, mais aussi dans le monde entier : ses livres, comme ceux de son collègue, sont traduits et enseignés dans la plupart des grandes universités du monde et, pour ne donner qu'un exemple de la reconnaissance dont il jouit dans l'univers intellectuel, je rappellerai seulement que l'édition allemande (2008) de son petit livre consacré à une critique radicale du transhumanisme, *The Case against Perfection. Ethics in the Age of Genetic Engineering* (« La perfection en procès : l'éthique à l'âge de l'ingénierie génétique »), préfacé par Jürgen Habermas, a suscité en Allemagne des débats passionnés. Professeur dans la prestigieuse université de Harvard pendant plus de trente ans, il a participé activement, avec Fukuyama, au comité d'éthique mis en place en 2002 par

---

1. Michael Sandel, *The Case against Perfection. Ethics in the Age of Genetic Engineering*, Harvard University Press, 2007.

le président américain pour réfléchir aux conséquences de la révolution des nouvelles technologies NBIC sur le plan humain.

Le livre de Sandel comporte cinq chapitres principaux. Le premier est consacré à l'exposé d'objections contre le passage du modèle médical thérapeutique au modèle « mélioratif » prôné par le transhumanisme. Il analyse des questions telles que celles de l'augmentation de la taille, de la force musculaire, de la sélection par les parents du sexe de l'enfant, de ses caractéristiques physiques, etc. Nous allons y revenir.

Le deuxième chapitre est consacré aux effets que pourrait avoir cette logique de l'augmentation dans le domaine du sport. Sa conclusion est claire : comme dans le cas du dopage, nous cesserions d'avoir la moindre admiration pour les sportifs si leurs performances devaient un jour dépendre de manipulations génétiques. Comme l'écrit, non sans humour, Sandel :

> « Au fur et à mesure que le rôle de l'augmentation/ amélioration [*enhancement*] s'accroît, notre admiration pour les performances sportives s'estompe. Ou, pour mieux dire, elle passe des performances des joueurs à celles de leurs pharmaciens ! »

Le troisième chapitre, qui marquera tout particulièrement la réflexion de Habermas, aborde la question délicate du « projet parental » et du « magasin des enfants » : est-il moralement acceptable que père et mère choisissent, comme ce sera sans cesse davantage possible, non seulement le sexe de leur enfant, mais aussi la couleur de ses yeux ou de ses cheveux, sa taille, l'ampleur de sa force physique et, pourquoi pas, son futur QI ? Ce qui inquiète tout particulièrement Sandel dans l'ouverture de telles possibilités, c'est le risque insensé que, dans une société de compétition généralisée, les parents entrent dans une course frénétique à la perfection dans le but, du reste compréhensible dans ce contexte nouveau, de ne pas défavoriser leurs rejetons par rapport à ceux du voisin.

Le quatrième chapitre s'attaque à la question de l'eugénisme et tente de minimiser la distinction entre l'eugénisme libéral/positif revendiqué par les transhumanistes et l'eugénisme exterminateur/étatique/nazi des années 1930 : que la sélection soit imposée par un État totalitaire ou choisie librement par des individus ne change rien, selon Sandel, au fond du problème, car dans tous les cas de figure, l'être humain, en particulier l'enfant à naître, est « réifié », il devient une marchandise, un objet façonné par la volonté des parents.

Mais c'est dans le cinquième chapitre, intitulé « Maîtrise et don », que l'on trouve les véritables raisons de toutes les critiques qui précèdent. C'est donc sur lui que je voudrais m'arrêter. En fait, l'idée centrale de Sandel est qu'avec le transhumanisme nous passons d'une éthique de la gratitude envers ce qui est donné (*giftedness*) à une éthique (si l'on peut encore employer ce terme) de la maîtrise absolue du monde extérieur comme de soi-même par l'homme prométhéen. Précision : la notion de « donné » ne renvoie pas forcément à un parti pris religieux : que ce soit par Dieu, si l'on est croyant, que le donné nous soit donné, ou que ce soit par la nature, si on ne l'est pas, peu importe. Ce qui compte, c'est que, dans les deux cas, une place est faite à une transcendance, à un principe de donation extérieur et supérieur aux hommes. C'est justement ce rapport à la contingence, au hasard en même temps qu'au mystère de l'Être, qu'on abandonne dans le transhumanisme, au profit d'une volonté forcenée de maîtrise, une attitude prométhéenne qui fait littéralement voler en éclats trois valeurs morales absolument fondamentales pour organiser la vie commune : *l'humilité*, *l'innocence* (qui disparaît devant une extension exorbitante de nos responsabilités) et la *solidarité.*

Expliquons ces trois points essentiels, car c'est en dernière instance sur eux que repose chez Sandel toute la critique de l'*hybris*, de la démesure et de l'arrogance liées au projet prométhéen de fabriquer à volonté des êtres « transhumains » ou « posthumains » (les passages qui suivent et que je traduis librement sont tous extraits du même chapitre V du livre de Sandel déjà cité) L'*humilité*, d'abord :

> « Si la révolution génétique érode notre appréciation du caractère donné des pouvoirs et des qualités humaines, elle transforme par là même trois traits fondamentaux de notre paysage moral : l'humilité, la responsabilité et la solidarité. [...] Le fait que nous nous souciions profondément de nos enfants, mais que nous ne puissions jusqu'à présent pas choisir le type d'enfant que nous voulions, enseignait aux parents l'art d'être ouverts à ce qui n'est pas forcément souhaité. Cette disposition à l'ouverture mérite d'être encouragée non seulement dans le cadre de la famille, mais tout autant dans le monde extérieur en général. Elle nous invite à accepter l'inattendu, à vivre avec les dissonances, à résister à l'impulsion irréfléchie qui veut tout contrôler. Un monde comme celui du film *Bienvenue à Gattaca*, un monde où les parents sont accoutumés à choisir le sexe et les caractéristiques génétiques de leur enfant, serait un monde inhospitalier à l'égard de l'inattendu et du non-souhaité [...]. »

En d'autres termes, en péchant par cette *hybris*, cet orgueil démesuré inhérent à la volonté de tout créer et de tout maîtriser, nous allons perdre notre humilité et, avec elle, notre gratitude devant ce qui est donné ainsi que notre ouverture d'esprit, notre aptitude à accepter ce qui est différent, non voulu, inattendu.

Deuxième perte tout aussi sinistre selon Sandel : celle de l'*innocence* au profit d'une responsabilité accrue de manière exponentielle avec la quasi-obligation de choisir les caractéristiques physiques et mentales de nos enfants, notamment pour éviter qu'ils ne soient défavorisés par rapport à d'autres dont les parents auraient eux choisi d'améliorer les capacités futures :

« On croit parfois que l'augmentation/amélioration génétique érode la responsabilité humaine. [...] Mais c'est exactement l'inverse qui a lieu, non pas l'érosion mais l'explosion de la responsabilité ! Au moment où l'humilité s'estompe, la responsabilité s'accroît dans des proportions sidérales. Nous attribuons moins à la chance et plus au choix. Les parents deviennent responsables de choisir comme de faillir dans le choix des bonnes caractéristiques de leurs enfants. Les athlètes deviennent responsables d'acquérir ou de ne pas acquérir les talents qui vont aider à faire gagner leur équipe. L'un des bienfaits du fait que nous nous considérions comme des créatures – et peu importe que ce soit de la nature, de Dieu ou de la Fortune – résidait dans le fait que nous n'étions pas responsables de ce que nous étions. Plus nous devenons les maîtres de nos dotations génétiques, plus le fardeau qui pèse sur nos talents et sur nos performances devient lourd. Aujourd'hui encore, quand un joueur de basket rate son coup, son entraîneur peut lui reprocher de s'être mal positionné. Demain, il lui reprochera d'être trop petit ! »

Et, dans le même esprit, que diront à leurs parents des enfants qui naissent sourds ou aveugles ? Leur feront-ils un procès au motif qu'ils n'ont pas pris soin de faire les tests et manipulations génétiques qu'ils auraient pu et dû faire s'ils n'avaient pas été croyants, humbles, ouverts au donné, à la diversité et à la contingence du monde ? On comprend que Sandel trouve ce type de reproche injuste, pour ne pas dire insupportable, mais comment ne pas voir que d'autres le trouveront au contraire fort légitime ? Le problème posé par la fin de la *solidarité* est, selon lui, tout aussi inquiétant. Il est, là encore, directement lié à l'*hybris* prométhéenne, à la volonté de maîtrise qui prend peu à peu la place de l'ouverture humble et reconnaissante à ce qui nous est donné par la nature ou la Providence :

« Paradoxalement, l'explosion de la responsabilité face à notre propre destin comme à celui de nos enfants peut diminuer notre sens de la solidarité envers ceux qui sont moins bien lotis que nous. Car plus nous sommes ouverts à l'idée que notre lot dépend d'une chance naturelle, plus nous avons des raisons de nous sentir solidaires du destin des autres. »

Et pour illustrer son argument[1], Sandel développe l'exemple des assurances : c'est parce que nous ignorons les risques encourus par nous-mêmes autant que par les autres dans le futur de nos vies que nous acceptons tous de payer une prime d'assurance, quitte à ce que d'autres en profitent plus que nous (ou l'inverse). On ne sait pas, on ignore l'avenir, mais le risque étant le même pour tous, on accepte de prendre cet autre risque qui consiste à s'assurer le cas échéant pour rien. Mais à partir du moment où nous sommes responsables de ce qui nous arrive, responsables de nos tares, de nos maladies à venir ou de leur éradication, la solidarité tendra à être remplacée par la responsabilité du « chacun pour soi » :

---

1. Qui reprend à peu près celui de Rawls sur les choix que nous ferions si nous étions placés sous le « voile d'ignorance » de ce qui nous attendra comme destin dans la vie en société.

« Si le marché de l'assurance mime la pratique de la solidarité, c'est seulement dans la mesure où les gens ne connaissent pas leurs propres facteurs de risques. Supposons que les tests génétiques progressent au point qu'ils puissent prédire de manière fiable notre avenir médical et notre espérance de vie. Alors, ceux qui ont des espoirs raisonnables d'avoir une bonne santé et une longue vie quitteront le navire. [...] L'aspect solidaire de l'assurance disparaîtra quand ceux qui ont de bons gènes quitteront la compagnie actuaire de ceux qui n'en ont pas. »

Le livre de Sandel, comme tous ses livres d'ailleurs, fourmille d'argumentations et d'exemples concrets. Il développe encore sa critique du transhumanisme sur un plan plus politique : face à ces nouveaux pouvoirs de l'homme sur l'homme, les familles seront loin d'être à égalité. L'ingénierie génétique coûtera cher, du moins dans un premier temps, et les différences de fortune seront dans ces conditions moins supportables que jamais, puisqu'elles deviendront tout simplement question de vie ou de mort. Pire encore, plusieurs humanités pourraient coexister dans l'avenir, comme ce fut d'ailleurs le cas dans le passé, au temps de Néandertal et Cro-Magnon – et l'on commence à penser que cette coexistence fut tout sauf pacifique. Du reste, les partisans du transhumanisme sont bien conscients du problème puisqu'ils en viennent à reconnaître la nécessité d'un minimum d'intervention de l'État pour favoriser l'accession de tous à la posthumanité, comme le dit par exemple Bostrom : il faudra, en effet, éviter selon lui qu'apparaisse une « couche privilégiée de la société qui s'améliorerait elle-même et sa progéniture », de sorte qu'il y aurait au final « deux espèces humaines qui n'auraient plus grand-chose en commun à l'exception de leur histoire partagée. Les privilégiés pourraient être sans âge, en bonne santé, être aussi des supergénies d'une beauté physique sans défaut. […] Les non-privilégiés demeurant au niveau actuel, ce qui pourrait leur ôter leur estime de soi et les entraîner vers des pulsions de jalousie. La mobilité entre la classe supérieure et la classe inférieure pourrait à peu de chose près devenir nulle[1] ». Ce qui serait tout de même fâcheux – et qui conduit Bostrom à envisager des mesures politiques permettant de réduire les inégalités.

Enfin on notera aussi avec Sandel que, sur un plan géopolitique, les nouvelles technologies pourront être utilisées à des fins non pacifiques, notamment par des régimes totalitaires ou des organisations terroristes – ce qui est du reste déjà largement le cas avec Daech qui, dès aujourd'hui, s'efforce de prendre le commandement de nos avions de ligne dont on sait qu'ils sont bourrés d'objets connectés. D'évidence aussi, comme pour la chirurgie esthétique qui se développe dans des pays où elle est plus accessible, comme le Brésil, le risque de voir un « tourisme génétique » se développer est réel. Mais c'est aussi sur un plan spirituel que la question du sens de la vie se posera sans doute davantage et autrement que par le passé : que signifierait une vie indéfinie, un humain privé, ou quasiment privé, de son rapport à la finitude ?

Tout cela, comme on voit, mérite au plus haut point réflexion. Reste que, malgré les objections qu'on vient d'évoquer, et sans doute bien d'autres imaginables encore, qui viendront au fil du temps, la tentation d'échapper à ces trois fléaux qui gâchent la vie des hommes depuis l'aube des temps – la maladie, la vieillesse et la mort, la sienne mais aussi celle de ceux qui nous sont chers – sortira sans

---

1. Nick Bostrom, *Human Genetic Enhancement: A Transhumanist Perspective, op. cit.*

doute victorieuse des résistances légitimes ou non qu'elle suscite. De là ma conviction : entre tout interdire et tout autoriser, il va falloir inventer un chemin. Mais pour y parvenir, il est bon, comme nous y invite encore Habermas, d'anticiper et de réfléchir d'ores et déjà plus en profondeur aux dangers que les nouvelles technologies font peser sur notre humanité.

La critique du projet transhumaniste par Habermas : interdire l'augmentation pour demeurer dans le modèle thérapeutique

Dans son livre intitulé *L'Avenir de la nature humaine : vers un eugénisme libéral ?*[1], Habermas prend le problème de manière originale, à partir d'un angle bien particulier, celui de l'enfant dont les parents entreprendraient de modifier le génome dans le but, non de réparer et de soigner, mais d'augmenter et d'améliorer le matériel génétique d'origine, donc dans le sens du transhumanisme. La liberté de l'enfant ou, comme dit Habermas dans son jargon habituel, son « rapport réflexif à son autonomie », c'est-à-dire, pour parler plus simplement, la façon qu'il aura plus tard de se comprendre comme être libre, sera, du moins selon Habermas, gravement atteinte par cette opération, les parents imposant leurs choix (celui d'augmenter telle capacité plutôt que telle autre, des dons pour les sports par exemple, plutôt que pour les arts et les lettres). C'est

---

1. Gallimard, 2002 (2001 pour l'édition allemande) : on voit d'après ces dates que les intellectuels allemands ont aussitôt, comme toujours, suivi l'actualité américaine, le monde intellectuel ayant chez nous, comme toujours aussi, un décalage temporel impressionnant sur les réalités du monde.

là une thèse qu'il développe longuement dans son livre, et de manière plus ramassée dans un entretien accordé au journal *L'Express* le 1ᵉʳ décembre 2002. Voici notamment ce qu'on y lit sur ce sujet, qui résume bien la thèse, finalement très proche de celle de Sandel, de mon collègue allemand :

> « Alors que notre nature était jusqu'à présent quelque chose de donné et d'intangible, elle est désormais susceptible de devenir l'objet de manipulations et de programmations par lesquelles une personne interviendrait intentionnellement en fonction de ses propres préférences sur l'équipement génétique et les dispositions naturelles d'une autre. [...] Je me demande, par exemple, à partir de quel moment l'accroissement de la liberté de choix offerte aux parents risque de s'opérer aux dépens de celle des enfants comprise comme possibilité de s'autodéterminer. [...] Je m'imagine un jeune homme ou une jeune fille qui apprend un jour que son équipement génétique a été modifié avant sa naissance, et ce sans aucune raison thérapeutique contraignante. Dès lors que les parents ont fait procéder à cette intervention eugénique avec la bonne intention d'améliorer les chances de leur enfant à venir, ils n'ont bien sûr pu se laisser guider que par leurs propres préférences. Or il n'est pas du tout certain que le futur adulte fasse siennes les représentations et préférences de ses parents. Dans ce cas, s'il ne s'identifie pas à ces représentations, il va les mettre en question, se demander, par exemple, pourquoi ses parents l'ont doté d'un don pour les mathématiques plutôt que des capacités athlétiques ou musicales qui auraient été plus utiles pour la carrière de sportif de haut niveau ou de pianiste qu'il désire embrasser. »

Le cas de figure envisagé ici par Habermas, avec l'exemple d'un « don pour les maths » plutôt que pour le piano, est scientifiquement peu vraisemblable. Malgré le poncif selon lequel il existerait une « bosse des mathématiques », aucun biologiste sérieux ne prétendrait faire dépendre d'une manipulation génétique des talents de ce type. Mais là n'est pas l'essentiel. Comme le dit Habermas, il s'agit d'anticiper et d'imaginer « ce qu'il se passerait si » – c'est-à-dire si nous nous retrouvions un jour devant ce type d'hypothèse. Or, sans reprendre l'exemple des maths et du piano, il est plus que probable que, dans un avenir proche, l'on pourra choisir un certain nombre de caractéristiques physiques pour son enfant – les questions posées par Habermas restant donc, du moins quant au principe, pertinentes.

Mais continuons à approfondir la question qu'il soulève, celle de l'antinomie qui pourrait opposer la liberté des parents à celle des enfants.

Une contre-objection émerge aussitôt, que le journaliste ne manque pas de soumettre à son interlocuteur : n'en va-t-il pas de toute façon déjà de même avec l'éducation ? Dans ce domaine, les parents décident de mille choses pour leurs enfants, ils choisissent tel établissement scolaire plutôt que tel autre, les langues qu'on va leur enseigner, les filières dans lesquelles ils veulent les engager et, quoi qu'il en soit, ils transmettent toutes sortes de valeurs morales, politiques, spirituelles, etc., qui les accompagneront tout au long de leur vie, soit qu'ils les adoptent, soit qu'ils les rejettent. En quoi est-ce si différent des choix qui pourraient éventuellement concerner la nature, l'infrastructure biogénétique ? Voici la réponse de Habermas :

> « C'est exact, mais les intentions ainsi communiquées entrent dans un processus de socialisation : elles ne sont pas fixées de la même manière pour l'enfant et ne sont pas intangibles, comme le sont celles qui décident de son destin génétique. Il y a, en effet, une grande différence selon que l'on peut ou non se confronter de manière critique à ses parents au cours de l'adolescence, selon que l'on s'approprie

son histoire de manière réflexive ou que l'on a affaire à un programme génétique qui représente un fait muet, quelque chose qui pour ainsi dire ne peut pas répondre. »

Il me semble pourtant que les enfants pourraient discuter avec leurs parents tout autant des choix éducatifs que d'éventuels choix génétiques, l'argument de Habermas, malgré une apparence de bon sens, me paraissant du coup fort peu convaincant. Mais passons et continuons son raisonnement. Il en tire aussitôt la conclusion que la distinction entre thérapeutique et augmentation doit être maintenue comme essentielle sur le plan moral. Soyons précis : Habermas n'est pas hostile à toutes les manipulations génétiques, y compris germinales, mais elles ne lui semblent acceptables que si elles ont pour finalité d'éradiquer dans l'œuf des maladies dont on peut penser raisonnablement que personne ne souhaiterait les avoir, de sorte que, dans ce cas de figure, celui de la simple thérapeutique, la question du rapport à l'enfant s'inverse : non seulement il ne reprochera pas à ses parents d'être intervenus dans son programme génétique, mais, à la limite, comme on l'a déjà souligné, c'est le contraire qui pourrait avoir lieu, à savoir qu'il leur fasse plus tard grief de ne pas être intervenus :

« Je pense que nous devrions prendre comme idée régulatrice la santé ou l'évitement des maladies. Personne n'a le droit de décider d'après ses propres préférences de la distribution des ressources naturelles pour la vie d'une autre personne. Une intervention génétique doit avoir pour principe l'assentiment potentiel de la personne à venir. [...] Je me suis concentré sur la question du danger que représente une détermination eugénique par autrui. Or ce danger n'existe pas quand une intervention génétique destinée à changer un caractère est entreprise dans une intention clinique et au bénéfice d'une personne dont on peut présumer l'accord. Et c'est le cas uniquement avec les maladies héréditaires porteuses d'un mal que l'on sait extrême et qui est pronostiqué avec certitude. Nous n'avons le droit de supposer un large consensus que lorsqu'il s'agit d'écarter le plus grand mal parce que, en revanche, quand il s'agit de valeurs positives, nos points de vue s'écartent largement les uns des autres. Il faudrait pour cette raison que le législateur démocratique établisse la liste des interventions autorisées en pesant soigneusement le pour et le contre et qu'il les spécifie très précisément [...].»

Précisons que, malgré cette ouverture s'agissant de manipulations génétiques à finalité thérapeutique, Habermas reste explicitement hostile au diagnostic préimplantatoire parce qu'il implique selon lui (je pense exactement l'inverse, à savoir qu'il est totalement irresponsable moralement de faire naître, quand on peut l'éviter, un enfant voué à la souffrance et à la mort précoce, mais peu importe pour le moment : continuons à suivre l'argumentation) un usage instrumental des embryons supposé contraire à l'impératif kantien de ne jamais traiter autrui exclusivement comme moyen, mais toujours aussi comme fin. On pourrait objecter que les embryons ne sont pas un «autrui», mais un simple amas de cellules inconscientes, ce que Habermas s'efforce de réfuter, reprenant un argument de l'Église sur le caractère de «personne humaine potentielle» propre à l'embryon humain, statut qui exclut selon lui qu'on puisse traiter cet «amas de cellules» comme une simple chose.

Quatre réponses possibles aux critiques de Habermas

Imaginons, comme le propose Habermas, qu'une espèce de « supermarché des qualités de nos enfants » soit ouvert, quatre objections n'en resteraient pas moins possibles contre son argumentation.

On observera d'abord, comme je l'ai déjà suggéré, que *la distinction entre nature et société n'est guère convaincante sur un plan éthique.* Rappelons (car bien qu'il s'agisse d'une remarque de fait plus que de principe, elle a quand même son importance dans ce débat) que rien ne permet scientifiquement d'affirmer qu'on puisse un jour programmer aussi simplement que le suppose Habermas, et de manière qui plus est univoque, des dons pour ceci ou cela, pour les arts plutôt que pour les sciences, ou l'inverse. Entre 8 000 et 11 000 gènes sont engagés dans la moindre de nos activités cognitives, et s'imaginer qu'une modification univoque puisse modifier cette activité dans un sens qui serait programmé n'a guère de sens. C'est aussi pour cette raison que les qualités que vise « l'augmentation » transhumaniste sont générales (plus d'intelligence, plus de force, plus de sensibilité *en général*), elles ne sont pas spéciales, liées à telle ou telle discipline scolaire. Mais admettons l'hypothèse pour le plaisir de la discussion. On voit mal, quoi qu'en dise Habermas, en quoi l'héritage sociologique, linguistique, moral et culturel transmis par l'éducation serait moins prégnant ou plus aisé à discuter par les enfants que celui de la nature. Que ce soit sur le plan social ou sur le plan naturel, nous sommes, comme je l'ai dit plus haut, toujours en situation, et nulle situation n'est pour autant déterminante au sens où elle rognerait sur notre liberté. En d'autres termes, toute liberté s'exerce par rapport à ce qui est donné par l'histoire autant que pas la nature. Nos parents choisissent nos écoles, nos orientations scolaires, ils nous imposent très largement des éléments de culture irréversibles, à commencer par leur langue maternelle, leur vision du monde, leurs principes éthiques : en quoi est-ce si différent des talents naturels qu'ils pourraient décider de nous octroyer en surplus et que l'on pourrait tout autant discuter plus tard ? La nature est muette, déclare Habermas. Mais c'est ne pas comprendre que toute situation, qu'elle soit naturelle ou historique, est une donnée de base qui, loin d'entraver la liberté, constitue toujours le contexte de son exercice.

Allons plus loin. Admettons même par hypothèse, puisque à défaut d'être philosophiquement défendable, cela semble de bon sens, que la nature soit plus « dure » et plus « muette » que l'histoire, le milieu social et l'éducation : de toute façon, ne rien faire est tout aussi prégnant que faire. Habermas prétend que des enfants pourraient reprocher à leurs parents d'avoir choisi pour eux certaines qualités naturelles d'origine génétique, et que ce choix serait différent des autres choix seulement éducationnels qu'ils auraient faits pour eux. Mais comment ne pas voir que ne pas choisir est aussi un choix ? Ne rien faire est aussi une décision dès lors que le faire est possible. Quoi qu'on y fasse, ne pas décider, c'est quand même décider de ne pas décider. Du reste, en toute hypothèse, nos parents nous lèguent involontairement un héritage génétique bien déterminé. Le fait qu'ils ne l'aient pas choisi ne change rien à cet autre fait que nous en sommes les héritiers nous aussi involontaires. Habermas cite le livre de Buchanan, *From Chance to Choice*, mais Buchanan pourrait sans aucun doute lui poser la question : en quoi la chance est-elle préférable au choix, attendu que nos enfants pourraient autant nous reprocher de n'avoir rien fait que d'avoir choisi telle ou telle amélioration pour eux ?

Mais il y a plus.

Supposons encore, toujours par hypothèse et pour les besoins du dialogue argumenté, qu'on rejette mes contre-objections et qu'on accepte au contraire celles que Habermas élève contre Buchanan. Resterait qu'on voit toujours aussi mal quelle différence pourrait bien exister sur le plan moral entre un mal pathologique et un mal non pathologique ! Le transhumanisme ne prétend pas seulement améliorer l'humain sur le plan intellectuel et moral, il prétend d'abord et avant tout nous débarrasser des souffrances liées à l'âge, à la maladie, à la vieillesse et à la mort. En admettant même qu'on ne veuille pas être plus fort ou plus intelligent – ce qui est peu plausible, mais éventuellement acceptable –, qui souhaite vraiment vieillir et mourir ? Certains se font une raison, sans doute, et il existe quelques fatigués de la vie saisis par la tentation d'en finir avec elle, mais, outre le fait que cette dernière possibilité, celle du suicide, restera toujours ouverte, avouons que ce n'est pas le cas général. Dans ces conditions, la distinction que fait Habermas entre un consensus sur l'évitement de maux pathologiques, cadre dans lequel des modifications génétiques resteraient légitimes, car thérapeutiques, et l'évitement de maux non pathologiques (le vieillissement notamment, et pourquoi pas un jour la mort) n'a aucun sens sur le plan moral. Nous avions déjà donné l'exemple du nanisme ou de la laideur, celui de la chirurgie esthétique et de certaines formes de dopage (Viagra) : on peut ne pas en vouloir à titre personnel, mais en quoi serait-il immoral de souhaiter de telles améliorations pour soi et pour ses enfants, à partir du moment où le consensus contre la vieillesse et la mort est à peu près aussi large et universel que le consensus contre les maladies ?

In cauda venenum.

Supposons encore qu'on refuse ces trois contre-objections, resterait encore celle-ci, qui à mes yeux suffit à l'emporter sur toutes les autres : Habermas se situe, comme moi, dans le cadre des philosophies de la liberté. Toute son argumentation contre des manipulations génétiques visant l'amélioration d'un enfant repose sur l'idée que son rapport à la liberté pourrait plus tard être perturbé, détériorant ainsi de manière irréversible l'image qu'il aura de lui-même comme être libre. Mais de toute évidence, c'est à nouveau confondre situation et détermination. Le point est si essentiel à mes yeux qu'on me pardonnera de m'y arrêter encore un instant. Nous sommes toujours, c'est bien clair et nul ne le nie, enchâssés dans un contexte, inscrits dans des situations historiques et naturelles bien précises. Mais une situation, quelle qu'elle soit, fût-ce la prison elle-même, est et restera toujours le lieu d'exercice de la liberté humaine. Qu'elle soit choisie ou non par d'autres, en l'occurrence par des parents, ne change strictement rien à l'affaire, attendu que, comme nous l'avons dit, ne pas choisir est un choix comme un autre.

Reconnaissons donc – et je serais le premier à le faire – que les discussions ouvertes par les critiques du transhumanisme ne sont pas près d'être refermées. Je suis certain qu'en lisant ces lignes bien des lecteurs auront envie de réagir, de répondre et d'argumenter encore, dans un sens ou dans un autre. Certains se sentiront à coup sûr plus proches de Sandel, Fukuyama ou Habermas que de moi. C'est fait pour. Pour que l'on comprenne qu'il va falloir organiser la discussion. J'aimerais toutefois qu'on adopte certains principes sur lesquels je reviendrai dans la dernière partie, et en particulier celui selon lequel on ne doit pas interdire sans raison, sans des motifs argumentés de le faire, simplement au nom d'opinions et de partis pris personnels. Cela étant dit en toute humilité, car chacun d'entre nous, j'en ai conscience, peut aussi se tromper et changer d'avis au cours de la discussion avec autrui. Mais c'est sans doute sur la question de la longévité, voire de l'immortalité, que les débats sont les plus vifs, les plus passionnants, mais aussi les plus passionnés. Voyons maintenant pourquoi.

La vie sans fin : cauchemar ou paradis terrestre ? De quelques problèmes métaphysiques, éthiques et politiques posés par l'idéal d'une immortalité ici-bas

Bien entendu, le projet de lutter contre le vieillissement et la mort suscite des réactions d'hostilité sans nombre, de la part des religions d'abord, qui risquent d'y perdre une grande part de leur raison d'être et sont de toute façon déjà vent debout contre toute forme de manipulation du vivant, mais aussi d'idéologies laïques qui voient d'un mauvais œil les inconvénients que poserait une grande longévité humaine si elle devait un jour être possible – ce qui, encore une fois, n'est pas d'actualité, mais pourrait bien dans quelques décennies se révéler possible. Car de fait, comme le pressentaient les mythes grecs d'Asclépios et de Sisyphe, les problèmes seraient bien réels, pour ne pas dire à première vue insurmontables.

Sur le plan psychologique, d'abord : que faire de tout ce temps libre ? Comme disait Woody Allen, « l'éternité c'est long, surtout vers la fin ». N'est-ce pas notre sentiment de la finitude, du temps qui passe et de l'inéluctabilité de la mort qui nous incite à l'action, nous extrait de notre paresse naturelle et nous pousse à édifier des œuvres, à construire des civilisations ? Sur le plan éthique, ensuite : face à ces nouveaux pouvoirs de l'homme sur l'homme, les familles seront loin d'être à égalité. Nous l'avons déjà évoqué, la longévité coûtera cher, et les différences de fortune seront dans ces conditions moins supportables que jamais puisqu'elles deviendront vite question de vie ou de mort. Sur le plan démographique encore : comment éviter la surpopulation si les humains ne mouraient plus ? Faudra-t-il se résoudre à vivre dans un monde sans enfants ? Devrons-nous coloniser d'autres planètes[1] ? Enfin, c'est aussi sur un plan proprement métaphysique que la question du sens de la vie se poserait davantage et autrement que par le passé : que signifierait une vie sans fin, un humain privé, ou quasiment privé, de son rapport à la mort ?

C'est dans ce contexte que la visée transhumaniste d'en finir un jour avec le « Dragon-Tyran » fait l'objet d'une pléiade de critiques plus ou moins radicales. Il en est sans doute d'autres, mais le repérage que je propose ici me semble faire à peu de chose près le tour de la question. Examinons-les brièvement et tentons aussi d'envisager point par point les réponses qu'elles ont pu susciter de la part des fidèles du mouvement.

D'abord, certains critiques, peu nombreux il est vrai, s'en tiennent à la dimension simplement factuelle du projet, en la déclarant fantaisiste : non, jamais on ne parviendra à faire « mourir la mort », pas même à lutter sérieusement contre le vieillissement, le transhumanisme relevant davantage de la science-fiction que de la science. C'est en ce sens, par exemple, qu'un penseur chrétien comme Bertrand Vergely se gausse de cette concurrence que la science prétend instaurer avec la religion en lui reprenant son thème favori :

---

1. On signalera qu'Elon Musk envisage sérieusement dans cet esprit de commencer à coloniser Mars dès 2025 !

« Une chose frappe d'abord dans le projet de mettre
fin à la mort : sa naïveté. Jusqu'à présent, que l'on sache,
personne n'a encore vu quiconque dans le monde vivre
éternellement. Actuellement, la doyenne de l'humanité
est une Japonaise, Misao Okawa, qui est âgée de cent
seize ans. Et le record officiel de longévité est détenu par
une Française, Jeanne Calment, qui a vécu jusqu'à cent
vingt-deux ans. De ce fait, comment peut-on dire que la
mort va bientôt être supprimée ? Qu'en sait-on ? Qu'à cela
ne tienne, même si rien ne permet de le dire, on y croit.
Mieux, on l'annonce[1]. »

Il est malheureusement trop facile de répondre à ce genre
de raisonnement. Il suffit d'observer qu'il fut utilisé au fil du
temps contre toutes les innovations qui semblaient impossibles aux ignorants : impossible, selon leurs ricanements,
de faire voler plus lourd que l'air (les avions), de faire
rouler des machines à plus de 60 km/heure, de transmettre
instantanément des images, des sons et des informations
sans fil à des dizaines de milliers de kilomètres, mais aussi :
de marcher sur la Lune, de séquencer, couper et recoller à
volonté le génome humain, de faire vivre un homme avec un
cœur artificiel, d'utiliser des cellules souches pour recons-
tituer des organes déficients, de rendre la vue à un aveugle
un implantant une puce électronique derrière sa rétine, et
mille autres inventions que de savants théologiens dignes
de Molière ont doctement déclarées absolument et définitivement farfelues alors qu'elles nous semblent aujourd'hui
aller de soi. D'une manière générale, l'argumentation selon
laquelle une chose est impensable dans l'avenir parce qu'elle
n'a pas existé dans le passé est, disons-le, si niaise, qu'elle ne
peut, même pour quelqu'un qui serait radicalement opposé

---

1. Bernard Vergely, *La Tentation de l'homme-Dieu*, Le Passeur, 2015.

au transhumanisme, que prêter à rire. Du reste, Bertrand Vergely étant tout sauf idiot, il se voit contraint d'ajouter aussitôt ceci, à peine deux lignes plus bas : « Admettons que l'homme immortel soit possible. Si tel est le cas, un double problème va se poser. 1) Plus personne ne mourant, la terre sera surpeuplée. [...] L'humanité risque fort de mourir de faim. 2) Si, pour ne pas surpeupler la Terre, on arrête de faire des enfants, l'humanité ne va pas se renouveler. » – où l'on voit comment on passe, sans transition, d'un diagnostic d'impossibilité à une réflexion sur les conséquences de ce qu'on déclarait quelques secondes plus tôt radicalement utopique.

Bien entendu, comme je l'ai déjà souligné en introduction, nul ne nie le fait qu'à l'heure actuelle rien ne permet encore sur le plan strictement expérimental et scientifique d'affirmer la victoire de la science sur la sénescence humaine. Au demeurant, et quoi qu'il en soit, nous resterons éternellement des mortels, car, même dotés d'une extrême longévité, nous pourrons toujours nous suicider, périr par accident ou dans un attentat. Mais il n'en est pas moins tout à fait plausible que la longévité humaine soit un jour, fût-il lointain, considérablement augmentée, la mort ne venant plus guère que de l'extérieur, sur le modèle du service à thé de la grand-mère que j'évoquais au commencement de ce livre. Il n'y a donc rien d'absurde, comme le fait d'ailleurs Vergely, à prendre les devants pour s'interroger dès maintenant sur les problèmes qu'une telle hypothèse pourrait un jour poser si elle devenait réalité.

Voici alors les objections qu'avancent en général les principaux critiques de cet aspect essentiel du transhumanisme – essentiel puisque, à la fin des fins, c'est surtout sur cette question du vieillissement et de la mort que porterait le projet d'augmenter l'être humain. Nous en avons déjà croisé quelques-unes sur notre chemin, mais il n'est pas inutile, au point où nous sommes parvenus de nos réflexions, d'en faire le bilan.

La première objection, la plus évidente, est comme on pouvait s'y attendre d'ordre démographique. Si plus personne ne meurt ou, à tout le moins, si tout un chacun peut envisager raisonnablement de vivre cent cinquante ou deux cents ans, comment éviter la surpopulation ? À moins de coloniser une autre planète ou de stopper toutes les naissances, seules étant autorisées celles qui seraient compensées par un décès, on voit mal comment trouver des solutions raisonnables. Aussi pénible qu'il soit de l'admettre, on doit finalement reconnaître que la mort rend bien des services aux vivants. Voudrions-nous vraiment, par exemple, vivre dans un monde sans enfants, dans un univers de surpopulation, où chacun ne penserait qu'à sauver sa peau, qu'à durer le plus longtemps possible ?

La deuxième objection porte sur la question sociale : nos querelles politiques touchant les retraites se poseraient en des termes à coup sûr bien différents si personne ne pouvait envisager de s'arrêter de travailler – à moins que les robots ne travaillent à notre place et que nous ne sombrions dans une oisiveté infinie, ce vice funeste dont on sait combien il est le père de tous les autres.

Pour poursuivre avec des objections de type sociétal et politique, ne risque-t-on pas d'entrer, comme on l'a suggéré plus haut, dans un univers où les inégalités, déjà mal tolérées aujourd'hui, deviendraient carrément insupportables ? On me dira qu'elles existent déjà, que les écarts de revenus, ou pour mieux dire de fortune, sont actuellement de 1 à 1 000, voire davantage. Mais dans l'hypothèse qu'on envisage ici, il ne s'agirait pas de savoir si on a une voiture ou une maison plus belles que celles du voisin, mais il serait question de vie ou de mort, une question qui se poserait différemment selon qu'on est puissant ou misérable étant donné le coût probable de la longévité – ce qui, bien évidemment, donnerait à la problématique politico-sociale de l'égalité une dimension aussi nouvelle qu'explosive. Qui aurait le droit de vivre ou l'obligation de mourir ? Serait-ce seulement question d'argent et, si oui, comment financer l'égalitarisme très certainement revendiqué par les peuples ? D'autant que, comme le souligne Laurent Alexandre, les coûts de la santé risqueraient d'exploser en se déplaçant de la vieillesse vers l'enfance, et des malades vers les bien-portants qui voudraient évidemment faire tout ce qui est possible en matière « d'augmentation » pour le rester, les non-malades coûtant paradoxalement beaucoup plus cher encore que les malades :

> « Il va être difficile, dans les prochaines décennies, d'éviter une forme de "rationnement génétique et biotechnologique", c'est-à-dire une médecine à deux vitesses. Les systèmes de santé ne pourront pas assumer la charge de toute une population de bien-portants. Nos économies occidentales à faible croissance auront toutes les peines du monde à assumer cette nouvelle catégorie de dépenses qui exploseront sur les embryons, les enfants et les jeunes adultes. Il va falloir dépenser beaucoup et très tôt dans la vie d'un individu puisque les prédispositions aux maladies seront connues dès la naissance, voire avant par analyse génomique du fœtus. Ce sera une révolution. Les dépenses de santé sont aujourd'hui extraordinairement concentrées sur les personnes âgées. 70 % des coûts sont générés par 10 % de la population atteints de pathologies liées au vieillissement. En d'autres termes, les systèmes de santé vont devoir prendre en charge non plus seulement des malades, mais aussi des bien-portants demandant à ne pas être malades[1]. »

---

1. Laurent Alexandre, *La Mort de la* mort, *op. cit.*, p. 328.

Pire encore, comme le souligne Laurent Alexandre dans le livre qu'on a déjà cité, la Terre serait inévitablement peuplée, un peu comme au temps où Cro-Magnon et Néandertal coexistaient, de plusieurs humanités différentes. Celles qui auront accepté les nouvelles techniques d'hybridation et, plus généralement, toutes les formes « d'augmentation » disponibles, vieilliront beaucoup moins vite que celles qui, pour des raisons par exemple religieuses, seront restées « humaines » au sens ancien du terme. Il est possible, c'est en tout cas le pari transhumaniste, que l'humanité modifiée et augmentée soit beaucoup plus forte, beaucoup plus résistante aux maladies, voire beaucoup plus intelligente que l'ancienne. Nous faudra-t-il revivre à une puissance supérieure l'extermination de Néandertal par Cro-Magnon ? Et même sans aller jusque-là, qu'adviendra-t-il des relations humaines dans un univers de ce type ? Lisons encore ce que dit à ce sujet Laurent Alexandre :

« Notre génération va connaître le séquençage quasi gratuit de son ADN. La suivante connaîtra l'essor très rapide des techniques de "réparation" précoce de ses faiblesses génétiques et épigénétiques. Les techniques de blocage du vieillissement, qui ne sont pas encore au point, ne nous concerneront pas, car elles supposeront des interventions précoces dès l'enfance. Ce fossé génétique sera à l'évidence une période de transition douloureuse pour l'humanité, avec, d'un côté, les chanceux qui auront bénéficié dès l'enfance de ces inventions, et les autres. Il y aura un abîme entre « ceux d'avant » et « ceux d'après ». D'un côté la vie longue, quasi éternelle, puisqu'on ne mourra plus que par accident, suicide ou meurtre. Et de l'autre, une humanité traditionnelle, née avant la mort de la mort. Il y aura des différences d'état physiologique spectaculaire entre un homme de quatre-vingts ans "d'avant" et un homme de quatre-vingts ans "d'après"[1]. »

Quid, dans ces conditions, du tourisme technologique ? Il existe déjà, on le sait, en matière de chirurgie esthétique. En ira-t-il bientôt de même pour l'ingénierie génétique, le protectionnisme, ici comme ailleurs, n'étant guère une solution : à quoi bon interdire telle ou telle « augmentation » de l'humain dans un pays si elle est possible et aisément accessible ailleurs ?

Dans le sillage de cette interrogation sur la biogéopolitique, que faire si des dictatures totalitaires mettent en place de vastes programmes d'amélioration de leur population afin de la rendre supérieure aux autres ? Certains y pensent déjà, qui pratiquent allègrement des politiques eugénistes en vue d'augmenter le QI moyen de leurs concitoyens.

Élevons-nous maintenant des considérations politiques et sociales aux considérations morales, métaphysiques et religieuses.

Sur le plan moral d'abord, prendre le risque de modifier la nature humaine, n'est-ce pas, comme le dit Fukuyama, bouleverser, voire éradiquer de manière peut-être définitive, les fondements d'une éthique humaniste qui s'enracinait depuis toujours dans l'idée de « droits naturels » de l'humanité ? Si la nature humaine est bouleversée, comment l'éthique qui en découle ne le serait-elle pas elle aussi ? Et alors, dans quel sens ? N'ouvre-t-on pas une boîte de Pandore dont on ignore le contenu au point que tout deviendrait possible, à commencer par le pire ? Sur le plan métaphysique, maintenant. N'est-ce pas la mort qui donne tout son sens et tout son sel à la vie ? Une musique, un film ou un livre sans fin auraient-ils encore du sens ?

---

1. *Ibidem*, p. 332.

Et si nous étions immortels, serions-nous encore capables d'agir, ne serions-nous pas voués tout à la fois à la paresse absolue et au non-sens le plus radical ? Sur le plan religieux également, s'arroger les pouvoirs sur la vie, c'est s'arroger le monopole de ce qui appartient à Dieu. C'est donc pécher par *hybris*, tomber dans le plus grand sacrilège qui soit, celui qui consiste à sombrer dans la démesure et l'orgueil, l'homme sans limites se prenant pour Dieu Lui-même. Enfin, l'idée que l'on pourrait parvenir à l'immortalité extrabiologique – les machines intelligentes remplaçant les humains par des posthumains, la mémoire, la personnalité des premiers étant pour ainsi dire stockée sur une sorte clef USB – n'est-elle pas effrayante, surtout si l'on songe que les premières décisions prises par les machines intelligentes viseraient sans doute à éliminer ce qui resterait encore de l'ancienne humanité ?

Cette dernière hypothèse, qui anime le courant de la « singularité », selon lequel on pourrait un jour stocker notre intelligence, notre mémoire et nos sentiments sur des machines hypersophistiquées, s'appuie, comme on l'a déjà suggéré, sur une doctrine philosophique qui a nom « matérialisme », c'est-à-dire sur l'idée qu'il n'y a finalement aucune différence insurmontable entre le cerveau humain et un ordinateur qui serait doté d'une intelligence artificielle dite forte. Le premier serait simplement plus complexe que le second. Pour des raisons philosophiques de fond, cette hypothèse me semble aussi naïve et aussi fausse qu'en son temps la réduction par Descartes de l'animal à un automate sophistiqué. Tâchons, pour conclure ce chapitre, d'en dire encore quelques mots.

Les limites du matérialisme transhumaniste : la très naïve confusion homme/machine

La thèse matérialiste repose tout entière sur une approche purement comportementaliste ou béhavioriste du problème de l'intelligence humaine. Son postulat premier est qu'à partir du moment où les machines, enfin dotées d'intelligence artificielle forte, seront capables de passer avec succès le test de Turing (test selon lequel une personne discutant sans le savoir avec un ordinateur serait incapable de décider s'il s'agit d'une machine ou d'un être humain), il n'y aura plus aucune raison de faire une différence essentielle entre intelligence humaine et intelligence artificielle. Les machines, ainsi dotées de la conscience de soi et capables d'éprouver des émotions, devraient alors avoir comme nous un statut juridique, des droits, et pourquoi pas aussi des devoirs, puisqu'elles pourront faire état de tous les attributs du vivant, tous les raisonnements, mais également tous les sentiments et toutes les passions dont l'humanité est capable. Elles seraient tout aussi autonomes que les humains, mais des milliers de fois plus intelligentes qu'eux, comme le laisse déjà penser le fait que l'ordinateur est capable de l'emporter sans difficulté face aux champions d'échecs ou de jeu de go. Les machines pourraient en outre travailler jour et nuit, évoluer sans cesse et sans répit, apprendre de leurs erreurs, se modifier elles-mêmes au fil du temps, se reproduire, faire de l'humour ou ressentir de la compassion, bref, montrer aux yeux du monde tous les comportements et toutes les attitudes humaines.

Admettons avec nos nouveaux « monistes » – monistes puisqu'ils ne voient dans la conscience qu'un produit de la matière – qu'on y parvienne. Dans ces conditions, du moins si l'on est un authentique matérialiste, quelles différences entre l'humain et la machine resteraient pertinentes, notamment sur le plan éthique ? Faudrait-il établir une déclaration des droits des robots, analogue à celle des droits de l'homme ? Les transhumanistes appartenant à ce courant de la «singularité» répondent par l'affirmative à ces questions. Intuitivement, pourtant, et par l'usage même du simple bon sens, une autre réponse s'impose à nous : même si elle nous imitait de manière parfaite, voire de manière plus que parfaite, car supérieure à nos capacités actuelles, la machine resterait incapable d'éprouver du plaisir et de la peine, de l'amour et de la haine comme de se doter d'une véritable conscience de soi. Certes, elle pourrait faire «comme si», mais elle ne ressentirait rien, car, pour ressentir des émotions, il faut un corps, il faut du biologique – ce pour quoi le critère extérieur, seulement comportementaliste, est insuffisant, pour ne pas dire d'une naïveté confondante. Cela dit, il est vrai qu'il faudrait pouvoir se mettre «à la place» de la machine, savoir ce qu'elle ressent ou ne ressent pas pour juger de son humanité, ce qui est évidemment impossible et qui permet au transhumanisme de la «singularité» de jouer sur cette impossibilité pour prétendre que la différence n'existera plus. Un spiritualiste dira que, fût-ce avec une marge d'autonomie et d'aléatoire aussi grande qu'on voudra, la machine resterait néanmoins enfermée dans un logiciel programmatique, mais un matérialiste cohérent répondra sans difficulté qu'il en va exactement de même pour l'être humain, que son cerveau n'est qu'une machine sophistiquée, que ses émotions sont programmées par son infrastructure neurale et que son prétendu libre arbitre n'est qu'une fiction, attendu que nos pensées, nos valeurs et nos supposés choix ne sont que les effets, tout à fait déterminés, de notre histoire et de notre biologie.

Or c'est là, justement, que le bât blesse. Sans entrer dans
un débat que j'ai souvent abordé dans mes livres, je rappellerai uniquement en quoi le déterminisme matérialiste est
une simple hypothèse, mais une hypothèse qui a malgré
tout l'inconvénient assez considérable d'être à la fois non
scientifique et contradictoire.

On remarquera d'abord, avec Karl Popper, que, à
l'encontre d'une idée trop souvent reçue chez ceux qui
se croient « rationalistes », le déterminisme n'a rien d'une
position « scientifique », mais tout d'un parti pris métaphysique au plus haut point impossible à valider. En effet,
la proposition selon laquelle toutes nos actions seraient
déterminées par des causes efficientes échappant le cas
échéant à notre volonté consciente, par des intérêts avoués
ou inavouables, est par définition « non falsifiable », impossible à tester par quelque expérimentation que ce soit. Il
en va du déterminisme comme de Dieu ou du sexe des
anges : il est impossible de prouver, non pas seulement
qu'il existe, mais surtout qu'il n'existe pas. Même chose
pour la thèse déterministe selon laquelle toutes nos actions
seraient déterminées par des causes intéressées car, par
définition même, on pourra toujours, derrière toute action
même la plus généreuse en apparence, postuler l'existence
d'une motivation inconsciente, d'une cause plus ou moins
secrète, voire inavouable. Il est donc rigoureusement
impossible de réfuter empiriquement le déterminisme.
Or, selon un paradoxe mis en évidence par Popper, loin
d'être à son avantage, c'est au contraire ce qui prouve qu'il
n'est nullement scientifique : c'est parce qu'il échappe à
toute réfutation empirique imaginable qu'il manifeste son
caractère de parti pris métaphysique. L'hypothèse du
déterminisme matérialiste, comme celle de l'existence de
Dieu, se meut dans une sphère qui échappe à tout contrôle

par les faits, et c'est seulement à ce prix qu'elle parvient à échapper à toute mise en cause expérimentale.

Mais il y a plus : sous sa forme classique, en effet, le déterminisme matérialiste, comme l'avait montré Kant dans la *Critique de la raison pure*, est intrinsèquement contradictoire. Il consiste à poser que tout effet possède une cause située dans la nature, inscrite dans l'espace et le temps. Cette cause est elle-même nécessairement l'effet d'une autre cause, située elle aussi dans la nature et dans l'histoire, qui, par conséquent, est à son tour l'effet d'une autre cause, et ainsi de suite à l'infini. Ce qui fait que le déterminisme est une pensée intenable : soit on arrête la chaîne des causalités, comme le fait Leibniz, en posant une cause première (Dieu, la nature, l'histoire ou ce que vous voudrez d'autre), mais, au moment même où on veut enfin fonder le déterminisme, on le nie, puisque cette cause première, n'ayant pas elle-même de cause, enfreint le principe dès l'instant où on la pose (puisque le déterminisme postule que toute cause a une cause, il ne peut que rejeter l'idée de cause première[1]) ; soit on laisse ouverte la régression à l'infini, auquel cas l'effet qu'on voulait expliquer n'est précisément jamais déterminé ni expliqué, puisqu'on ne peut pas considérer qu'une explication qui se perd dans les sables soit vraiment une explication. C'est d'ailleurs un réel problème pour les historiens. Chaque fois qu'ils choisissent une période, ils sont obligés de le faire de façon arbitraire, ou plutôt d'essayer de trouver des critères qui rendent cet arbitraire un peu moins visible : quand vous commencez à réfléchir sur les causes de la guerre de 14, il faut bien

---

1. C'est pourquoi, chez Spinoza comme chez Leibniz, il s'enracine dans l'argument ontologique, c'est-à-dire dans l'idée, il faut bien l'avouer délirante, que Dieu est cause de Lui-même, au sens où Son Essence implique son existence.

avoir conscience qu'en principe l'explication devrait vous entraîner jusqu'à la préhistoire... pour le moins !

Le déterminisme se révèle donc paradoxalement tout aussi indémontrable, tout aussi impensable que son contraire, l'hypothèse d'une liberté de choix permettant d'inaugurer des séries d'actions dans le monde. Si l'on veut être vraiment rationaliste, il faut donc maintenir le déterminisme sur le plan théorique – scientifique –, non comme une vérité ontologique qui vaudrait pour les choses en soi, mais comme un principe méthodologique indéfiniment applicable, et conserver par ailleurs à titre d'hypothèse l'idée de liberté. Bien entendu, ces critiques philosophiques ne prouvent pas non plus, pour les mêmes raisons d'ailleurs, l'existence de la liberté, qui reste, comme le disait Kant, totalement mystérieuse, incompréhensible, car contraire au principe de raison. Mais rien ne peut l'infirmer car on parle d'un niveau qui est hors science, hors de l'expérience, métaphysique.

Il en va de la thèse des machines supposées devenir intelligentes, conscientes d'elles-mêmes et sensibles, capables de stocker notre intelligence, notre mémoire et nos émotions, comme du déterminisme matérialiste qui la sous-tend : elle est par essence non falsifiable, puisqu'elle se contente de ne retenir que des critères extérieurs de comparaison entre l'humain et la machine. En quoi on peut parier que, le jour où elle se formulera de manière à pouvoir être réfutée, elle le sera. En attendant, elle n'a pas d'autre statut que celui d'une utopie matérialiste comme il en a existé par le passé, finalement pas beaucoup plus futée ni beaucoup plus crédible que le fameux canard mécanique de Vaucanson.

Pour les mêmes raisons, le dualisme n'est pas non plus réfuté par le monisme matérialiste. Certes, il faut un cerveau, en l'occurrence celui de Newton, pour découvrir et penser la loi de la gravitation. Reste que cette loi existe bel et bien hors de lui, dans le réel. Même chose pour les vérités mathématiques : il faut un cerveau, là aussi, pour comprendre que la somme des angles d'un triangle est égale à 180 degrés chez Euclide, un peu plus chez Riemann, un peu moins chez Lobatchevski (parce qu'ils se situent dans une géométrie sphérique à courbure positive ou négative).

Il n'en reste pas moins que cette rationalité incarnée dans les lois sur le triangle n'est pas pour autant produite par notre cerveau, en quoi le dualisme spiritualiste garde toutes ses chances de succès dans un combat contre le monisme matérialiste.

Mais laissons ces discussions sans fin, et pour le moment sans réalité. Comme on vient de le voir, parmi toutes les critiques du transhumanisme, certaines ne vont pas très loin, d'autres, en revanche, méritent largement notre attention. Ce qui est certain, à tout le moins, c'est que toutes devront servir à guider les travaux de ceux qui auront le cas échéant pour charge de réguler les conséquences et les avancées des nouvelles technologies. Voilà pourquoi il me semblait essentiel de les exposer aussi simplement et honnêtement que possible dans le chapitre qu'on vient de lire. Comme on va voir, c'est au fond à des problèmes de régulation, non pas identiques, bien sûr, mais analogues, qu'on se heurte dès qu'on envisage les retombées des nouvelles technologies dans le domaine de l'économie et du commerce.

CHAPITRE III

L'Économie collaborative et « l'uberisation » du monde

Éclipse du capitalisme ou dérégulation sauvage ?

De toute évidence, une relation aussi profonde que durable s'est installée entre cette « infrastructure du monde » qu'est l'Internet et l'apparition d'une nouvelle économie, l'économie dite « collaborative », celle que symbolisent désormais les fameux GAFA (Google, Apple, Facebook et Amazon[1]), mais plus encore ces applications récentes que le Web rend possibles et qui tissent des liens jusqu'alors inconnus entre particuliers sur le modèle d'Uber, Airbnb ou BlaBlaCar, pour n'en citer que quelques-unes parmi les plus connues en France – mais il s'en crée chaque année des milliers un peu partout de par le monde. Selon un idéologue comme Jeremy Rifkin, cette forme inédite de lien social serait directement liée à l'émergence d'une nouvelle organisation économique[2], elle-même

---

1. On objectera à juste titre qu'Apple est une entreprise classique, qui vend des produits bien réels et qui n'appartient pas pour cette raison à l'économie collaborative. L'objection est tout à fait juste, mais il n'en reste pas moins que les outils produits par Apple permettent cette économie qui, sans eux ou leurs équivalents, ne serait guère pensable.

2. Cette organisation est caractérisée selon lui par la logique du « coût marginal zéro ». Nous verrons plus loin le sens exact de cette formule qui ne va pas de soi. Disons en première approximation que le coût marginal zéro est atteint quand les coûts initiaux liés aux investissements sont totalement amortis et que la distribution d'un produit supplémentaire ne coûte elle-même plus rien. Prenez l'exemple d'un morceau de musique vendu sur iTunes : supposons que les investissements initiaux soient par exemple amortis après les cent premiers

rendue possible par une « troisième révolution industrielle » impensable avant la généralisation d'Internet. D'après ses prédictions, cette nouvelle donne devrait permettre sous peu d'organiser la vie humaine hors du régime capitaliste, c'est-à-dire hors des deux structures qui lui sont inhérentes depuis le XVIIᵉ siècle : l'État et le marché, les gouvernements nationaux d'un côté et, de l'autre, une société civile économico-commerciale totalement vouée à la recherche du profit. L'infrastructure du Web donnerait progressivement naissance à une organisation sociale et politique d'un genre inédit, ni étatique ni (exclusivement) mercantile, de sorte que nos villages et nos régions, puis bientôt les nations tout entières, se regrouperaient en réseaux à la fois internationaux et communautaristes, certains d'entre eux, minoritaires, conservant leur but lucratif, tandis que la plupart deviendraient gratuits et désintéressés (sur le modèle de Wikipédia, par exemple, un réseau qui ne cherche pas à « faire de l'argent »).

C'est dans cette perspective, qui se veut « progressiste et optimiste », que Rifkin, un intellectuel venu à la politique à travers les révoltes de la gauche libertaire des années 1960, développe dans ses livres la thèse selon laquelle le monde occidental a connu dans les Temps modernes trois grandes révolutions industrielles, chacune d'entre elles associant trois piliers fondateurs : une nouvelle source d'énergie qui multiplie la production, une nouvelle forme de communication entre les hommes (mais aussi de transport et de logistique) et une nouvelle organisation sociale de la production.

---

exemplaires vendus d'une chanson, la vente de la cent unième ne coûte plus rien, parce que la distribution elle-même est quasiment gratuite. On dit alors que son coût marginal est égal à zéro.

Les trois révolutions industrielles : vers la fin du capitalisme ?

Résumons brièvement ces trois étapes. Le jeu en vaut la chandelle puisqu'elles sont censées (du moins selon Rifkin) conduire à la mort du capitalisme. Rien que ça ! La première révolution industrielle est celle de l'imprimerie et de la machine à vapeur. Certes, c'est à la fin du XVe siècle que Gutenberg invente sa fameuse machine à imprimer, mais c'est avec l'apparition d'une nouvelle énergie dans les années 1780 qu'elle va véritablement développer tout son potentiel, les rotatives et autres imprimantes à rouleau propulsées par la vapeur permettant pour la première fois dans l'histoire du monde de produire journaux, livres et affiches de manière industrielle. Ce sont ainsi de nouvelles formes de communication qui se développent, à commencer par le chemin de fer, tandis que, en parallèle, l'instruction publique et la presse deviennent possibles grâce aux livres et aux journaux à bas coût. C'est aussi dans ce contexte que l'urbanisation gagne du terrain sur la ruralité, avec l'apparition d'unités de production centralisées et hiérarchisées, les usines modernes, qui entraînent un recul continu du monde paysan.

La deuxième révolution industrielle fait suite à la première à un siècle d'intervalle. Grâce à deux nouvelles sources d'énergie, le moteur à combustion interne (à explosion) et l'électricité, le XIXe siècle ouvre l'ère du développement exponentiel du capitalisme. Elle s'accompagne, elle aussi, de nouvelles formes de communication, avec le téléphone, le télégramme, puis, bientôt, la radio et la télévision, mais aussi, bien sûr, la voiture, les camions et les avions qui révolutionnent la logistique et les transports tandis que l'urbanisation et la hiérarchisation continuent de s'accentuer au détriment des campagnes et des provinces et que les firmes deviennent multinationales.

La troisième révolution industrielle, celle que nous vivons aujourd'hui, associe, comme les autres, de nouvelles sources d'énergie, en l'occurrence des énergies décarbonées ou énergies «vertes» (l'éolien, le photovoltaïque, la géothermie, la pile à hydrogène et, bientôt, les hydrates de méthane), avec une nouvelle forme de communication, celle de l'Internet, ou plutôt, comme nous allons le voir, des Internet, car il en existe de diverses espèces. C'est alors une organisation de la vie économique «latérale» et «distribuée» qui apparaît, une structuration à la fois postnationale, déhiérarchisée et décentralisée de la vie économique, culturelle et politique liée à la naissance de réseaux sociaux universels, ainsi que d'instruments de recollection et d'analyse des big data permettant une expansion croissante de l'économie du partage.

C'est dans ce contexte inédit que l'éclipse progressive du capitalisme se profilerait à l'horizon.

Rifkin emploie pour désigner ces nouveaux réseaux collaboratifs (qu'encore une fois seuls les différents visages de l'Internet, dont nous allons parler dans un instant, ont rendu possibles) un terme ancien, lequel, malheureusement, n'a pas grand sens en français : les «communaux collaboratifs». Il fait référence à certains épisodes de l'histoire américaine ou anglaise, notamment à la fameuse lutte des éleveurs contre les «enclosures» (terme lui aussi peu signifiant dans notre langue), ces clôtures qui servirent à préciser et protéger les contours des propriétés privées, empêchant ainsi les troupeaux de circuler librement — métaphore qui permet de saisir par contraste la logique nouvelle du Web, une logique qui vise justement à l'inverse exact, à savoir supprimer sans cesse et dans tous les domaines toutes les formes possibles et imaginables d'«enclosures» et de silos, de barrières et de propriétés privées, afin de mettre partout dans le monde, à toute heure du jour et de la nuit, tous les individus, tous les sites et tous les réseaux en communication entre eux. Peu importe le jargon que Rifkin se plaît à utiliser – coquetterie d'auteur à laquelle nous sommes bien habitués chez nous, tout «penseur» digne de ce nom se devant d'inventer de toute urgence quelque néologisme destiné à marquer aux yeux de tous la singularité inouïe de son génie. On se souvient, dans le même style, de la «nouvelle philosophie» et de ce qu'il en est advenu. Passons. Ce qui compte, en revanche, c'est que son point de départ, à tout le moins, mérite réflexion : il s'enracine dans la conviction, du reste évidente, que c'est bel et bien l'infrastructure du Web qui donne naissance à de nouveaux modes de relations humaines, à commencer par les réseaux sociaux sur lesquels des centaines de millions d'individus échangent chaque jour messages, photos, musiques, films et opinions en tout genre – système en apparence gratuit, mais dont nous allons voir qu'il permet de collecter en continu des données privées (les fameuses big data) dont la vente à d'autres entreprises dégage des profits proprement hallucinants, le gratuit n'étant en réalité qu'un magnifique écran de fumée, un fascinant moyen de gagner de l'argent.

En quoi on pressent peut-être déjà qu'annoncer *urbi et orbi* l'avènement d'une société postcapitaliste qui laisserait la place à des «communaux collaboratifs» et en déduire au passage que l'humanité s'engage dans la voie d'une organisation sociale et politique hors marché comme hors état, c'est aller un peu vite en besogne. À vrai dire, comme je vais le montrer dans ce qui suit, c'est même exactement à l'inverse que nous assistons avec la troisième révolution industrielle, à savoir à une formidable dérégulation et marchandisation de biens (d'actifs) privés dont UberPop nous a récemment donné un exemple assez emblématique – en quoi nous verrons qu'il existe un abîme entre l'histoire réelle et les prédictions de Rifkin, celui qui sépare la réalité de l'idéologie, la vérité objective et la mise en scène d'illusions destinées à la travestir à des fins plus ou moins intéressées.

Mais n'anticipons pas.

Si vous n'êtes guère familier des notions quelque peu jargonneuses que mobilise en général la nouvelle logique des réseaux (coût marginal zéro, économie collaborative, communaux contre enclosures, pluralité des Internet, big data, objets connectés, etc.), si vous ne voyez pas en quoi elles seraient censées annoncer la mort du capitalisme, comme celle du vieux couple « État/société civile » qui formait la base des sociétés libérales, si vous ne saisissez pas non plus tout à fait clairement par quels cheminements et quelles techniques novatrices l'Internet rend possible cette nouvelle donne ou comment le gratuit génère des fortunes, il est normal que vous ayez été un peu perdus dans les paragraphes qui précèdent.

Patience !

Je vais tenter de rendre tout cela aussi clair que possible, et vous verrez que le détour en vaut la peine. Autant je ne partage pas les conclusions que Rifkin tire de ses analyses quant à la fin du travail, l'éclipse du capitalisme, les nouvelles formes d'éducation (par les MOOC – les *massive open online courses*, autrement dit : l'enseignement en ligne), la victoire prochaine d'une écologie fondamentaliste ou la naissance d'une société idéale, faite de partage, de renoncement à la propriété privée, de souci de l'autre, de la nature et de désintéressement universel, autant son point de départ est justifié, pour ne pas dire, au sens propre, «incontournable». Et c'est sans doute ce qui explique son succès, même si, par la suite, il s'emploie fort habilement à le mettre au service d'une idéologie, celle de l'éclipse du capitalisme, qui dissimule de manière parfois sidérante le mouvement réel de l'histoire des sociétés modernes.

La troisième révolution industrielle, la naissance des quatre Internet et infrastructure de l'économie collaborative

Commençons donc par le commencement, à savoir par le fait qu'il existe désormais trois Internet différents, tous trois reliés entre eux au sein d'un quatrième, celui des objets connectés. Comme l'écrit Rifkin :

> « La réunion de l'Internet des communications, de l'Internet de l'énergie et de l'Internet de la logistique dans un Internet des objets intégrés opérant sur les communaux ouvre la voie à l'ère collaborative. [...] L'Internet des objets se compose donc d'un Internet de la communication, d'un Internet de l'énergie et d'un Internet de la logistique qui fonctionnent ensemble dans un système unique. [...] Chacun des trois Internet permet aux deux autres de fonctionner. Sans communication, impossible de gérer l'activité économique, sans énergie, impossible de créer l'information ni d'alimenter le transport, sans logistique, impossible de faire avancer l'activité économique le long de la chaîne de valeur. Ensemble, les trois systèmes opératoires constituent la physiologie du nouvel organisme économique[1]. »

---

1. Jeremy Rifkin, *La Nouvelle Société du coût marginal* zéro, Les Liens qui libèrent, 2014, p. 30 et 327.

Bien entendu, c'est cette «physiologie nouvelle» qui est censée entraîner, et ce dès la deuxième moitié du siècle actuel, sinon la mort totale du capitalisme, du moins son éclipse définitive, sa relégation au second plan, dominé qu'il sera par les communaux collaboratifs et l'économie du partage à but non lucratif. Reprenons, afin de clarifier la logique de cette prophétie. Le premier Internet est le plus connu, c'est celui de tous les jours, à savoir *l'Internet de la communication*. Il est largement dominé par le quasi-monopole des GAFA auxquels on peut bien entendu ajouter toute une pléiade de réseaux sociaux tels que Twitter ou LinkedIn, mais aussi toutes les applications qui font vivre l'économie collaborative sur le modèle d'Uber, d'Airbnb, BlaBlaCar, TrocMaison.com, Vente-privee.com, Leboncoin.fr, Drivy.com, ParuVendu.fr, Wikipédia et tant d'autres, si nombreuses qu'il faudrait un livre entier pour toutes les citer. Elles agrègent et «pilotent» désormais à des fins plus ou moins mercantiles des centaines millions de d'individus regroupés dans des communautés en réseau. Cet Internet présente des usages évidemment payants (on paie les trajets qu'on commande sur Uber, comme les articles qu'on achète sur Amazon ou les appartements qu'on loue sur Airbnb), mais certains paraissent gratuits, ce qui n'est qu'une illusion : à première vue, on utilise gratuitement les services de Google, Facebook ou Twitter. La navigation sur la Toile semble gratuite pour l'utilisateur : on fait une recherche sur le Web ou on poste des messages divers sans débourser le moindre centime. Nous verrons plus loin par quels stratagèmes d'une efficacité redoutable cette gratuité tout apparente permet en réalité de dégager des profits astronomiques, ces entreprises florissantes, faussement désintéressées, collectant en continu une infinité de données diverses sur nos modes de vie, nos aspirations, notre santé, nos travers, nos soucis ou nos habitudes de consommation (et c'est d'abord cela qu'on appelle les big data) qu'elles revendent à prix d'or à d'autres entreprises – ce qui permet à ces dernières d'affiner leurs stratégies de communication, d'innovation et de vente, de cibler la publicité en direction de leurs clients et de la personnaliser tout en contextualisant sans cesse davantage les réponses apportées aux questions des différents internautes. Vous cherchez un restaurant japonais dans le cinquième arrondissement de Paris à 12 h 30 ? C'est sans doute que vous souhaitez aller y déjeuner. Si la même demande est faite à minuit, elle change de sens : il est probable que vous cherchez plutôt une livraison à domicile...

Sans entrer dans des détails trop techniques, on peut dire que le Web, qui fut inventé après l'Internet (avec lequel on le confond souvent, mais à tort) au tout début des années 1990 par Tim Berners-Lee et Robert Cailliau, est une application du Net (comme les messageries ou le courrier électronique, par exemple) qui a permis de mettre potentiellement en communication (de supprimer les « enclosures », les silos et les barrières) toutes les informations qu'on peut trouver sur la Toile alors qu'elles étaient encore séparées les unes des autres, faute d'interface commune. Le Web mérite donc bien son nom de « toile mondiale » – sous-entendu : d'araignée –, de *World Wide Web* – et c'est bien sûr à ce titre qu'il va servir d'infrastructure à l'économie nouvelle (collaborative) en mettant en relation tous les individus qui le souhaitent, où qu'ils se trouvent dans le monde et quelle que soit l'heure du jour ou de la nuit.

Vient ensuite *l'Internet de l'énergie* – ce qu'on appelle aussi les « réseaux intelligents » (*smart grids*). C'est sans doute sur ce point que les travaux de Rifkin ont le plus impressionné les politiques en charge de ces questions. Ils reposent sur l'idée que des communautés, que ce soit à l'échelle d'un immeuble, d'une entreprise, d'un village ou d'une région – mais au final, ces communautés d'énergie devraient parvenir à couvrir la planète –, pourraient s'organiser en réseaux sur le modèle du Web pour produire elles-mêmes leur électricité à l'aide des énergies vertes et renouvelables (éoliennes, panneaux solaires, etc.) qui dans les vingt ou trente prochaines années concurrenceraient en termes de prix et d'efficacité les structures centralisées traditionnelles du type EDF. Chaque communauté pourrait ainsi non seulement produire les quantités d'énergie suffisantes pour sa consommation propre, mais aussi échanger avec d'autres – par analogie avec le premier Internet, celui de la communication – les surplus qu'elle aurait dégagés, ces excédents étant alors stockés, puis partagés. Bien entendu, nous n'en sommes pas encore là – les problèmes de stockage de l'énergie n'étant pas réglés de même que ceux posés par le coût des investissements initiaux nécessaires pour faire fonctionner ces réseaux avec des énergies vertes. Reste qu'une fois ces investissements réalisés et les infrastructures mises en place le coût marginal de ces énergies indéfiniment renouvelables tend quasiment vers zéro (le vent et le soleil, s'ils ne sont pas toujours là, reviennent malgré tout régulièrement et ils ne coûtent rien).

Le troisième Internet est celui de la *logistique*. Il concerne tout particulièrement les questions de mobilité qui, aujourd'hui, sont encore traitées de manière totalement irrationnelle. Nos voitures, par exemple, ne sont utilisées en moyenne que 6 % du temps (les 94 % restants, elles sont bêtement immobilisées au parking, ce qui explique tout l'intérêt que pourrait représenter l'autopartage) ; quant aux camions dédiés aux transports de marchandises, ils circulent souvent à moitié pleins, quand ils ne rentrent pas à vide après avoir déchargé leurs livraisons. Il y a dans la logistique actuelle encore bien d'autres défauts qui disparaîtraient si on organisait les transports routiers en prenant pour modèles les deux Internet que nous venons d'évoquer. C'est ce que propose justement, dans son manifeste pour un « Internet physique » publié en 2012, Benoit Montreuil, un spécialiste des questions de logistique au sein d'un prestigieux centre de recherche de l'université Laval au Canada. Ce chercheur, qui a influencé considérablement Rifkin, a entrepris de montrer en quoi et pourquoi nos transports routiers par camions étaient devenus au fil du temps à la fois inefficaces et « insoutenables » sur les plans économique, écologique et social. Il adresse un certain nombre de critiques fortes et difficilement contestables aux systèmes aujourd'hui en vigueur[1]. Face à ce gâchis, il propose toute

---

1. Mentionnons-les rapidement, avant d'évoquer les solutions qu'il propose et qui me semblent d'autant plus intéressantes qu'elles sont aujourd'hui reprises par la plupart des spécialistes de la mise en réseau, qu'il s'agisse de bits ou d'atomes, de la sphère digitale ou de la sphère physique : on transporte aujourd'hui inutilement beaucoup trop « d'air et d'emballages », faute de containers et de packaging standardisés, ce qui constitue un formidable gaspillage étant donné les coûts qui sont en jeu. Les États-Unis ont dépensé en 2009 500 milliards de dollars pour le transport de marchandises, mais aussi 125 milliards pour leur emballage, et 33 milliards pour leur stockage ! Au total, le coût de la mobilité par camion a représenté pour la même année 1 400 milliards de dollars, soit 10 % du PIB – ce qui permet de mesurer à quel point une rationalisation de la mobilité pourrait apporter d'économies.
– Les entrepôts sont trop peu et trop mal utilisés et le plus souvent mal localisés, loin des lieux de distribution ultimes des marchandises à livrer.
– Beaucoup trop de produits sont perdus, non vendus ou non utilisés.
– Le voyage à vide des camions n'est pas l'exception mais la règle, ce qui est économiquement absurde : par exemple, aux États-Unis,

une gamme de solutions pratiques pour faire entrer la mobilité du transport des marchandises par la route dans le XXIᵉ siècle. L'idée défendue par l'auteur du manifeste est justement qu'il faut prendre modèle sur l'Internet des communications pour créer ce qu'on pourrait appeler par métaphore un « Internet physique » analogue au premier (on l'appellera « PI », pour *physical Internet*). L'amusant, c'est que, au moment de la naissance de l'Internet (des communications), c'est la métaphore inverse qui prévalait : on parlait de créer des « autoroutes » de l'information, et pour y parvenir, il fallait trouver un langage commun,

---

les semi-remorques ne voyagent à charge pleine qu'à 60 % en moyenne et, au niveau mondial, c'est à moins de 10 % ! Toujours aux États-Unis, 20 % des kilomètres parcourus le sont par des camions vides.

– D'un point de vue écologique, ces gaspillages ont un coût énorme, incompatible avec les objectifs de réduction des gaz à effet de serre affichés par la plupart des pays occidentaux. Aux États-Unis en 2006, 423 milliards de kilomètres ont été parcourus par des camions de transport de marchandises, ce qui représente des milliards de litres de carburant brûlés et, par suite, un record dans l'émission de dioxyde de carbone.

– L'approvisionnement en ville, notamment dans les grands centres urbains, est devenu un cauchemar.

– Il n'existe pas de normes communes au niveau mondial pour les containers, les emballages, l'automatisation des chargements et déchargements, les puces permettant d'identifier le contenu des containers, etc.

– Les entreprises jouent encore perso. Qu'il s'agisse des clients ou des prestataires de service, on a encore affaire à des entreprises privées qui fonctionnent en « silo », chacun pour soi, au lieu d'organiser ensemble la mobilité avec des standards communs et une mutualisation des moyens sous forme de réseaux de coopératives.

– Les conditions de travail des salariés de la mobilité sont en outre la plupart du temps précaires et pénibles, ce qui entraîne souvent des problèmes sociaux et des mouvements de grèves.

des interfaces communes entre les réseaux qui n'utilisaient pas encore les mêmes technologies. Et c'est ce que le Web a fait, cassant ainsi les « silos », pour parvenir à mettre le monde entier en communication dans un réseau unique. C'est exactement la même chose qu'il faudrait faire, selon Montreuil, dans le domaine des réseaux, non plus numériques, mais physiques, pour trouver des termes communs de mobilité – par exemple des emballages, des containers et des puces d'identification des contenus qui soient enfin standardisés au niveau mondial. C'est dans ce sens qu'il propose de manière fort intelligente de repenser de fond en comble l'organisation et la mise en réseau des entrepôts et des trajets[1].

---

1. Reprenant à son compte les travaux de Montreuil, Rifkin donne l'exemple suivant :

> « Dans l'ancien système, un seul chauffeur s'occupait de tout : il transportait l'ensemble de la cargaison du centre de production au lieu de livraison, puis il se dirigeait vers le lieu de charge le plus proche pour en prendre une autre à livrer sur le chemin du retour. Dans le nouveau système, la livraison est distribuée : par exemple, un premier chauffeur va livrer la cargaison à un centre de distribution voisin, puis il prend une autre remorque chargée et rentre chez lui. Un second chauffeur prend le relais et transporte le fret jusqu'au centre suivant, qu'il s'agisse d'un parking de poids lourds ou d'un aéroport. Et ainsi de suite jusqu'à l'arrivée de la cargaison à destination » (Jeremy Rifkin, *La Nouvelle Société...*, *op. cit.*, p. 330).

Montreuil, dans le rapport qu'il consacre pour la documentation française à l'Internet physique et à la nouvelle mobilité logistique, donne un exemple plus précis encore, celui d'un chauffeur qui va de Québec à Los Angeles et revient. Dans le système actuel, le trajet, qui représente environ 10 000 km, prend plus de deux cent quarante heures, ce qui pour le chauffeur suppose évidemment de nombreux arrêts techniques en tout genre. Dans le système de l'Internet physique et de la nouvelle mobilité logistique, le même trajet serait accompli de manière quasiment ininterrompue par dix-sept chauffeurs différents qui ne conduiraient

Enfin, la thèse principale de Rifkin, celle qui commande toutes les autres, c'est que ces trois Internet se trouvent réunis en un seul, le quatrième : *l'Internet des objets connectés.* On prévoit qu'il y aura en 2030 200, voire 300 milliards d'objets connectés dans le monde – objets qui récolteront en continu des milliards de milliards de « grosses données » (de big data) sur tous les sujets possibles et imaginables. En général, quand on essaie dans les ouvrages ou les articles de vulgarisation d'expliquer au grand public ce qu'est un « objet connecté », on donne invariablement l'exemple du réfrigérateur qui, muni de capteurs divers, est capable de s'apercevoir, tout seul comme un grand, que le lait, le beurre ou le jus d'orange vont bientôt vous manquer. Non seulement il le sait, mais il peut aussi commander en ligne votre produit habituel, sans que vous ayez besoin d'intervenir, lequel vous sera livré lui aussi sans que vous ayez besoin de lever le petit doigt ni d'y penser à aucun moment. Fort bien. Mais cet exemple, à vrai dire sans grand intérêt, donne une image dérisoire de ce quatrième Internet au regard des possibilités immenses et bientôt indispensables que vont ouvrir les objets connectés dans tous les domaines de la vie humaine, depuis la santé ou la prévention des accidents de tous ordres jusqu'à la lutte contre la criminalité. La vérité, c'est que des milliards d'objets connectés

---

guère plus de trois heures par jour et pourraient regagner leur domicile le soir même. Le fret mettrait environ soixante heures pour gagner Los Angeles (au lieu de cent vingt) tandis que le suivi du container grâce aux capteurs de l'Internet des objets connectés éviterait toute perte de temps pendant les relais.

Mais il y a plus : la mise en coopérative connectée des 535 000 entrepôts qui existent aux États-Unis permettrait des gains de temps et de rentabilité extraordinaires, mais aussi d'efficacité énergétique, donc écologique, si on parvenait à renoncer aux « enclosures » et aux « silos » si chers aux entreprises capitalistes centralisées traditionnelles.

sont d'ores et déjà en place dans des secteurs autrement plus essentiels que le réfrigérateur. On en implante dans les logements, dans les bureaux, dans les véhicules, dans les fondations des maisons, dans leurs murs, dans les chaînes d'approvisionnement, dans les bracelets de nos montres, les cartons de fruits et légumes, les avions, les animaux, les lacs, les océans, les plantes, les poubelles, les containers, les routes, le corps humain, les montagnes enneigées, les volcans, les oiseaux migrateurs, les systèmes de sécurité, les caméras de surveillance, les magasins, les lieux publics et mille autres points d'ancrage encore pour mille finalités différentes qui vont de la prévision des crimes, des tremblements de terre ou des avalanches à la lutte contre le cancer en passant par le suivi des personnes dépendantes, vieilles ou handicapées, des catastrophes humanitaires ou des embouteillages sur les routes. En quoi cet Internet soulève l'enthousiasme de Rifkin :

> « L'Internet des objets insère l'environnement bâti et l'environnement naturel au sein d'un réseau fonctionnel cohérent : il permet à tous les humains et à tous les objets de communiquer entre eux pour chercher des synergies et il facilite ces interconnexions en vue d'optimiser l'efficacité de la société tout en assurant le bien-être global de la planète[1]. »

J'aime particulièrement cette chute : le bien-être global de la planète ! Rien que ça ! On retrouve ici les traces de ce « solutionnisme » si cher aux transhumanistes comme aux entreprises qui en financent les recherches… Tant mieux pour vous si vous y croyez, mais pour le moment, tâchons quand même de conserver encore quelque temps un peu d'esprit critique.

---

1. Jeremy Rifkin, *La Nouvelle Société…*, *op. cit.*, p. 28.

Il est vrai cependant que sur ces quatre points les travaux de Rifkin présentent au moins l'intérêt de parler des réalités que, d'ores et déjà, nous vivons – là où la plupart de nos intellectuels entretiennent la nostalgie du XIXe siècle, voire du XVIIIe, comme si les débats sur l'identité nationale perdue en même temps que les blouses grises et les plumes Sergent-Major, comme si nos querelles totalement archaïques entre gauche et droite sur la relance par la consommation ou la réduction de la dette n'étaient pas totalement dépassés par des bouleversements du monde que ces polémiques obsolètes ne permettent pas de saisir, si peu que ce soit.

Comme les transhumanistes, avec au fond les mêmes qualités et les mêmes défauts, Rifkin a au moins le mérite de nous parler des révolutions technologiques en cours, de réalités qui ne relèvent plus de la science-fiction mais qui vont, qu'on le veuille ou non, changer de fond en comble nos vies et notre avenir. Et il le fait au moment où la France semble se vautrer dans les commémorations, le souvenir de La Fayette et de son bateau reconstruit à grands frais (on se demande bien pour qui et pour quoi), les cérémonies qui honorent les morts de la Première Guerre mondiale (est-ce vraiment l'urgence ?), l'inauguration des musées en tout genre, de l'histoire de France ou de l'immigration, les journées de ceci et de cela, de l'esclavage ou de la colonisation, bref la sacralisation du passé vécu tantôt comme un motif de repentance, tantôt comme un âge d'or perdu, le milieu intellectuel accompagnant le mouvement général en sombrant dans le pessimisme et la nostalgie pleurni-charde, au lieu de s'essayer à la compréhension du réel, du monde qui vient – ne fût-ce que pour le combattre ou en corriger les défauts, travail pourtant indispensable, mais qui suppose des investissements intellectuels autrement plus exigeants que l'idéalisation des tableaux noirs et des encriers en porcelaine d'une école de la Troisième République forcément en voie d'effondrement généralisé... Là aussi, passons, et revenons à notre fil conducteur. Pour bien comprendre la nouveauté de l'économie collaborative et, accessoirement, la thèse de la fin du capitalisme qui l'accompagne selon Rifkin, il nous faut encore faire un pas supplémentaire : celui qui conduit vers ce que Chris Anderson, dont Rifkin reprend mot pour mot les principales argumentations, appelle la « société du coût marginal zéro » fondée sur la « longue traîne ».

La « longue traîne » et le « coût marginal zéro »

Pour y parvenir, il faut relier entre elles trois notions fondamentales : la « longue traîne », la logique du « coût marginal zéro » et l'émergence d'une nouvelle forme de « gratuité »... qu'il ne faut surtout pas confondre, comme le fait à tort Rifkin, avec la fin du profit. Nous allons voir que la gratuité apparente rapporte en réalité des sommes astronomiques à ceux qui ont su les premiers en tirer parti.

Pour le non-spécialiste, ces formules peuvent paraître difficiles à comprendre et plus encore à relier entre elles. Pourtant, comme vous allez le voir dans un instant, elles sont en réalité fort simples, au moins dans leur principe (sinon dans leurs conséquences, qui sont potentiellement infinies). Et comme il est tout à fait impossible de comprendre le monde des nouveaux réseaux si on ne les a pas en tête, si on n'en perçoit pas la logique profonde, il n'est pas inutile de prendre quelques minutes pour se les approprier. Ce petit détour en vaut, lui aussi, très largement la peine.

Américain né à Londres, physicien au départ, devenu journaliste à *The Economist*, puis rédacteur en chef de la revue *Wired* et enfin créateur d'une entreprise qui fabrique des drones, Chris Anderson s'est rendu célèbre dans le monde anglo-saxon en appliquant, dans un article publié en 2004, la notion de « longue traîne » (en anglais *long tail* : littéralement « longue queue »), originairement issue de l'univers des mathématiques statistiques, à l'économie rendue possible par les nouvelles technologies. De quoi s'agit-il ? Tout simplement du fait que, à partir du moment où le stockage et la distribution d'un produit numérique ne coûtent pratiquement plus rien (hors les investissements de départ), il devient possible d'offrir au public autre chose que des best-sellers. On peut mettre en vente une gamme quasiment infinie de produits « moyens », voire marginaux, moins médiatisés et célébrés que les têtes de gondole, mais qui continuent à se vendre indéfiniment à bas bruit.

Donnons tout de suite un exemple pour rendre l'idée sensible et concrète. Imaginez un disquaire ou un libraire « à l'ancienne », qui vend des objets physiques relativement volumineux – des CD, des livres, voire des disques noirs, etc. – qui occupent une place bien réelle dans les rayonnages de son magasin. Stocker et distribuer ces objets « tangibles » a donc un coût, et même un coût fort élevé, notamment quand on est installé dans une grande ville où la location du magasin (*a fortiori* son achat) coûte cher, comme la livraison et les personnels (magasiniers, vendeurs, caissiers, etc.) indispensables au bon fonctionnement de l'entreprise. Considérez *a contrario* les modèles d'iTunes ou Amazon ou, mieux encore, celui des sites de *streaming*, et prenez l'exemple des fichiers musicaux, des films ou des livres numériques qu'ils proposent à la vente ou à la location. Il n'y a, dans ce cas de figure, besoin d'aucun stockage physique, car il est entièrement virtuel ou, pour mieux dire, digital. Quant à la distribution, elle se fait pratiquement sans personnel, en quelques clics, et une fois les investissements nécessaires à la logistique mis en place, elle ne coûte pratiquement plus rien (et c'est là justement ce qu'on appelle le « coût marginal zéro », le coût du produit devenant nul à partir du moment où les coûts initiaux liés aux investissements de départ sont amortis). Les nouvelles technologies de l'Internet mettent donc les entreprises classiques (la librairie ou le disquaire « à l'ancienne ») dans une situation totalement différente de celle d'iTunes ou des sites de films et de musiques en ligne. Dans un commerce traditionnel, un livre ou un disque qui se vend à dix exemplaires dans l'année tient autant de place en magasin qu'un best-seller qui tire à 100 000 – de là l'obligation de préférer évidemment le second au premier. En revanche, pour les entreprises digitalisées, ça n'a aucune importance, le coût marginal du stockage et de la distribution tendant vers zéro. Le logiciel iTunes peut donc vous proposer des millions de titres, y compris peu connus et peu vendus, sans aucun coût supplémentaire. Or, ce que constate Anderson, non sans surprise, c'est que les titres anciens, même ceux qui ne furent jamais des best-sellers, continuent quasi indéfiniment à se vendre. Oh, bien sûr, ils se vendent peu, par définition moins que les best-sellers, cela va de soi, mais néanmoins, ce n'est jamais ou presque jamais nul. Bien plus, et là est son étonnement, c'est au final cette « longue traîne » qui rapporte le plus à l'entreprise. Pourquoi ? Demanderez-vous. Tout simplement parce qu'à partir du moment où le coût marginal du stockage et de la distribution égale zéro (les investissements initiaux étant amortis), vendre un best-seller à un million d'exemplaires ou vendre un million de canards boiteux à un seul exemplaire revient au même ! De là, vous l'avez sans doute remarqué si vous achetez sur Amazon ou, plus généralement, sur des sites de commerce en ligne, les liens qu'on vous adresse aussitôt après votre achat en vous glissant une phrase du genre : « les clients qui ont acheté tel produit, tel livre, tel morceau de musique, etc., ont aussi acheté tel autre », ce qui permet de donner une chance à des « produits de niche », c'est-à-dire à des marchandises qui se vendent peu, mais malgré tout régulièrement, et qui, au final, compte tenu de l'énorme quantité d'offres de ce type, finissent par rapporter beaucoup plus que les best-sellers auxquels les disquaires et les libraires classiques étaient bien obligés, leur modèle économique étant l'inverse de celui-là, de réserver une place de premier ordre sur leurs étals.

C'est cela que Anderson appelle la « longue traîne », la longue série de ces produits – morceaux de musique, livres numériques, films plus ou moins sortis du box-office, etc. – qui ne sont plus à l'affiche (ou qui ne l'ont jamais été), mais qui, en continuant à se vendre avec un coût marginal zéro, finissent par rapporter plus que les best-sellers. Or il est évident qu'avant l'ère digitale numérique, qui seule permet un stockage et une distribution à coût marginal zéro, ce type de commerce était tout simplement inimaginable.

Voici un autre exemple que je trouve particulièrement parlant : dans la télévision de mon enfance, et encore dans les années 1970/1980, une seule émission pouvait aisément toucher un million de personnes en une seule diffusion – et ce d'autant plus qu'il n'y avait que peu de chaînes disponibles (au départ, il n'y en avait même qu'une seule). Mais aujourd'hui, avec le Net, c'est le modèle exactement inverse qui s'impose : ce sont des millions d'émissions (des vidéos sur YouTube, des films ou des séries en *streaming*, des extraits en replay ou en direct, des podcasts en tout genre, etc.) qui peuvent toucher une seule personne en arrivant pour un coût voisin de zéro sur l'ordinateur personnel que vous consultez tranquillement le soir dans votre lit pour vous offrir un petit moment de détente.

Bien entendu, Amazon, par exemple, vend a\
objets « réels », des « choses » formées d'atomes \   ..1
seulement de « bits » (unités numériques) – mais dans la
mesure où l'entreprise en question dispose d'un réseau de
commerçants qui maille quasiment le monde entier, les
problèmes de stockage et de distributions sont infiniment
moindres que ceux d'un magasin physique réel. Du reste,
si les objets qu'on peut acheter sur Amazon devaient tous
être stockés dans un « vrai magasin », je n'ai pas fait le
calcul, mais il est clair que ce serait à coup sûr le plus grand
espace couvert du monde, de la taille d'une ville entière, ce
qui rendrait le modèle économique non viable[1].

De là le problème que pose aussitôt Anderson, et auquel
il va répondre de manière à mon sens infiniment plus
crédible que Rifkin (qui parle lui, rappelons-le, de la « fin
du capitalisme » tué par la montée en puissance du gratuit
qu'il assimile à tort à la fin du profit, on verra pourquoi
dans quelques instants) : comment gagner de l'argent
avec le gratuit, comment faire des profits, et même des
profits gigantesques comme le font les GAFA, dès lors que
le monde de la compétition capitaliste pousse à inventer
des technologies qui conduisent au coût marginal zéro ?
Comme l'écrit Chris Anderson :

> « Des gens gagnent beaucoup d'argent en ne faisant rien
> payer. Pas rien de rien, mais rien pour des choses telles
> qu'une économie égale à celle d'un pays de taille respectable
> s'est en fait créée autour du prix de 0,00 dollar. Comment
> en est-on arrivé là et où cela nous mène-t-il[2] ? »

---

1. Ce qui n'empêche pas Amazon d'ouvrir *aussi* des magazins réels.
2. Chris Anderson, *Free ! Comment marche l'économie du gratuit*,
Flammarion, coll. « Champs Essais », 2014, p. 9.

Excellente question dont nous allons maintenant pouvoir comprendre la réponse.

Comment faire fortune avec du gratuit ?
Du bon usage des big data

Il y a en fait deux façons d'y parvenir, l'une classique, l'autre toute nouvelle et qui en dit long sur la nature exacte de l'économie collaborative. La première est bien connue des économistes. Pour l'illustrer, on évoque volontiers l'exemple des rasoirs Gillette. Au début du siècle dernier, King Camp Gillette lance son fameux rasoir de sécurité censé remplacer l'antique « coupe-choux » des barbiers de l'époque. Au début, c'est ce qu'il faut bien appeler un bide total. La première année de sa mise en vente, en 1903, il ne parvient à écouler que cinquante et un rasoirs, c'est-à-dire à peu près rien. L'idée lui vient alors, non pas de donner gratuitement ses produits, comme on le dit parfois à tort, mais de les vendre pour trois fois rien, quasiment à perte, à des distributeurs privés, notamment des banques et des entreprises, pour qu'elles en fassent des cadeaux promotionnels. On entre alors dans l'univers à première vue mystérieux du gratuit apparent. Qu'est-ce qui, dans ces conditions, va faire la fortune de Gillette ? Les accessoires, évidemment. Car, pour se servir du rasoir, il faut bien acheter les lames jetables, et c'est sur ces dernières que Gillette calcule des marges confortables, le rasoir en apparence gratuit générant ainsi des profits considérables par son statut de produit d'appel pour un autre produit indispensable à son fonctionnement. On retrouve la même logique aujourd'hui quand on vous offre un téléphone portable gratuitement... à condition, évidemment, que vous preniez avec un abonnement de plusieurs années. Même chose, par exemple, pour une console de jeux ou une machine à café à prix cassés pour que nous achetions les jeux ou les capsules nécessaires à leur utilisation. Dans ce cas de figure, le gratuit n'est donc en fait qu'un faux gratuit.

Il en va différemment avec le modèle instauré par Google ou Facebook, même si, à l'arrivée, le résultat est le même : faire de l'argent avec du gratuit. Car là, comme on l'a vu dans l'analyse de la « longue traîne » et du coût « marginal zéro », le gratuit est devenu, du moins après investissement, vraiment gratuit. Pour iTunes, vous envoyer le fichier numérique d'un morceau de musique ne coûte plus rien, une fois les coûts initiaux amortis. Pour autant, des entreprises comme Google ou Facebook pèsent des centaines de milliards de dollars et dégagent chaque année des bénéfices hallucinants. Question simple : comment y parviennent-elles sans rien faire payer aux usagers ? Rien de comparable, par exemple, avec ce qui se passe dans un taxi ou avec un téléphone à l'ancienne. Pas de compteur qui se déclenche quand vous naviguez. Pour l'utilisateur naïf, tout paraît donc gratuit. De là à prétendre que nous allons bientôt vivre la fin du capitalisme, supplanté d'ici à quelques années par des réseaux collaboratifs « de particuliers à particuliers », il y a pourtant un abîme.

En effet, comme le dit un slogan désormais célèbre, si vous ne payez rien en apparence, c'est que « c'est vous le produit » – formule qu'on attribue à Tim Cook, le patron d'Apple, qui entendait par là critiquer justement les profits insidieux de Facebook et Google. En clair : s'ils ne vous font rien payer quand vous utilisez leurs services, c'est parce qu'ils collectent, grâce à vos navigations diverses, une infinité d'informations sur vous qui se revendent à des

prix faramineux aux entreprises qui en tirent des enseignements précieux pour cibler leurs clients. On a donc affaire
à ce que les économistes, notamment Jean Tirole, notre
prix Nobel qui a beaucoup travaillé ce sujet, appellent
des « marchés bifaces », un côté gratuit pour le particulier,
l'autre payant pour les entreprises :

> « Quel est le point commun entre Google, les quotidiens
> gratuits et les fichiers PDF ? Ce sont des activités dans
> lesquelles l'un des côtés du marché – celui des consomma-
> teurs – est caractérisé par la gratuité. Vous ne payez pas
> pour utiliser le moteur de recherche de Google, ni pour lire
> un quotidien gratuit ou consulter un fichier PDF. Mais ces
> services s'adressent aussi à d'autres clients, des sociétés qui,
> elles, devront payer cher pour placer une publicité ou pour
> créer un fichier PDF. Un côté du marché est gratuit, l'autre
> payant : c'est la caractéristique des "marchés biface"[1]. »

Telle est l'une des sources principales de la valeur de
ces « grosses données », ces fameuses big data, qui sont
vendues aux entreprises et qui s'enrichissent en permanence grâce aux milliards d'objets connectés qui diffusent
en continu sur le Net. Le « pseudo-gratuit » est donc au plus
haut point profitable pour qui maîtrise l'art et la manière de
s'en servir, les réseaux sociaux « sans frais » en apparence
étant gérés en sous-main comme des entreprises privées à
but totalement lucratif.

Où l'on voit combien l'économie en réseau qui se
développe de manière exponentielle à partir des nouvelles
technologies et des objets connectés engendre un monde
caractérisé par tout ce qu'on voudra sauf par la fin du
capitalisme. Ce que nous vivons dans la nouvelle économie,

---

1. Jean Tirole, « La concurrence ne doit pas être une religion »,
entretien accordé à la revue *Sciences humaines*, numéro 189, janvier 2008.

c'est à la fois une formidable lame de fond dérégulatrice et antiétatique (comme on l'a vu un peu partout dans le monde avec l'exemple d'UberPop) et l'émergence à partir du gratuit de profits aussi rapides que colossaux, comme en témoignent les bénéfices extraordinaires dégagés en un temps record par les entreprises comme Airbnb, Uber, BlaBlaCar, Vente-privee.com, et tant d'autres qui mettent en relation les particuliers en court-circuitant les intermédiaires « professionnels » traditionnels (en l'occurrence l'hôtellerie, les taxis, les loueurs de voitures, les grands magasins, etc.). À l'opposé d'une prétendue fin du capitalisme, c'est à son explosion ultralibérale et mercantile qu'on assiste, sous le voile d'une gratuité aussi gentillette que fictive. Qu'il s'agisse des grands réseaux sociaux ou des start-up édifiées sur le modèle d'Uber, le but ultime reste le même : faire le plus vite et le plus possible d'argent.

À qui appartiennent les big data dont on tire de si grands profits ? Nos données personnelles sont-elles privées ou publiques ?

Comme le souligne un récent rapport du Commissariat général à la stratégie et à la prospective placé auprès du Premier ministre français[1], deux questions se posent aussitôt face à ces pratiques nouvelles : d'abord, qui détient les données, qui en est le propriétaire légitime ? Sont-elles, comme disent les juristes, *res nullius*, « chose de personne », à l'image de l'air du ciel ou de l'eau de pluie qui appartiennent à tout le monde ? Ne devraient-elles pas plutôt rester la propriété des individus qui les émettent ? Et ensuite : les données qui sont prélevées sur nos navigations

---

1. *Analyse des big data. Quels usages, quels défis ?*, novembre 2013.

diverses sont-elles publiques ou privées, accessibles à tous ou au contraire protégées par un système d'accès limité ? La vérité, c'est que la quasi-totalité des données personnelles est aujourd'hui ouverte aux grandes sociétés informatiques, à commencer par les GAFA, mais aussi à des boîtes privées qui, comme Axiom, Criteo, Target, et tant d'autres, s'approprient les big data pour en tirer toutes sortes d'enseignements grâce à des analyses algorithmiques[1] et en faire commerce ainsi que le souligne le rapport en question :

> « D'abord gratuites, la plupart des données sont maintenant payantes et constituent l'actif principal d'entreprises comme Facebook ou Google. [...] Alors que les organisations produisaient et utilisaient jusqu'à maintenant leurs propres données, des « *data brokers* » revendent aujourd'hui les données d'entreprise ou encore de l'État à divers acteurs. On estime ainsi que la société américaine Axiom, spécialisée dans le recueil et la vente d'informations et qui a dégagé un revenu de 1,15 milliard de dollars en 2012, posséderait en moyenne 1 500 données sur 700 millions d'individus dans le monde », autant dire sur à peu près chacun d'entre nous !

On est donc bien aux antipodes d'un univers de réseaux sociaux non lucratifs peuplés d'écolo-Bisounours désintéressés et anticapitalistes. On mesure également au passage les risques considérables que cette nouvelle donne de l'économie collaborative fait peser sur nos vies privées. Outre le fait que les grandes entreprises se retrouvent parfois, comme Google ou Facebook, en position de quasi-monopole dans

---

1. Sur l'usage des algorithmes pour tirer les enseignements des big data, je renvoie au très intéressant petit livre de Dominique Cardon, *À quoi rêvent les algorithmes. Nos vies à l'heure des big data*, Le Seuil, 2015.

leur domaine, ce qui laisse planer le doute sur de possibles manipulations des informations qu'elles délivrent comme sur l'usage qu'elles font de celles qu'elles collectent, ce sont nos existences privées qui deviennent marchandises – et c'est bien cela que signifie la formule : « Si c'est gratuit, c'est que c'est vous le produit ! » En d'autres termes : si vous ne payez rien, c'est que c'est vous la marchandise, « vous » : c'est-à-dire vos données personnelles qui deviennent le « nouveau pétrole » qui se revend à prix d'or.

Imaginez, par exemple, que votre compagnie d'assurances ou votre prochain employeur regardent (ce qu'ils ne manqueront sûrement plus désormais de faire) les traces que vous ou vos proches avez laissées sur tel ou tel réseau social, voire les données qu'une firme spécialisée dans ce nouveau commerce leur a vendues. Supposez que ce dernier s'aperçoive que vous êtes atteint d'une maladie gravissime, que vous avez tel ou tel engagement politique, telles habitudes, tels goûts qui ne lui reviennent pas, et vous voilà pris au piège. Bien entendu, les grandes entreprises qui font commerce des big data jurent leurs grands dieux qu'elles « anonymisent » les données recueillies, mais la vérité est que rien, absolument rien, ne permet de s'en assurer et que Facebook, par exemple, fut accusé de les avoir fournies à la NSA. Du reste, le verbe « anonymiser » est en soi inquiétant, puisqu'il signifie bien que les données ne sont pas naturellement anonymes, comme le souligne la même note du Commissariat général à la stratégie et à la prospective, cité *supra* :

> « [Les] créateurs de ces technologies instauraient régulièrement des *backdoors* [des portes de derrière] leur permettant d'avoir accès à l'ensemble des données stockées. Ainsi, quelles que soient ces données, elles seraient théoriquement accessibles par le fournisseur du service. De plus,

le *Patriot Act*, mis en place aux États-Unis après les attentats du 11 septembre 2001, accorde aux autorités américaines le droit d'accéder directement aux données *cloud* stockées sur les serveurs des sociétés américaines (ou des entreprises étrangères ayant des intérêts économiques dans le pays) et ce, quel que soit leur lieu d'implantation.»

Et c'est ainsi que tous les chefs d'État et de gouvernement européens furent largement «écoutés» jusque dans leurs messages les plus privés, par les grandes oreilles des services américains. Face à l'essor des nouvelles technologies, il va donc nous falloir réfléchir sur de nouveaux frais, avec des catégories de pensée encore à construire, si du moins nous voulons introduire dans ces affaires un minimum de régulation éthique. Du reste, Rifkin lui-même est bien obligé de donner raison à Anderson en admettant que le gratuit est au plus haut point profitable pour qui maîtrise l'art et la manière de s'en servir, les réseaux sociaux gratuits (les «communaux sociaux») étant dès lors gérés comme des entreprises privées capitalistes à but totalement lucratif:

« En 2012, Google a transmis 3 milliards de recherches par jour, venues d'usagers de cent quatre-vingts pays ou davantage. En 2010, sa part du marché des moteurs de recherche a été de 65,8 % aux États-Unis, 97,09 % en Allemagne, 92,77 % au Royaume-Uni, 95, 59 % en France, 95,55 % en Australie. Ses revenus ont dépassé les 50 milliards de dollars en 2012. [...] Le Web permet à chacun de partager de l'information avec n'importe qui, n'importe quand et n'importe où sans avoir à demander une permission ni à payer une redevance. [...] Malheureusement, certaines des plus grandes applications du Web, comme Google, Facebook et Twitter, exploitent financièrement ces règles de participation qui leur ont valu un tel succès car ils vendent ensuite au plus offrant le big data massif des transmissions qui les traversent – les acheteurs sont des sociétés commerciales qui s'en servent pour leur publicité ciblée, leurs campagnes de marketing, leurs efforts de recherche, le développement de nouveaux biens et services, et quantité d'autres projets marchands. De fait, ces applications exploitent les « communaux » à des fins commerciales. [...] Dès qu'il se connecte à un site de réseau social, les coordonnées vitales de l'usager – et ce, à son insu, du moins jusqu'à ses derniers temps – sont aussitôt capturées, aspirées dans le silo, enfermées et marchandisées. [...] En 2012, les revenus de Facebook se sont montés à 5 milliards de dollars. [...] selon les projections, ceux de Twitter devraient dépasser le milliard de dollars en 2014. [...] Ces réseaux sont des firmes commerciales qui ont intérêt à maximiser leurs profits en vendant à des tiers l'information sur leurs usagers – tandis que les usagers ont intérêt eux à optimiser leurs contacts sociaux. Autrement dit, ces compagnies gèrent un « communal social » comme une entreprise commerciale[1]. »

On ne saurait mieux dire, mais on voit mal, franchement, en quoi ce constat plaiderait pour sa prophétie touchant la fin du capitalisme ! Encore une fois, c'est plutôt son explosion ultralibérale, ou pour mieux dire dérégulatrice et mercantile (car le libéralisme devrait en principe combattre les monopoles qui se constituent à la faveur de la nouvelle économie), qui s'étale devant nous sous les dehors de la gratuité. En fait, l'erreur fondamentale de Rifkin consiste à confondre la règle et l'exception. Pour lui, la règle devrait être celle de la gratuité dans une économie collaborative à but non lucratif. Et il est vrai qu'il peut invoquer à titre d'illustration le cas de Wikipédia qui offre ses services sans cookies ni publicités, de manière semble-t-il réellement

---

1. Jeremy Rifkin, *La Nouvelle Société...*, *op. cit.*, p. 300 sqq.

désintéressée, comme le font par ailleurs de nombreuses autres applications – par exemple les réseaux de malades qui s'associent librement pour partager leurs expériences, leurs espoirs, leurs découvertes, etc. Mais ne confondons pas ces exceptions avec la règle générale selon laquelle le gratuit ne sert qu'à générer des profits. Qu'il s'agisse des grands réseaux sociaux que cite Rifkin ou des start-up édifiées sur le modèle d'Uber, le but ultime, comme pour toute entreprise capitaliste, reste plus que jamais la plus-value.

Où l'on commence peut-être à mesurer l'une des principales difficultés de l'époque, les aspects proprement « tragiques », c'est-à-dire inséparablement négatifs et positifs (je reviendrai sur ce thème dans le prochain chapitre) où nous sommes, *volens nolens*, irrémédiablement plongés. Si Google, comme il s'y engage, parvient à éradiquer le cancer dans les vingt ou trente ans qui viennent, grâce à l'analyse croisée de milliers de milliards de données qui permettront une médecine totalement personnalisée, qui s'en plaindra ? Qui voudra s'en passer « seulement » (je mets à dessein des guillemets, bien conscient de ce que cet adverbe peut avoir d'obscène) pour protéger les libertés ? Le problème, c'est que ces bienfaits incontestables ont un coût et que nous ne pouvons pas avoir le beurre, l'argent du beurre et le sourire de la crémière, ou, comme disent plaisamment les Italiens, « le tonneau plein et la femme ivre ».

Nous allons y revenir, mais continuons quelques instants encore notre exploration des principes et des conséquences possibles de l'économie collaborative. Et pour aller un peu plus loin, approfondissons l'hypothèse, intéressante mais fallacieuse, selon laquelle la nouvelle économie remettrait en cause la logique du capitalisme.

Fin du capitalisme ou ultralibéralisme?

Allons-nous donc vivre, comme le prétend Rifkin, le «stade ultime du capitalisme», son éclipse associée à la fin du travail (remplacé par des robots et du virtuel), à la naissance du *couchsurfing* (littéralement: passage d'un canapé à l'autre, c'est-à-dire échange d'appartements entre particuliers sur le modèle Airbnb), du *crowdsourcing* (consommation collaborative à l'exemple du covoiturage promu par BlaBlaCar) et du *crowdfundig* (financement collaboratif par des particuliers qui court-circuitent les banques traditionnelles), et pourquoi pas du *lovesurfing*, l'amour collaboratif, non possessif ni exclusif? C'est là l'utopie à laquelle nous convie le bon docteur Rifkin. Son fil conducteur est que la logique compétitive du capitalisme conduit à la mort du capitalisme selon un processus fatal: la concurrence oblige les entreprises à tout faire pour baisser les coûts de production, donc à réduire les profits. Or l'émergence des big data et des objets connectés permet, comme on vient de le voir, des échanges entre particuliers à coût quasiment nul. Nous allons donc, selon notre nouveau Lénine, entrer très bientôt dans une nouvelle société qui sera à tous égards adossée à des valeurs contraires à celles du vieil *Homo œconomicus* capitaliste.

Alors, dans ce monde merveilleux, plein de gentillesse et d'humanité:
- le communautarisme remplacera l'individualisme;
- l'usage et l'accès la propriété privée;
- les services les biens;
- l'immatériel (les bits) le matériel (les atomes);
- l'intelligence collective l'intelligence individuelle;
- la gratuité le mercantile;
- le durable l'obsolescence programmée;
- la coopération la concurrence;

– le care et le souci de l'autre, le souci de soi et l'égoïsme ;
– le partage la possession ;
– l'être se substituera à l'avoir ;
– la prise en compte des générations futures au « courtermisme » ;
– le commerce équitable à l'exploitation du tiers-monde.

J'en passe et peut-être même de meilleures encore…

Si l'on en croit Rifkin, qui annonce toutes ces révolutions dans un passage particulièrement synthétique de son livre déjà cité[1] (je place mes commentaires entre crochets), ce sera le bonheur, car :

> « Les marchés commencent à céder la place aux réseaux, la propriété devient moins importante que l'accès, la quête de l'intérêt personnel est tempérée par l'attrait des intérêts collaboratifs et le rêve traditionnel de l'enrichissement personnel est supplanté par le nouveau rêve de la qualité de vie durable. […] Pour fonctionner, la société a besoin de communication, d'une source d'énergie et d'une forme de mobilité. Cette conjonction de l'Internet des communications, de l'Internet de l'énergie et de l'Internet de la logistique dans un Internet des objets apporte le système nerveux cognitif et les moyens physiques nécessaires pour intégrer toute l'humanité sur des communaux mondiaux interconnectés qui couvrent l'ensemble de la société. […] En reliant toutes les activités humaines dans un réseau mondial intelligent, on engendre une entité économique entièrement neuve [il s'agit bien entendu de l'économie collaborative]. L'ancienne entité des première et seconde

---

1. Dont le titre entier est déjà un résumé du livre : *La Nouvelle Société du coût marginal zéro. L'Internet des objets, l'émergence des communaux collaboratifs et l'éclipse du capitalisme, op. cit.*

révolutions industrielles comptait sur une matrice énergie/ communication et sur un réseau logistique qui exigeaient d'énormes capitaux; il fallait donc l'organiser dans des entreprises centralisées à intégration verticale pour réaliser des économies d'échelle. Le système capitaliste et le mécanisme du marché se sont révélés les meilleurs outils institutionnels pour promouvoir ce paradigme. Mais la nouvelle entité économique de la troisième révolution industrielle [celle des quatre Internet qui fonctionnent sur une autre matrice énergie/communication/logistique] est de nature différente: elle exige moins de capital financier et davantage de capital social; elle intègre latéralement et non verticalement; c'est lorsqu'on la gère par des communaux et non par un mécanisme de marché strictement capitaliste qu'elle fonctionne le mieux. [...] Si l'ancien système favorisait l'intérêt personnel autonome sur le marché capitaliste, le nouveau favorise la collaboration approfondie sur les communaux en réseau[1].»

Toute cette hypothèse s'appuie sur l'idée que la digitalisation du monde conduira infailliblement vers le coût marginal zéro et, avec lui, vers la fin du profit, les investissements initiaux étant moins grands dans la troisième révolution industrielle que dans les deux premières. Reprenons l'exemple d'un service comme iTunes: comme nous l'avons vu, une fois compensés les investissements, le coût du stockage et de la distribution d'un film ou d'un morceau de musique égale zéro. Autrement dit, s'il faut 1000 ventes d'une chanson pour amortir les coûts d'achat des droits, de stockage et de distribution, la 1001e ne coûte plus rien. Donc, selon un raisonnement bien connu des économistes classiques, les profits tendent eux aussi vers zéro, du moins à ceci près, que Rifkin oublie aussitôt, que le

---

1. *Ibidem*, p. 334.

raisonnement est juste si et seulement si tout le monde peut en faire autant, autrement dit, si des myriades de concurrents apparaissent qui peuvent produire eux aussi à coût marginal zéro. Or c'est là l'exception, mais pas du tout la règle. Ce pourrait être un jour vrai dans le domaine de certaines énergies, comme c'est déjà plus ou moins le cas dans le domaine du *streaming* qui concurrence gravement des logiciels comme iTunes – qui du reste, précisément pour cette raison, vient de créer son propre site de *streaming* après avoir constaté que nombre de nos jeunes n'achètent plus films et musiques sur la plate-forme d'Apple, mais les regardent et les écoutent gratuitement (ou quasi gratuitement) en *streaming*, ce qui n'est pas forcément illégal si les droits d'auteur sont libres ou si l'on a payé un abonnement minime.

Mais, encore une fois, cette situation est loin d'être la règle, car tout le souci des entreprises digitales est justement de créer des barrières, des « enclosures » et des « silos » pour se protéger de la concurrence plus ou moins sauvage (voyez, par exemple, comment Uber est lui-même uberisé par Hitch), afin de constituer des quasi-monopoles. Pour cela, quatre paramètres sont évidemment essentiels : la taille, la quantité de l'offre disponible à l'achat, mais aussi l'innovation en matière de qualité et de services (avec un recours systématique aux brevets), ainsi que la marque. Il est clair que, pour reprendre ces exemples, Uber, BlaBlaCar ou Airbnb ont réussi à créer dans leur domaine des quasi-monopoles, c'est-à-dire à écraser une bonne part de la concurrence, de sorte que l'alignement du profit à zéro quand le coût marginal est lui-même à zéro est l'exception. Encore une fois, la thèse de Rifkin serait juste si tout le monde pouvait produire au coût marginal zéro, mais tout le monde n'est pas iTunes, Airbnb ou BlaBlaCar

car, à l'encontre là aussi de ce qu'il prétend, les investissements initiaux sont colossaux, très risqués et, lorsque les marques se sont imposées, qu'elles ont acquis une renommée mondiale, il est fort difficile de les concurrencer. Et cela, bien sûr, se vérifie dans le monde réel, qui ne ressemble à peu près en rien au monde idéalisé par Rifkin. Comme l'écrit excellemment l'économiste Charles-Antoine Schwerer dans un article publié par *La Tribune* le 29 octobre 2015 :

> « L'économie du partage est marchandisée. Loin des idéaux postcapitalistes de la collaboration entre pairs, BlaBlaCar, Airbnb et consorts ont créé un nouveau modèle ultracompétitif. Ces plates-formes d'économie du partage s'inscrivent dans la droite ligne de l'histoire du capitalisme. Pour parler en marxiste, cette économie (marchande) du partage accentue encore la profitabilité du capital : un particulier utilise sa propriété personnelle (voiture ou logement principal) pour fournir un service payant à un autre particulier (conduite et hébergement en l'occurrence). Quand le prix du trajet BlaBlaCar baissait auparavant avec le remplissage de la voiture, il est maintenant fixé par passager. Le revenu augmente avec le nombre de voyageurs : adieu la logique initiale du partage des frais, bienvenu dans le profit ! Airbnb, BlaBlaCar et feu UberPop s'inscrivent dans la continuité historique du capitalisme : une innovation technologique fait émerger de nouveaux services qui étendent la sphère marchande à des ilots de gratuité ou d'informalité. BlaBlaCar, Airbnb et UberPop ont étendu, simplifié et monétisé l'autostop, l'échange de logement et le partage de la conduite. D'informelles et marginales, ces pratiques ont accédé à l'ampleur d'un marché et impliquent désormais transaction financière ! »

Avouons-le : il est bon de lire ces propos de bon sens après les délires idéologiques sur la fin du capitalisme dont on comprend mal comment ils ont pu faire illusion. L'idée selon laquelle l'économie du coût marginal zéro signifierait la fin du profit est risible, attendu que c'est exactement l'inverse qui a lieu dans la réalité et ce pour une raison bien simple : le coût marginal nul induit une augmentation de l'innovation qui permet de recréer en permanence des monopoles temporaires à partir desquels se dégage du profit – chaque marché de l'économie numérique étant dominé pendant un temps par un tout petit nombre d'acteurs, voire par un seul acteur dominant. Du reste, il suffit d'avoir rencontré dans sa vie quelques patrons créateurs de start-up, pour se convaincre que le désintéressement n'est ni leur vertu ni leur préoccupation premières. Quant aux usagers d'Uber, BlaBlaCar et autres plates-formes du genre Airbnb, leur principale motivation, au demeurant tout à fait légitime, est l'intérêt bien compris, le souci de faire des économies en ayant accès à des services de qualité sans passer par des intermédiaires inutiles et coûteux. En quoi est-ce là si peu que ce soit contraire à l'esprit mercantile du capitalisme, à la logique de l'*Homo œconomicus* ? La vérité, c'est que l'économie collaborative nous fait entrer dans une ère du capitalisme plus sauvagement concurrentielle que jamais. Un authentique libéral pourra s'en réjouir, c'est bien son droit, rien ne l'empêchera, dans ce monde finalement pas si nouveau que ça, de lutter bravement contre les monopoles, mais qu'on ne nous dise pas que c'est la fin du capitalisme ! C'est tout le contraire, l'avènement d'un hypercapitalisme dont la logique de fond n'invalide en rien la destruction créatrice chère à Schumpeter, mais la multiplie bien plutôt par dix, par cent, par mille – ce pour quoi, du reste, les thuriféraires de cette nouvelle donne parlent volontiers désormais de « disruption créatrice » pour traduire ce changement, non de nature, comme le prétend à tort Rifkin, mais tout simplement d'échelle.

Non seulement on ne rend pas gratuit ce qui ne l'était pas, non seulement on transforme des propriétés naguère encore privées en biens marchands, mais c'est aussi toute la logique de la protection sociale instaurée par l'État providence qui se trouve prise à contre-pied, comme l'écrit encore Schwerer, dans l'article cité plus haut :

> «Les plates-formes de l'économie marchande du partage poussent à un nouveau degré le low cost. La logique de Ryanair ou Lidl est simple : réduire le travail de l'entreprise et augmenter l'action du particulier. L'idée se répand dans tous les secteurs, le client scanne ses articles et remplace la caissière, remplit son réservoir d'essence et se substitue au pompiste, sélectionne sa place dans l'avion et court-circuite le tour-opérateur. Le numérique pousse la logique au maximum : des particuliers créent un service (pour Airbnb ou BlaBlaCar), un contenu (pour YouTube ou Facebook), un produit (pour les applications d'Apple) que la plate-forme va monétiser.»

On pourrait croire que le seul intérêt d'une entreprise de partage marchand soit de réduire les coûts en supprimant des emplois, mais il s'agit aussi de faire faire au client un travail qui échappe à toutes les lois sociales, en quoi on voit ici encore combien le discours sur la fin du capitalisme relève de l'imposture idéologique, la dérégulation s'ajoutant à la marchandisation du monde, comme y insiste encore Schwerer à juste titre :

> «L'immense avantage de la production par le particulier est l'absence de normes et d'obligations sociales : le geek qui crée une application Apple peut travailler la nuit, le conducteur de BlaBlaCar ne doit pas faire de pause, le logement d'Airbnb n'est pas aux normes [pour les]

handicapés. Les particuliers se rémunèrent eux-mêmes et ne sont donc pas soumis à charges sociales. Les plate-formes numériques réalisent donc le rêve de beaucoup d'entreprises, s'octroyer un choc de simplification et une baisse des charges qui dépassent (largement) toutes les (maigres) tentatives gouvernementales. Rentabilité du capital, création de nouveaux marchés, externalisation vers les particuliers, choc de simplification et suppression des charges : l'économie marchande du partage constitue un nouveau degré du capitalisme. Pour compléter ce *business model* ultra-compétitif, les plates-formes véhiculent (à juste titre) une image de lien social retrouvé. »

Mais, comme toujours, l'idéologie éprouve le besoin de repeindre aux couleurs de l'éthique la logique simple et brutale des intérêts mercantiles. C'est cette tactique éculée qu'emploie encore Rifkin pour tenter de nous persuader que ses pronostics seraient confirmés par l'apparition, au sein des jeunes générations Y et Z, d'une morale encore inédite du partage et du désintéressement.

Les générations Y et Z plus généreuses que les précédentes ? Encore une vaste blague...

C'est là, en effet, un des principaux arguments avancés par lui pour étayer sa thèse de la fin du capitalisme : les « jeunes d'aujourd'hui », comme disaient nos grands-parents, seraient tout différents de nous, ils préféreraient l'usage à la propriété, l'être à l'avoir, le partage à la possession, le durable à l'éphémère, le souci du monde au « courter-misme », l'écologie à l'usure de la planète, bref, vivant d'amour et d'eau fraîche, ils se détourneraient totalement du monde de l'argent et du profit. Avec UberPop, Airbnb ou BlaBlaCar, c'est ainsi l'altruisme et le désintéressement

qui l'emporteraient enfin sur l'individualisme et la cupidité.
Écoutons de nouveau le bon docteur Rifkin :

> « Les jeunes d'aujourd'hui, en se connectant entre eux
> dans l'espace virtuel et physique, éliminent à bon rythme
> les dernières frontières idéologiques, culturelles et commer-
> ciales qui ont longtemps séparé le "tien" et le "mien" dans
> un système capitaliste opérant par les rapports de propriété
> privée. [...] Leur nouvelle ouverture d'esprit abat les murs
> qui ont longtemps divisé les humains. [...] Leur sensibilité
> empathique s'étend latéralement aussi vite que les réseaux
> mondiaux connectent tous les habitants de la Terre. Des
> centaines de millions d'humains, je soupçonne même qu'il
> s'agit de milliards, commencent à ressentir l'autre comme
> un moi. »

Ben voyons !

Quel dommage que mes filles n'aient pas entendu ce
message irénique quand elles se disputent avec tant d'âpreté
la propriété du short bleu ou du T-shirt vert ! Quand je les
vois regretter la disparition d'UberPop puis, l'appli ayant
été interdite, passer chez Hitch (qui en est l'équivalent,
mais qui réussit à tenir encore le coup en faisant valoir qu'il
ne travaille que de 20 heures à 6 heures du matin), je doute
que ce soit pour des raisons philanthropiques. Je crains
même qu'elles ne se moquent comme de l'an quarante
de la concurrence déloyale faite au malheureux taxi qui
a dû payer sa licence, autant que des maigres revenus
du chauffeur qui travaille la nuit pour mettre un peu de
beurre dans les épinards. Elles ne sont pourtant ni pires ni
meilleures que vos enfants, simplement, la seule considération qui les mène vers ces nouvelles formes de transport
tient à la commodité et surtout au prix, très inférieur à celui
du taxi traditionnel. Rifkin ne cesse de souligner, comme
si c'était un signe de la fin de la propriété privée, donc du

capitalisme, que les jeunes renoncent de plus en plus à acheter une voiture pour privilégier l'accès ou l'usage, sur le modèle du covoiturage ou d'Autolib'. Mais là encore, c'est une vaste plaisanterie, ce prétendu « renoncement » n'ayant évidemment rien à voir, strictement rien, avec quelque abandon que ce soit de la propriété privée, mais tout avec le fait que la possession d'un véhicule est devenue tout simplement une plaie en raison de la formidable urbanisation des pays occidentaux. Assurance, parking, entretien sont désormais ruineux, voire inaccessibles pour les jeunes, particulièrement dans les grandes villes et, *last but not least*, l'idéal de la mobilité fluide qu'incarnait encore l'automobile dans les années 1950, s'est renversé en son contraire, selon un processus qu'un hégélien pourrait dire « dialectique » : les encombrements, les interdits divers, les limitations des vitesses et les bouchons du dimanche soir ont remplacé la fluidité et la liberté que nous promettait l'automobile par un véritable cauchemar. Dans ces conditions, nul besoin du moindre désintéressement ni du souci de l'autre pour renoncer aisément à ce qui n'est plus qu'un fardeau supplémentaire, ô combien inutile, dans la vie d'un étudiant !

Mais il y a plus.

Une récente enquête menée aux États-Unis auprès d'une population de 14 000 étudiants des *colleges* démontre exactement l'inverse de ce que croit savoir Rifkin. L'étude, initiée par l'université du Michigan et présentée lors de la réunion annuelle de l'Association for Psychological Science aboutit, après des mois d'entretiens conduits dans les règles de l'art sur le terrain, à la conclusion suivante :

> « Nous avons trouvé la plus forte baisse d'empathie après l'an 2000 ! Les jeunes d'aujourd'hui témoignent de 40 % de moins d'empathie que leurs homologues d'il y a vingt

ou trente ans selon les données recueillies grâce à des tests standardisés pour ce trait de personnalité.»

Les questions posées aux étudiants tendaient pourtant la perche à des réponses plutôt positives et valorisantes :

« Éprouvez-vous souvent de la tendresse et de l'empathie envers des personnes moins chanceuses que vous ?», ou encore : « Vous arrive-t-il de tenter de comprendre vos meilleurs amis en imaginant comment les choses se présentent de leur point de vue ?»

Rien n'y fait, le nombre de réponses négatives est, selon cette enquête, 40 % plus élevé que dans les générations précédentes, ce qui prouve du moins que nos jeunes ne craignent pas d'être sincères. Or, le plus comique, si j'ose dire, c'est qu'à l'exact opposé des propos lénifiants de Rifkin les chercheurs, pour expliquer ces résultats décevants, incriminent justement le « narcissisme hypertrophié » qui règne sur les réseaux sociaux ! C'est lui qui, pour l'essentiel, rendrait raison de cette tendance à l'égocentrisme et au repli sur soi. De toute évidence, si les jeunes générations plébiscitent Autolib', BlaBlaCar, Hitch ou naguère encore UberPop, ce n'est nullement par goût du partage, souci de l'autre, rejet du capitalisme sauvage et autres balivernes qu'on voudrait nous vendre à longueur de livres. C'est même, j'y insiste, tout l'inverse : rien à cirer du malheureux chauffeur de taxi « uberisé » de manière sauvage ! Pas davantage du prof de collège qui s'improvise chauffeur après ses heures de cours pour boucler ses fins de mois ! UberPop, c'était moins cher et plus commode qu'un taxi, point barre ! Conclusion : il est rare qu'on assiste de manière aussi claire à l'émergence de ce que Marx appelait une idéologie, c'est-à-dire un discours tout entier voué à transfigurer la réalité pour donner quelque légitimité à une nouvelle donne économique, en l'occurrence en vue de faire passer les enfants du bon Dieu pour des canards sauvages et la dérégulation forcenée pour un nouveau visage de l'éthique. Pour compléter le tableau, notre futurologue annonce au passage la fin du travail. Le thème semble à première vue plus sérieux. Tâchons de voir ce qu'il en est dans la réalité.

La fin du travail ? Uber va-t-il tuer Schumpeter ?

D'abord il faut mettre un bémol à deux idées qui traînent un peu partout, en premier lieu celle selon laquelle uberisation et digitalisation du monde seraient deux notions pratiquement identiques ; ensuite, celle qui prétend que tous les métiers seraient « uberisables » ou « digitalisables ».

Mettons les choses au point : si de nombreuses tâches répétitives dans de nombreux métiers sont digitalisables, il s'en faut de beaucoup que tous les métiers soient « uberisables ». Et soyons précis : « uberiser », ce n'est pas digitaliser, c'est souvent (même si pas toujours) mettre un bien personnel, un « actif privé », sur le marché pour concurrencer des entreprises de professionnels bien installées : par exemple, avec Airbnb, je mets mon appartement à la disposition d'un autre particulier moyennant finance. Même chose avec ma voiture personnelle pour le covoiturage. Cela, certes, n'est rendu possible que grâce à une appli digitale, mais cette opération commerciale, qui consiste à court-circuiter les professionnels traditionnels, ne relève pas pour autant de la digitalisation à proprement parler.

En revanche, en fait partie l'automatisation de certaines tâches toutes bêtes, par exemple trier un fichier d'adresses, ce qu'une secrétaire faisait «à la main» il y a dix ou quinze ans encore, et que n'importe quel ordinateur fait aujourd'hui à sa place en moins d'une seconde. Pour autant, cela ne signifie nullement, comme on le croit souvent, que le métier de secrétaire va disparaître. Ce sont plutôt les tâches (certaines d'entre elles du moins) qui seront automatisées par la numérisation, mais beaucoup plus rarement les métiers eux-mêmes. En clair, les secrétaires continueront d'exister, mais elles s'occuperont d'autre chose pendant que l'ordinateur les débarrassera de tâches mécaniques, du reste fastidieuses et dépourvues d'intérêt. Selon un rapport de McKinsey *& Company*[1], 45 % des tâches pourront ainsi être automatisées, mais seulement 10 % des métiers, ce qui relativise de beaucoup la fameuse thèse de la fin du travail. Ce qui est possible en revanche, c'est qu'une baisse des profits associés à une augmentation de la productivité et un manque d'adaptation des individus comme de flexibilité du marché du travail créent, comme c'est le cas chez nous, du chômage, mais il ne sera pour autant ni structurel ni irréversible.

Ainsi, ni Uber, ni les robots, ni la digitalisation ne sont près de tuer Schumpeter. Rappelons brièvement en quoi et pourquoi.

Comme l'avait compris le grand économiste, la logique du capitalisme est fondamentalement celle de la «destruction créatrice». En d'autres termes, les innovations technologiques qui permettent d'accroire la productivité et d'offrir sans cesse de nouveaux produits et de nouveaux services détruisent sans cesse aussi des emplois, le pari restant cependant que ces emplois anciens soient remplacés en

---

1. « Four Fundamentals of Workplace Automation », novembre 2015. Merci à Éric Labaye pour m'avoir si amicalement communiqué et commenté ces rapports dont il fut maître d'œuvre.

permanence par d'autres, créés justement par les innovations. Le capitalisme est donc un univers de déracinement permanent, mais aussi de création permanente, ceci compensant cela. Il n'en reste pas moins que, pour ceux qui sont attachés au monde passé qui est détruit par la logique de l'innovation destructrice, le mouvement du capitalisme apparaît comme insupportable, comme seulement négatif et destructeur.

Rendons à César ce qui lui revient et citons, pour mémoire, ce que Schumpeter disait de la « destruction créatrice », dans les années 1940 :

> « En fait, l'impulsion fondamentale qui maintient en mouvement la machine capitaliste est imprimée par les nouveaux objets de consommation, les nouvelles méthodes de production et de transport, les nouveaux marchés, les nouveaux types d'organisation industrielle – tous éléments créés par l'initiative capitaliste. [...] L'ouverture de nouveaux marchés nationaux ou extérieurs et le développement des organisations productives, depuis l'atelier artisanal et la manufacture jusqu'aux entreprises amalgamées telles que U.S. Steel, constituent d'autres exemples du même processus de mutation industrielle – si l'on me passe cette expression biologique – qui révolutionne incessamment de l'intérieur la "structure économique" en détruisant continuellement ses éléments vieillis et en créant continuellement des éléments neufs. Ce processus de "destruction créatrice" constitue la donnée fondamentale du capitalisme : c'est en elle que consiste, en dernière analyse, le capitalisme, et toute entreprise capitaliste doit, bon gré mal gré, s'y adapter. »

Ce qui est frappant, dans ce résumé que Schumpeter donne de sa propre théorie, c'est que les éléments de frein, d'inquiétude et de réticence à l'innovation apparaissent déjà en filigrane. Bien entendu, l'innovation a ses bons côtés, ceux du « progrès ». Pour autant, nombre d'aspects négatifs n'en sont pas moins intrinsèquement liés à son implacable logique. Comme l'écrit l'économiste Nicolas Bouzou, en adaptant aux conditions d'aujourd'hui l'analyse de Schumpeter :

> « La destruction créatrice secoue le corps social en permanence. Plus la croissance est forte, plus le corps social est secoué. Mais sans croissance, les conditions de vie ne s'améliorent plus. Bien entendu, la déstructuration du corps social est proportionnelle à l'ambleur des vagues d'innovation. Elle atteint son paroxysme quand apparaissent ce que les Américains nomment des *"general purpose technologies"*, traduites par les Français en technologies multiusages (TMU). Il s'agit de technologies qui ont un impact non seulement dans leur secteur d'origine, mais dans l'ensemble de l'économie. C'est le cas de la vapeur, de l'électricité, de l'informatique, des nanotechnologies. Outre les effets massifs de destruction créatrice qu'elles occasionnent, elles possèdent une autre caractéristique dérangeante : elles mettent beaucoup de temps à produire les effets les plus positifs et les plus visibles. Quand elles sont introduites, le grand public comprend mal leur intérêt. Ce n'est qu'après plusieurs décennies que leurs domaines d'application deviennent évidents. C'est alors aussi qu'elles génèrent des innovations secondaires, de nouveaux emplois et des salaires plus élevés. On parle alors de *"synthèse créative"*[1]. »

C'est seulement plus tard, lorsque apparaît une « synthèse créative », qu'on mesure combien l'Internet change et facilite nos vies : les téléchargements divers, l'éducation, l'information et le commerce en ligne se développent au

---

1. Nicolas Bouzou, *On entend l'arbre tomber mais pas la forêt pousser*, JC Lattès, 2013.

point que nul, hors quelques intellectuels qui vivent de la critique du monde moderne (et n'en vendent pas moins leurs livres sur Amazon après de nombreux passages dans les médias tant haïs), ne songerait désormais à s'en passer, pas plus qu'à se priver du téléphone ou de la machine à laver. Eh oui, la synthèse créative est un « moment magique », comme dit Bouzou, l'ouverture d'une ère de progrès incontestables, mais pour une opinion publique qui vit dans le cours terme, qui ne connaît ni ne comprend *a priori* les aspects techniques de l'innovation, *a fortiori* la nature éventuelle de ses retombées en matière de santé, de niveau de vie, d'emploi, voire de liberté, le nouveau n'apparaît d'abord que sous ses aspects négatifs : déstructuration permanente du corps social, flexibilité inquiétante, chômage accru, inégalités et reconversions difficiles, prime aux diplômes et aux qualifications pointues, etc. – en quoi, inévitablement, l'innovation semble bien davantage destructrice que créatrice.

De là les révoltes qui ont toujours accompagné le mouvement de l'innovation destructrice inhérente au capitalisme, par exemple celles des luddites anglais en 1811 ou des canuts lyonnais de 1831, ces ouvriers tisserands qui s'en prennent aux machines à tisser et qui les saccagent, attendu que, de leur point de vue (et c'est tout à fait compréhensible), elles ne font que détruire leurs emplois. L'automatisation, qui est en soi un progrès, parce qu'elle libère les êtres humains de tâches répétitives, fastidieuses, et finalement dénuées de sens, n'en est pas moins pour eux l'image même de l'ennemi, de cet adversaire redouté qu'est le chômage. Peut-être crée-t-elle de nouveaux emplois (ne serait-ce que ceux d'autres artisans, qui vont construire les machines), mais ils ne seront pas pour les luddites ni pour les canuts, car ils demanderont de tout autres compétences, ne seront pas forcément situés à proximité de leurs lieux de vie, etc.

Voilà pourquoi ceux qui, dans le processus de destruction créatrice, sont concernés par le moment de la destruction ne peuvent pas être rassurés par l'évocation du second moment, celui de la création, puisqu'il ne leur est pas destiné. Traduisons dans les termes d'aujourd'hui : il y a environ 3 000 librairies en France et de grands risques qu'elles soient un jour ou l'autre, comme ce fut le cas pour les disquaires, attaquées de plein fouet par Amazon et qu'une grande partie d'entre elles soient ainsi « détruites ». Amazon crée sans doute d'autres emplois, mais ce ne sont pas les mêmes, et pour dire les choses simplement : très peu de libraires mis au chômage par les géants du Net iront travailler pour eux.

De là le fait que le vieux thème luddite de la fin du travail – l'emploi étant entamé par la logique de l'innovation – retrouve aujourd'hui un second souffle avec l'apparition des GAFA et leur extension mondiale, par exemple avec un autre géant, chinois cette fois-ci, Alibaba – l'équivalent asiatique d'Amazon. Et comme de bien entendu, Jeremy Rifkin s'est fait le chantre de cette hypothèse, dans un livre, *La Fin du travail* (La Découverte, 1997), préfacé par un Michel Rocard qui, à l'époque, s'était mis en tête de défendre nos fameuses 35 heures. Dans son livre plusieurs fois cité, Rifkin persiste et signe :

> « L'envoi d'e-mails en quelques secondes dans le monde entier, à coût marginal de main-d'œuvre quasi nul, a porté un coup très dur aux services postaux de tous les pays. […] L'automatisation remplace le travail humain dans tout le secteur logistique. Amazon, qui est autant une société de logistique qu'un détaillant virtuel, se dote de véhicules intelligents automatisés et guidés, de robots automatisés

et de systèmes de stockage automatisés dans les entrepôts et peut ainsi éliminer le travail manuel moins efficace à toutes les étapes de la chaîne de valeur logistique. [...] Cet objectif est désormais en vue avec l'introduction des véhicules sans chauffeur. [...] À eux seuls, les États-Unis comptent aujourd'hui plus de 2,7 millions de chauffeurs routiers. Il est fort possible que, en 2040, les véhicules sans conducteur fonctionnant à des coûts marginaux de main-d'œuvre quasi nuls aient éliminé une bonne partie des camionneurs du pays. [...] L'automatisation, la robotique et l'intelligence artificielle éliminent le travail humain aussi rapidement dans les services, chez les cols blancs, que dans l'industrie et la logistique. Secrétaires, documentalistes, standardistes, agents de voyage, guichetiers de banque, caissiers et d'innombrables autres employés des services ont pratiquement disparu dans les vingt-cinq dernières années, car l'automatisation a réduit le coût marginal du travail à pratiquement rien[1].»

De là aussi l'hypothèse défendue par certains économistes, selon laquelle nous pourrions assister désormais à une croissance sans emploi, à la montée en puissance d'entreprises du type Uber ou Airbnb, qui dégagent des profits énormes sans pour autant créer du travail salarié, ces applications fonctionnant pour l'essentiel sur le Net, avec des algorithmes puissants, permettant une automatisation et une digitalisation quasi complètes du travail, la part de l'être humain, onéreux et souvent difficile à gérer socialement, se réduisant sans cesse davantage.

Tel est aussi le scénario développé par de nombreux *think tanks* aujourd'hui, par exemple par un consultant en stratégie comme Roland Berger dans une note datant d'octobre 2014 portant sur « Les classes moyennes face à

---

1. Jeremy Rifkin, *La Nouvelle Société...*, *op. cit.*, p. 190/191.

la transformation digitale ». Il y estime, contrairement au rapport de McKinsey cité plus haut, que dans le marché de l'emploi en France, « 42 % des métiers présentent une probabilité d'automatisation forte du fait de la numérisation de l'économie », la note insistant sur le fait que, pour la première fois, les emplois menacés ne sont plus seulement les métiers manuels, mais toutes les tâches, y compris intellectuelles, du moment qu'elles sont assez répétitives pour être accomplies par l'intelligence artificielle d'un robot ou d'un ordinateur. Du reste, si ces derniers sont capables de battre le champion du monde d'échecs ou de l'emporter dans un jeu en langue naturelle comme « Jeopardy ! », on voit mal ce qui les empêcherait d'accomplir avec succès un certain nombre de tâches confiées encore aujourd'hui à une dactylo, un caissier ou un guichetier. La note de Roland Berger affirme ainsi que, d'ici à 2025, 3 millions d'emplois pourraient être détruits en France à cause de la digitalisation, évolution qui selon elle déstabiliserait en profondeur les classes moyennes puisque de nombreux emplois de services seraient eux aussi touchés. Et de manière très concrète, la note détaille un par un les secteurs qui pourraient être plus ou moins attaqués par la numérisation, mais aussi les différentes sources d'où pourraient provenir les attaques (les big data, la robotique et les véhicules autonomes arrivant en première position des technologies nouvelles à fort impact sur l'emploi).

Bien entendu, cette étude met quelques bémols à ces sombres prophéties – sombres à tout le moins sur le plan social : d'abord, il est clair que les métiers à forte créativité seront plus longtemps épargnés. On peut sans doute fabriquer des chansons, des articles de journaux sportifs ou des livres en série, mais ce sont rarement, c'est un euphémisme, des chefs-d'œuvre. Même chose dans la médecine : les analyses de laboratoire, ainsi qu'un certain nombre de services (la distribution des médicaments par exemple) pourront être automatisés et numérisés, mais le rôle du médecin n'en restera pas moins crucial en termes de contrôle, de stratégie de diagnostic et de thérapeutique comme de relation humaine avec les patients. Ensuite, et c'est peut-être l'essentiel – et c'est bien évidemment sur ce point que le bât blesse et que ce type de prévision est, comme on va voir dans un instant, singulièrement fragile –, on ne parle ici que de destructions d'emplois en termes de « pertes brutes », comme cette note le reconnaît, non sans prudence :

> « Notre modèle [de prévision] estime ainsi que 3 millions d'emplois seront touchés. Prises telles quelles, ces pertes d'emplois signifieraient une croissance insoutenable au niveau du chômage en France. Cependant, il s'agit là d'une perte brute, qui ne prend pas en compte l'émergence de nouvelles activités et de nouveaux métiers, non plus que l'effet retour en lien avec les gains de productivité qui stimulent par ailleurs l'économie sous certaines conditions. Tout l'enjeu repose donc sur la capacité de l'économie française à produire de nouvelles activités qui se substitueront à celles où les gains de productivité ont réduit le nombre d'emplois, de manière similaire à la substitution de l'industrie par les services au XXᵉ siècle ».

On ne saurait mieux dire, et comme vous le voyez, on retombe sur nos pieds qui sont ceux, si j'ose dire, de Schumpeter. On ne s'en débarrasse décidément pas aussi facilement que se l'imagine Rifkin avec beaucoup de naïveté (ou de malice, car la passion idéologique conduit toujours à ne souligner dans le réel que ce qui va dans le sens de votre thèse). En effet, si l'on précise les choses plus concrètement, il faut bien voir qu'il se détruit en France actuellement environ 10 000 emplois par jour… mais il s'en crée aussi 9 000 ! Ce différentiel explique bien évidemment la montée relative du chômage, mais il montre aussi qu'il suffirait en réalité de peu de chose, qu'on en détruise seulement 1 000 de moins ou qu'on en crée 1 000 de plus pour que la situation s'améliore. Par où l'on retrouve la problématique de la destruction créatrice, laquelle résiste plutôt bien au pessimisme de la fin du travail – ce qui n'empêche bien sûr pas, l'honnêteté oblige à y revenir, le problème social et humain qu'elle pose : que dire au libraire qui ferme boutique à cause d'une concurrence d'Amazon qu'il juge à juste titre déloyale ? Il n'a pas mal géré ses affaires, il fait son métier avec passion et talent, et pourtant il doit mettre la clef sous la porte : n'est-ce pas injuste, insupportable ? D'autant que les nouveaux emplois éventuellement créés par Amazon ne sont pas pour lui, on l'a dit, ne lui conviendront pas, ni en termes de goût ni même de compétences. Lui dire par démagogie, en guise de lot de consolation, qu'on va fermer Amazon comme on a fermé UberPop est absurde. D'abord parce que c'est impossible, ensuite parce que, de toute façon, une telle mesure ne résoudrait strictement rien. Ce serait juste tenter d'arrêter le progrès avec autant de chances d'y parvenir que de stopper le fleuve qui porte le même nom (à une lettre près) avec une passoire à thé. La solution n'est pas là, elle n'est pas dans la protection des emplois perdus, mais dans celle des personnes, notamment dans la formation permanente, dont l'indigence actuelle constitue l'un des plus grands scandales français.

Une variante de la fin du travail : les arguments de Daniel Cohen touchant le déclin de la croissance

Allons-nous, sous l'effet des nouvelles technologies, vers la fin de la croissance, à défaut de celle du travail ? Faudra-t-il nous habituer à vivre sans elle, à nous désintoxiquer, à préférer le qualitatif au quantitatif, l'être à l'avoir, la sagesse des Anciens à l'addiction consumériste des Modernes ? Telle est la thèse défendue par Daniel Cohen dans son dernier livre (*Le monde est clos et le désir infini*, Albin Michel, 2005). Son principal argument n'est pas celui qu'on attendrait *a priori*, celui que nous venons de voir en évoquant les luddites anglais de 1811 ou les canuts lyonnais de 1831, ce fameux raisonnement selon lequel les machines modernes détruiraient les emplois, les progrès de la technique entraînant du chômage. Cette thèse, en effet, est facile à réfuter en montrant, comme je viens moi-même de le suggérer à partir de Schumpeter, que les destructions furent jusqu'alors toujours compensées par des créations nouvelles. C'est indéniable, mais si l'on y regarde de plus près, tel est du moins le point que soulève Cohen, la destruction ne fut créatrice qu'à une condition, c'est que le secteur nouveau dans lequel s'effectuait le « déversement » d'un monde bouleversé par la technologie vers un autre le soit dans un secteur lui-même productif et porteur de croissance. Pour être plus clair et donner un exemple, ce fut le cas lorsque l'industrialisation et l'urbanisation ont vidé le secteur agricole au profit du secteur industriel qui était plus productif : du coup, le « déversement » fut réussi, facteur d'un nouvel essor de la croissance. Mais aujourd'hui, les métiers de services qui sont détruits par « l'uberisation » du monde, par les révolutions numériques et l'économie collaborative ne sont plus « déversés » dans des secteurs productifs. Les nouvelles technologies améliorent nos vies, sans doute, mais elles détruisent aussi des emplois sans compensation suffisante par rapport aux pertes.

Pour se faire comprendre, Cohen prend l'exemple d'un comédien de spectacle vivant (secteur B traditionnel) qui est concurrencé par Hollywood (secteur A super moderne et technologique qui inonde la planète pour un coût marginal zéro puisqu'on regarde un film américain pour rien sur son téléviseur) : le secteur A vide ainsi le secteur B, mais « cette situation est totalement différente de la transition représentée par le passage de l'agriculture vers l'industrie. En 1900, 40 % de la population active aux États-Unis travaillait dans l'agriculture. Aujourd'hui, il n'en reste que 2 %. Cette transition est le modèle d'un "déversement" réussi. On comprend pourquoi : les paysans, le secteur B dans notre exemple, ont migré vers des emplois industriels, le secteur A, mais à la différence de l'exemple proposé, ce dernier était lui-même dans une phase de croissance de sa productivité industrielle. La transition que nous traversons aujourd'hui est différente. Les travailleurs ont déjà pour la plupart migré de l'industrie vers les services, et c'est au sein des services [que s'effectue le nouveau déversement.] La question est alors de savoir ce que deviennent les travailleurs déplacés. Si leur nouvelle productivité stagne, par exemple dans des emplois de livreurs de pizza, le résultat est sans ambiguïté : le potentiel des croissances est considérablement réduit ».

De là la nécessité, selon Cohen, d'apprendre à vivre sans croissance. Certains économistes proposent cependant une autre analyse. C'est notamment le cas de Nicolas Bouzou, dont je recommande vivement la lecture du dernier livre paru en 2015, *Le Grand Refoulement* (chez Plon). Selon Bouzou, non seulement les nouvelles technologies vont créer de la croissance et de l'emploi comme jamais par le passé, mais il suffirait d'aborder enfin rationnellement le problème du marché du travail pour régler la lancinante question du chômage, comme l'ont fait la Suisse, l'Allemagne, les Pays-Bas ou l'Autriche. Les solutions sont aussi simples que bien connues : une indemnisation du chômage fortement dégressive qui incite au retour à l'activité, une nouvelle législation pour le travail indépendant qui va augmenter peu à peu relativement au salariat, une refonte des contrats de travail, une flexibilité qui facilite l'embauche, une réduction drastique du nombre de branches, la fin des 35 heures, certains secteurs ayant par exemple besoin de 32 heures, d'autres de 43 heures et, enfin, une formation initiale plus performante et une formation professionnelle orientée pour l'essentiel en direction des chômeurs. Alors, les nouvelles technologies ne détruiraient pas la croissance ni n'augmenteraient le chômage, mais elles créeraient au contraire de la richesse et de l'emploi comme jamais.

Quelle que soit l'issue de ces débats, que je ne me permettrai évidemment pas de trancher ici, une chose, à tout le moins, est certaine, c'est que, là encore, c'est le mot régulation qui s'impose face à une mercantilisation et une dérégulation du monde sans aucun équivalent dans l'histoire humaine. En quoi il va nous falloir enfin sortir de la stérile antinomie de l'optimisme et du pessimisme, deux catégories qui, bien que dominantes, n'ont aucune pertinence pour cerner la réalité d'aujourd'hui.

CONCLUSIONS

L'idéal politique de la régulation

Par-delà le pessimisme et l'optimisme

Face à l'ampleur et à la radicalité des interrogations soulevées par le transhumanisme comme par l'économie collaborative, certains penseront que l'idéal de la régulation n'est pas assez radical, justement, trop ouvert aux compromis, trop accommodant, bref, trop « social-démocrate » pour être honnête. Pour les ultralibéraux, partisans optimistes du « laisser faire, laisser passer », il semblera un retour aux vieilles lunes du socialisme étatique. Pour les religieux comme pour tous ceux qui rêvent d'arrêter le mouvement, de bloquer la société civile afin de préserver les « acquis sociaux » ou de restaurer l'âge d'or perdu, la régulation paraîtra trop « laxiste », pour employer un vocable cher aux divers tenants du retour en arrière. Il est vrai que les interrogations soulevées par les nouvelles technologies sont abyssales. Du côté de l'économie, il s'agira de savoir si nos systèmes de protection sociale et nos métiers traditionnels résisteront à la concurrence, parfois légitime, souvent déloyale, que leur oppose la logique nouvelle des réseaux. Comment parviendrons-nous à régler les conflits qui vont se multiplier sur le modèle de celui qui oppose déjà les taxis à Uber ou les hôteliers à Airbnb ? Comment réussirons-nous à accorder un statut social digne de ce nom à ce travail indépendant qui s'installera peu à peu aux côtés, voire à la place, du salariat, sachant que la prohibition est tout aussi dénuée de sens que le quiétisme néolibéral. Du côté de la médecine et de la biologie, les questions posées par les nouvelles technologies seront plus inquiétantes encore, puisque c'est tout simplement l'identité de notre espèce, l'humanité même de l'être humain qui est en cause, menacées qu'elles sont d'être chamboulées de manière irréversible par les avancées de l'ingénierie génétique.

Pourtant, la régulation est la seule voie plausible, la seule issue dans des démocraties au sein desquelles l'imposition de limites est devenue aussi cruciale que problématique, et ce pour des raisons qui n'ont rien d'anecdotique, mais touchent au contraire à la structure essentielle, à proprement parler métaphysique, des sociétés modernes au sein de la mondialisation. Comme j'ai souvent eu l'occasion de l'expliquer dans mes précédents livres – mais avec le transhumanisme et l'économie collaborative, cette réflexion prend aujourd'hui une ampleur et une signification inédites –, nos démocraties mondialisées présentent à cet égard deux caractéristiques fondamentales.

D'abord celle-ci : leur dynamique n'est pas seulement celle qu'avait décrite Tocqueville en parlant de « l'égalisation des conditions », c'est aussi une lame de fond qui opère un transfert incessant de ce qui appartenait à la tradition vers ce qui relève de la liberté, une érosion continue des héritages et des coutumes imposées au profit de la maîtrise de leur destin par les êtres humains. Et cette vague irrigue tous les domaines de l'existence humaine. Dans la vie politique, comme esthétique, religieuse ou amoureuse, nos démocraties aspirent à l'autonomie, un terme qu'il faut ici entendre au sens étymologique : il s'agit de se donner à soi-même sa loi, avec cette conviction, déjà formulée de manière canonique par Rousseau, que la liberté, la vraie, n'est rien d'autre que « l'obéissance à la loi qu'on s'est prescrite ». Nous sommes ainsi passés, dans l'univers politique, de l'absolutisme au parlementarisme ;

dans le monde religieux, des théocraties d'État à la foi personnelle ; dans l'ordre de la culture, des œuvres saintes aux créations profanes, et dans la sphère privée, du mariage imposé par les parents et les villages au mariage choisi par les individus. Le transhumanisme et l'économie collaborative ne font en réalité que poursuivre ce processus inhérent à l'essence même de l'humanisme démocratique. Dans les deux cas, il s'agit de lutter contre les figures traditionnelles de l'aliénation, celles de la loterie naturelle de l'évolution d'un côté, avec le slogan « *from chance to choice* » ; et, de l'autre, celles des intermédiaires qui s'opposent aux relations directes entre particuliers. Dans ces conditions, il est vain de vouloir tout stopper, de jeter l'anathème sur tout ce qui bouge au nom de la préservation du passé. Ce serait combattre une logique démocratique si essentielle à l'individu moderne que l'entreprise, en admettant même qu'elle fût souhaitable (ce qui n'est pas le cas, étant donné les bienfaits qu'apportent aussi les innovations), serait de toute façon vouée à l'échec.

Il faut donc, que cela nous enchante ou non, réguler, éviter à l'humanité de tomber dans ce que les Grecs anciens appelaient l'*hybris*, l'arrogance et la démesure, c'est-à-dire fixer des limites à l'homme prométhéen. Mais ne nous voilons pas la face. Pour imposer des règles à la société civile, pour y mettre de l'ordre et placer des bornes à la logique de l'individualisme, il faut non seulement disposer d'un État éclairé, d'une classe politique qui comprenne les évolutions de la société, les mouvements de fond qui la bouleversent, ses aspirations nouvelles, parfois radicalement inédites, mais aussi un État fort, capable de se faire respecter par cette sphère privée dont il se prétend responsable. Or, c'est justement là que le bât blesse, là que la mondialisation, dont l'universalité de la technoscience qui traverse toutes les frontières est un aspect inséparable, nous pose un problème particulièrement aigu : celui de l'impuissance publique dans un contexte où, le marché étant devenu mondial, tandis que les politiques restaient étatiques et nationales, c'est-à-dire locales, l'efficacité réelle des États-nations se réduit peu à peu comme une peau de chagrin.

Permettez-moi ici de rappeler, en le résumant, le raisonnement qui permet d'étayer cette observation. C'est ce que j'ai appelé la « dépossession démocratique », une réalité qu'il faut enfin saisir à sa racine si l'on veut mesurer avec un tant soit peu d'exactitude l'ampleur du problème soulevé aujourd'hui dans nos deux domaines, celui du transhumanisme comme celui de l'économie collaborative, par l'idéal de la régulation.

La « dépossession démocratique » : vers un renversement dialectique de la démocratie en son contraire ?

À l'origine, quand ses premiers principes modernes, et non seulement antiques, commencent à s'épanouir au siècle des Lumières, la démocratie nous faisait miroiter la promesse que nous allions pouvoir enfin, quittant les temps obscurs de l'absolutisme et de l'Ancien Régime, faire ensemble notre histoire, maîtriser collectivement notre destin, bref, accéder à l'âge adulte et à l'autonomie sur le plan politique comme dans la vie privée. Ne serait-ce que par la magie du suffrage universel, du pluralisme et de l'expansion continue des droits individuels sur le vieux continent, nous pouvions, il y a peu encore, penser que la promesse était en voie de réalisation. Or, c'est précisément cette espérance que la mondialisation tend à trahir tandis que le déclin de l'État-nation rend fort douteuses les réactions « souverainistes » qui prétendent « reprendre la main » en s'appuyant seulement sur les leviers des politiques nationales.

Il est évident que cette réalité joue à plein sur la question de la régulation, qu'elle soit d'ailleurs économique, écologique, morale ou financière. Voilà pourquoi il est crucial, dans ce contexte nouveau, de bien comprendre la nature exacte de ce processus de « dépossession démocratique ».

Pour y parvenir, prenons comme point de départ cette observation toute banale : chaque année, chaque mois, presque chaque jour, les objets qui nous entourent, nos téléphones portables, nos ordinateurs ou nos voitures, par exemple, changent. Ils évoluent. Les fonctions se multiplient, les écrans s'agrandissent, se colorent, les connexions Internet s'améliorent, les vitesses augmentent, les dispositifs de sécurité progressent, etc. Ce mouvement est directement engendré par la logique de la compétition mondiale. Il est tellement irrépressible qu'une marque qui ne le suivrait pas serait immédiatement vouée à la mort. Il y a là une contrainte d'adaptation qu'aucune d'entre elles ne peut ignorer, que cela plaise ou non, que cela ait ou non un sens. Ce n'est pas une question de goût, un choix parmi d'autres possibles, pas davantage un grand projet, un idéal, mais tout simplement un impératif absolu, une nécessité indiscutable si une entreprise veut survivre. Dans cette mondialisation qui pousse en permanence à l'innovation, parce qu'elle met toutes les activités humaines dans un état de concurrence incessante, l'histoire se meut donc, à l'inverse exact de ce que promettait l'idéal démocratique, de plus en plus hors la volonté des hommes. Prenons une métaphore banale, mais parlante, que j'utilise souvent pour me faire comprendre : comme une bicyclette doit avancer pour ne pas chuter, ou un gyroscope tourner en permanence pour rester sur son axe et ne pas tomber du fil sur lequel vous l'avez posé, il nous faut sans cesse innover, inventer, changer, bouger, bref, « progresser », mais ce progrès mécaniquement induit par la lutte en vue de la survie n'a nul besoin d'être lui-même situé au sein d'un projet plus vaste, intégré dans un grand dessein qui aurait véritablement du sens.

Bien entendu, nous profitions aussi de ses retombées, par exemple sur le plan de la santé, de l'espérance et du niveau de vie. Depuis les années 1950 ce dernier a été multiplié par trois tandis que nous gagnions plus de vingt ans d'espérance de vie. Qui ne serait désireux, même parmi nos pessimistes antimodernes lorsqu'ils se retrouvent à l'hôpital, de bénéficier des techniques de pointe, des scanners les plus modernes ou des médicaments les plus efficaces ? Cela n'est pas en cause. Ce qui l'est, en revanche, c'est bien la question de la démocratie, c'est-à-dire celle de la régulation et du contrôle que les hommes peuvent ou non exercer sur leur histoire, de même que celle de la finalité de ladite histoire.

Or c'est justement sur ces deux points essentiels, la maîtrise et le sens de notre destin commun, que la mondialisation fait exploser en vol une grande part de l'idéal d'autonomie et de liberté que je viens d'évoquer. On le comprendra aisément si l'on veut bien prendre un instant en considération la différence abyssale qui sépare les premiers temps de la « globalisation » avec ce que nous vivons aujourd'hui.

En effet, la mondialisation ne commence véritablement qu'avec la révolution scientifique des XVIIe et XVIIIe siècles. Pourquoi ce point de repère ? Tout simplement parce que le discours de la science moderne est sans nul doute, sinon le seul, du moins le premier à posséder une véritable et crédible vocation « mondiale » dans l'histoire de l'humanité, le premier à pouvoir légitimement prétendre valoir pour tous les hommes, en tout temps et en tout lieu, pour les riches comme pour les pauvres, pour les puissants comme pour les faibles, pour les aristocrates comme pour les roturiers. La loi de la gravitation est, en ce sens, aussi démocratique qu'universelle. Avant, l'humanité se meut encore dans une vie de l'esprit dont la fameuse collection « Contes et Légendes », qui a bercé notre enfance, offre une bonne approximation. Il y a certes des religions, et même certaines qui se veulent universelles, il y a des cosmologies et des mythologies, des philosophies et des poésies, mais elles sont toutes en réalité locales, régionales. Aucune d'entre elles ne peut prétendre raisonnablement s'imposer au monde entier. Seule la science moderne, avec le principe d'inertie ou celui de la gravitation universelle, y parviendra.

Or, et c'est là la grande différence avec le temps présent, dans le rationalisme des XVIIe et XVIIIe siècles, le projet d'une maîtrise scientifique de l'univers possédait encore un sens, une visée émancipatrice. Dans son principe tout au moins, il restait encore soumis à la réalisation de certaines finalités supérieures, voire d'objectifs grandioses considérés comme profitables pour l'humanité. On ne s'intéressait pas seulement aux moyens qui nous auraient permis de dominer le monde, mais aux objectifs que cette domination même nous aurait autorisés, le cas échéant, à réaliser – en quoi cet intérêt n'était pas encore purement « technicien », « instrumental » ou seulement « pragmatique ». Pour un Kant ou un Voltaire, comme déjà pour Descartes, s'il s'agissait de dominer l'univers théoriquement et pratiquement, par la connaissance scientifique et par la volonté des hommes, ce n'était pas pour le simple plaisir de dominer, par pure fascination narcissique pour notre propre puissance. On ne visait pas à maîtriser pour maîtriser, mais bel et bien pour comprendre le monde et pouvoir se servir de notre intelligence pour parvenir à certains objectifs supérieurs qui se regroupaient finalement sous deux chapitres principaux : la liberté et le bonheur, deux idées neuves en Europe, du moins sous leur forme moderne, c'est-à-dire humaniste, universaliste et démocratique. Pour les grands représentants des Lumières, la finalité du progrès des sciences et des arts (de l'industrie) était d'abord et avant tout d'émanciper l'humanité des chaînes de « l'obscurantisme » médiéval (d'où la métaphore de la lumière, justement, qu'on retrouve à l'époque dans toutes les langues d'Europe), mais aussi de la tyrannie que la nature brutale fait peser sur nous. En d'autres termes, la domination scientifique du monde n'était pas une fin en soi, mais un moyen pour une liberté et un bonheur démocratisés, enfin accessibles à tous – comme en témoigne de manière admirable le projet des encyclopédistes, qui voulaient répandre les Lumières jusque dans le peuple. Un peu plus tard, au tout début du XIXe siècle, les grands musées nationaux prendront le relais, avec le même idéal de démocratisation de la culture, avec la volonté de soustraire les grandes œuvres tout à la fois au vandalisme, mais aussi au secret des cabinets de curiosités privés. Il y avait derrière les progrès et le partage de la connaissance l'espoir clairement affirmé et fermement pensé d'une amélioration de la civilisation en général.

Avec la deuxième mondialisation, celle dans laquelle nous baignons aujourd'hui, celle de la compétition universelle, l'histoire change radicalement de sens ou, pour mieux dire, elle perd le sens : au lieu de s'inspirer d'idéaux transcendants, le progrès ou, plus exactement, le *mouvement* des sociétés, se réduit peu à peu à n'être plus que le résultat mécanique de la libre concurrence entre ses différentes composantes. L'histoire n'est plus « aspirée » par des causes finales, par la représentation d'un monde meilleur, d'une finalité supérieure, mais forcée ou « poussée » par les causes efficientes, par la seule nécessité de la survie, par l'obligation absolue d'innover ou de crever. Si j'emploie le langage des physiciens, c'est à dessein, car c'est un fait, nous ne sommes plus dans le registre des causes finales, mais bel et bien dans celui des causes efficientes.

Il suffit, pour bien comprendre cette rupture radicale d'avec les premières formes de la mondialisation, avec le temps des Lumières, de réfléchir un instant à ceci : au sein des entreprises, la nécessité de se comparer sans cesse aux autres – le *benchmarking* –, d'augmenter la productivité, d'innover, de développer les connaissances et surtout leurs applications à l'industrie, à l'économie, bref, à la consommation, est devenue un impératif tout simplement vital. L'économie moderne fonctionne comme la sélection naturelle chez Darwin : dans une logique de compétition mondialisée, une entreprise qui ne s'adapte pas et qui n'innove pas presque chaque jour est une entreprise vouée à disparaître. De là le formidable et incessant développement de la technique, rivé à l'essor économique et largement financé par lui. De là aussi le fait que l'augmentation de la puissance des hommes sur le monde est devenue un processus en réalité automatique, incontrôlable et même aveugle, puisqu'il dépasse de toute part non seulement les volontés individuelles conscientes, mais aussi celles des États-nations pris isolément. Il n'est plus que le résultat nécessaire et mécanique de la compétition. Dans le monde technicien, c'est-à-dire, désormais, dans le monde tout entier, puisque la technique est un phénomène sans limites, planétaire, il ne s'agit plus de dominer la nature ou la société pour être plus libre et plus heureux, mais de maîtriser pour maîtriser, de dominer pour dominer. Pour quoi ? Pour rien justement, ou plutôt parce qu'il est tout simplement impossible de faire autrement si l'on ne veut pas être « dépassé », et éliminé.

En quoi, contrairement à l'idéal de civilisation hérité des Lumières, la mondialisation technicienne est réellement un processus à la fois incontrôlable en l'état actuel du monde et définalisé, dépourvu de toute espèce d'objectif défini. En clair, nous ne savons ni où nous allons ni pourquoi nous y allons. Du reste, en admettant même qu'on interdise tel ou tel aspect de l'économie collaborative ou du transhumanisme en France, qu'on prohibe les manipulations génétiques germinales et telle application du type UberPop, nul ne pourra empêcher que ces pratiques existent ailleurs, à l'étranger, juste à nos portes, dans des pays qui auront moins de scrupules que nous.

De cette brève analyse, nous pouvons tirer deux conclusions qui intéressent directement notre propos.

La première, c'est que la « dépossession démocratique », dont je viens de décrire brièvement le principal mécanisme, doit s'entendre en deux sens : dépossession *de* démocratie, au sens où la mondialisation engendre un cours du monde qui nous échappe, mais aussi dépossession *par la* démocratie, au sens où c'est de son propre mouvement qu'elle se dépossède pour ainsi dire elle-même. La seconde, c'est que ce processus est donc clairement « dialectique », au sens le plus philosophique du terme, au sens où un terme a pour destin d'engendrer, sans le vouloir ni le savoir, son contraire. La démocratie n'est ici ni menacée ni attaquée de l'extérieur. C'est de son propre mouvement qu'elle produit le contraire des promesses d'autonomie et de liberté qu'elle nous faisait à l'origine, et c'est sans aucun doute cela qui, même très confusément perçu par nos concitoyens, contribue puissamment à les inquiéter.

De là encore le fait que l'optimisme des Lumières tend à faire place aujourd'hui à une inquiétude diffuse et multiforme, toujours prête à se cristalliser sur telle menace particulière, un sentiment de peur et de déclin dont l'écologie politique a fait son miel en même temps que les idéologies du retour à l'ancien, à l'identité perdue, au franc et aux frontières, bref, au bon vieux temps. N'est-il pas normal, dans ces conditions, que le pessimisme prospère à pas de géant accompagné souvent d'une volonté d'interdire l'innovation et, plus généralement, de discréditer tout ce qui est ou se veut « moderne » ? N'est-il pas tout aussi compréhensible que, en réaction, un optimisme forcé, tout de façade et de tactique, se développe en parallèle dans le monde des entreprises pour tenter de concocter une espèce de contrepoison ?

L'antinomie du siècle ou le pont aux ânes obligé : pessimistes et optimistes

Sur tous les sujets brûlants, quels qu'ils soient, deux attitudes se partagent désormais le « marché » de l'opinion publique.

D'un côté les optimistes, qui luttent vaillamment en faveur de la croissance et l'innovation, contre la dépression psychologique et morale censée miner l'économie en empêchant de « retrousser les manches » pour « relever les défis de la compétition mondiale ». Leur discours fait en général un tabac chez les chefs d'entreprise... et un bide total chez les intellectuels. Combien de fois n'ai-je pas entendu un capitaine d'industrie me dire, un brin d'affliction dans la voix, à quel point nous avions besoin d'optimisme, de renouer avec l'espérance, le désir d'avenir, bref, de retrouver la *confiance*. Le mot est lâché, dont l'étymologie (formée de *cum* et *fides* : « avec foi ») trace déjà le programme que l'entrepreneur aimerait tant que nous ayons tous en tête. Invariablement, j'explique combien je suis favorable à l'innovation, que c'est elle, en effet, qui sauvera notre modèle économique et social, qu'il est urgent de passer d'une politique de la demande à une politique de l'offre, comme l'a fait d'ailleurs l'Allemagne bien avant nous, mais qu'y puis-je si la vérité m'oblige malgré tout à tenir les deux bouts de la chaîne, à dire *aussi* que l'innovation, comme Schumpeter l'avait compris de manière géniale, possède sa part d'ombre, qu'elle est non seulement, au moins dans un premier temps, destructrice d'emplois, mais aussi de traditions morales, esthétiques et même spirituelles ? Ce n'est pas pour rien que le XXe siècle européen aura été celui de toutes les déconstructions, de la liquidation tous azimuts des autorités et des valeurs traditionnelles, de la figuration et de la tonalité dans l'art comme de l'orthographe et de la civilité à l'école, phénomène de fond qui, précisément, alimente le pessimisme de ceux qui occupent l'autre côté du tableau, celui des intellectuels naguère encore de gauche, autrefois « progressistes », mais désormais convertis aux philosophies de la décadence, aux funestes théories du déclin de l'Occident.

La tentation du pessimisme ou la joie du désespoir

Comment ne pas le voir ? On ne compte plus les ouvrages qui annoncent la défaite de la civilisation occidentale, le suicide de nos démocraties, la chute vertigineuse du niveau scolaire, la mort du civisme, la montée des communautarismes, l'atomisation du social, la soumission prochaine de l'Occident à l'islam, la déréliction culturelle, la perte des frontières morales comme géographiques, de l'identité nationale, l'effondrement de l'Europe dans l'affairisme américanisé et, au total, le déclin irréversible du vieux continent et, en son sein, tout particulièrement, de la France. Non que tout soit absolument faux dans le diagnostic – il y a toujours une part de vérité dans la critique du temps présent, quelle qu'elle soit –, mais tout se passe comme si le pessimisme devenait un lit douillet, un sofa confortable où l'intellect peut se vautrer en toute quiétude avec cette joie du désespoir pour laquelle les romantiques allemands avaient popularisé le mot *Schadenfreude*, cette passion du désastre qui aime tant ne pas aimer qu'elle en vient à ruminer les mauvaises nouvelles avec délectation.

À en croire nos nouveaux pessimistes, jamais l'Occident n'aurait connu un tel déclin, un tel affaissement dans la déréliction. Pour autant, malgré quelques traits de perspicacité dans le détail – oui, c'est vrai, le niveau de nos élèves a baissé dans certains domaines, c'est le moins qu'on puisse dire, mais la faute à qui, sinon à une gauche soixante-huitarde à laquelle la plupart des pessimistes d'aujourd'hui ont appartenu ? –, l'analyse n'en est pas moins largement fausse, tant sur un plan historique que philosophique.

À l'encontre des poncifs qu'elle parvient à installer dans les têtes, la vérité, c'est que jamais, malgré tous les défauts plus ou moins réels qu'on voudra leur trouver, sociétés ne furent plus douces, plus riches, plus protectrices, plus soucieuses des personnes, plus attachées à leurs droits, à leur bien-être, à leur éducation et à leur culture que nos vieilles démocraties. Nulle part et à aucune autre époque, j'y insiste, le souci d'autrui – des enfants, des fous, des handicapés, des vieux, de l'égalité homme-femme et même de l'instruction publique – ne fut plus grand que chez nous et de nos jours. Je mets quiconque au défi de prouver le contraire, de montrer un seul exemple d'une société réelle, que ce soit dans l'histoire ou dans la géographie, qui eût davantage pris soin non seulement de ses ressortissants, mais aussi des étrangers, fussent-ils en situation irrégulière, qui eût développé un État providence plus puissant et plus efficace que celui dont tous nos enfants bénéficient désormais à la naissance.

Que ce soit insuffisant, que les inégalités puissent se creuser de nouveau en période de crise, que le niveau scolaire baisse dans le sillage d'une rénovation pédagogique soixante-huitarde débile, que des conflits extérieurs aient des répercussions dans une Europe postcoloniale qui n'en finit pas de payer les frasques de ses anciennes conquêtes et que des fanatiques puissent, dans ce contexte, venir nous pourrir la vie, qui le contestera ? Mais tout cela, pour l'essentiel, est notre faute, fait partie des problèmes que nous avons nous-mêmes créés, que nous pouvons et devons résoudre comme nous l'avons toujours fait par le passé, au temps du stalinisme et du nazisme par exemple. En toute hypothèse, qui pourrait prétendre que l'humanité ait fait mieux avant ou ailleurs ? Qu'on me le dise, faits et arguments à l'appui, et je veux bien me laisser pendre sous un fraisier ! Rares en France sont les intellectuels qui ont la lucidité de l'admettre, qui peuvent, comme André Comte-Sponville, quitter le lit douillet du pessimisme et de la nostalgie des temps révolus, pour observer le réel sans lunettes déformantes :

> « Certains espèrent qu'avec [la] crise, "on va revenir à un peu plus de générosité, à un peu moins d'égoïsme". C'est qu'ils n'ont rien compris à l'économie, ni à l'humanité. Revenir ? Mais à quoi, grands dieux, ou à quand ?

Croyez-vous que la société du XIXe siècle était plus généreuse ou moins égoïste que la nôtre ? Relisez Balzac et Zola ! Et au XVIIe siècle ? Relisez Pascal, La Rochefoucauld, Molière ! Au Moyen Âge ? Relisez les historiens ! Dans l'Antiquité ? Relisez Tacite, Suétone, Lucrèce ! L'égoïsme, n'est pas une idée neuve[1]. »

On ne saurait mieux dire. Qu'il faille faire appel à l'idéal pour critiquer le réel, au droit naturel pour l'opposer au droit positif, qui songerait à le nier ? Encore faut-il indiquer de quel réel on parle et de quel idéal on se réclame. Or, en l'occurrence, malgré tous les défauts qu'on voudra lui trouver, le réel de nos États providence est tout simplement le plus doux et le plus prospère qu'on ait connu dans l'histoire humaine. Quant à l'idéal au nom duquel on dénonce ses méfaits, on me permettra de douter encore et toujours que les retours au bon vieux temps (mais enfin, lequel !?) ou le regain délirant d'amour pour « l'hypothèse communiste », pour le maoïsme ou le trotskisme, ces doctrines qui ont invariablement engendré les pires catastrophes humaines partout où elles furent imposées aux peuples, soit aujourd'hui en mesure de faire mieux que ce mixte de liberté et de bien-être qu'ont réussi à nous assurer nos républiques démocratiques. Notre niveau de vie, quoi qu'on en dise à tort et à travers, est aujourd'hui, en moyenne, trois fois plus élevé en France que du temps de mon enfance, et vingt fois plus qu'au XVIIIe siècle. Notre espérance de vie a été pratiquement multipliée par trois depuis l'époque de Molière, et il suffit d'aller en Afrique, en Inde, en Chine, voire en Amérique latine pour mesurer à quel point, malgré

---

1. André Comte-Sponville, *Le Goût de vivre et cent autres propos*, Albin Michel, 2010.

toutes les critiques qu'on peut toujours formuler, nos démocraties sont incroyablement privilégiées en termes de protection juridique et sociale, mais aussi, malgré les efforts de nos derniers ministres pour abaisser ce niveau, en matière d'éducation. Bien que ce soit difficile à admettre par ceux qui se complaisent dans ce que Goethe nommait « l'esprit qui toujours nie » (*der Geist, der stets verneint*), notre monde européen est non seulement mille fois moins rude, mais aussi mille fois moins inculte que par le passé quand, faut-il le rappeler, l'analphabétisme était la règle dans les campagnes. On nous rebat les oreilles avec l'angoisse des jeunes, mais pour pleuvoir comme à Gravelotte, les lieux communs n'en deviennent pas plus vrais : était-ce plus aisé d'avoir vingt ans en 1914, d'être un dissident soviétique ou un jeune juif dans les années 1930, d'être un appelé dans la France des années 1950, quand il fallait partir pour l'Algérie y découvrir l'horreur de la torture et l'absurdité de la colonisation ? La génération du baby-boom aura été la première dans notre histoire moderne à ne pas connaître la guerre. N'est-ce pas un immense progrès pour notre continent qui avait connu tant de conflits meurtriers ?

Mais rien n'y fait.

On a beau évoquer des statistiques imparables, des faits historiques incontestables, rappeler encore que, malgré les « affaires », la corruption était infiniment plus répandue sous la Troisième et la Quatrième Républiques, le sentiment que le déclin intellectuel, économique et moral emporte l'Occident semble irrépressible. Il gagne du terrain à droite comme à gauche. À droite, parce qu'on y cultive volontiers la nostalgie des splendeurs passées. *Laudator temporis acti* : « Éloge des temps révolus », comme disait pour se gausser, dans un petit livre qui porte ce titre, mon vieil ami Lucien Jerphagnon – bréviaire réjouissant de remarques dépressives où l'auteur se moque gentiment du lieu commun, lui-même aussi vieux que l'humanité, selon lequel « c'était mieux avant », dans le « bon vieux temps », tandis qu'aujourd'hui, c'est bien connu, « tout fout le camp ». À gauche, c'est autre chose, une autre chanson, mais tout aussi « décliniste » : le monde de l'argent, des banques et des marchés, bref l'horreur économique et libérale aurait fini par nous entraîner dans une descente aux Enfers, vers un univers où seules l'avidité, la spéculation et la compétition sauvages feraient loi. Loin d'être heureuse, la mondialisation n'aurait fait qu'appauvrir les pauvres et enrichir les riches au mépris de toute considération éthique.

C'est là que l'argumentation se brouille et s'embrouille, qu'elle peine à s'étayer par des faits, à trouver quelque référence historique ou géographique un tant soit peu probante. Il est facile de dénoncer les tares du temps présent, l'état de l'école ou la crise économique, mais il est infiniment plus difficile de se risquer à évoquer un quelconque âge d'or. Tous les travaux des historiens, et toute la littérature avec eux, démontrent abondamment que les temps anciens étaient à tous égards infiniment plus durs, plus incultes et moins soucieux d'autrui que nos États providence. Lisez les historiens ou, à défaut, Hugo et Dickens sur le XIXᵉ siècle, Voltaire sur les lettres de cachet au XVIIIᵉ, Hugo, encore, sur le Moyen Âge ou l'Empire romain, et vous comprendrez ce qu'étaient la misère des peuples, l'analphabétisme généralisé, l'égoïsme des puissants, l'âpreté du monde des miséreux, la cruauté des guerres, des tortures et des exécutions, l'abandon des malades, des handicapés et des chômeurs, la violence des grandes villes, l'horreur des hôpitaux, du grand banditisme et des hordes sauvages.

En 1736, dans un poème fameux intitulé « Le mondain », Voltaire, déjà, s'inquiétait des tendances à la nostalgie qui commençaient d'affleurer en son temps, de cette méconnaissance des avantages du monde moderne qui accompagnait les premiers soupirs du romantisme et des idéologies du déclin de l'Occident. De là son éloge très politiquement incorrect du superflu, des biens matériels liés au développement, alors tout récent, de ce qu'on appellera bientôt le « monde industriel », éloge qui s'opposait par avance à Rousseau autant qu'à la sacralisation catholique de la frugalité, de la pauvreté, pour ne pas dire de la misère et de la souffrance comme vecteurs d'un salut qui n'est pas de ce monde, mais n'est accessible que dans l'au-delà (je place mes commentaires entre crochets) :

« Regrettera qui veut le bon vieux temps,/ Et l'âge d'or, et le règne d'Astrée [*allusion à* L'Astrée, *le roman d'Honoré d'Urfé publié dès 1607, qui se déroule dans la Gaule des druides, au V*ᵉ *siècle, et raconte les amours d'Astrée et de Céladon*],/ Et les beaux jours de Saturne et de Rhée,/ [*évocation du temps de Cronos/Saturne, et de sa femme Rhéa, les parents de Zeus, qui sont selon Hésiode les souverains de l'âge d'or*] Et le jardin de nos premiers parents./ [*il s'agit bien entendu du jardin d'Éden où vivent Adam et Ève*] / Moi je rends grâce à la nature sage/ Qui, pour mon bien, m'a fait naître en cet âge/ Tant décrié par nos tristes frondeurs :/ Ce temps profane est tout fait pour mes mœurs./ J'aime le luxe, et même la mollesse,/ Tous les plaisirs, les arts de toute espèce,/ La propreté, le goût, les ornements :/ Tout honnête homme a de tels sentiments./ Il est bien doux pour mon cœur très immonde/ De voir ici l'abondance à la ronde,/ Mère des arts et des heureux travaux,/ Nous apporter de sa source féconde/ Et des besoins et des plaisirs nouveaux./ L'or de la terre et les trésors de l'onde,/ Leurs habitants et les peuples de l'air,/ Tout sert au luxe, aux plaisirs de ce monde./ Ô le bon temps que ce siècle de fer ! / Le superflu, chose très nécessaire,/ A réuni l'un et l'autre hémisphère./ Voyez-vous pas [*sic !*] ces agiles vaisseaux/ Qui, du Texel, de Londres, de Bordeaux,/ S'en vont chercher, par un heureux échange,/ De nouveaux biens nés aux source du Gange,/ Tandis qu'au loin, vainqueur des musulmans,/ Nos vins de France enivrent les sultans ?/ Quand la nature était dans son enfance,/ Nos bons aïeux vivaient dans l'ignorance,/ Qu'auraient-ils pu connaître ? Ils n'avaient rien [...] »

Hélas, la niaiserie du pessimisme, si bien ciblée par Voltaire, n'a d'égale que celle de l'optimisme, surtout quand il prend la forme paroxystique de ce que, dans le sillage du transhumanisme, on appelle désormais le « solutionnisme ».

La niaiserie de l'optimisme « solutionniste »

Pour lui, cela va de soi, les solutions sont toutes trouvées. Il suffit d'un brin de confiance et d'énergie, d'être libéral et progressiste, de s'activer avec un peu d'optimisme pour les découvrir. Nous avons déjà eu l'occasion d'évoquer les propos d'Eric Schmidt ou Mark Zuckerberg nous annonçant, avec la foi du charbonnier, comment les nouvelles technologies allaient nous permettre, « si nous nous y prenons bien », de résoudre « tous les problèmes du monde ». Rien que ça ! Depuis la criminalité, les accidents de la route, le cancer ou l'obésité, jusqu'aux famines et à la pollution en passant par le réchauffement climatique et les conflits du Moyen-Orient... Ce type de conviction, qui anime les idéologues de l'économie collaborative, mais aussi une grande partie du courant transhumaniste et, à travers lui, à peu près tout ce qui se fait d'innovant dans la Silicon Valley, a quelque chose d'orwellien : cet idéal d'une société de la connexion universelle et de la transparence généralisée, cette prétention gentiment totalitaire à tout contrôler, à tout prévoir, cet univers où chacun pourra tout savoir sur tous les autres, ce monde ouvert où nous serons – grâce aux données personnelles que Mark Zuckerberg, *via* Facebook, offre si gentiment à la NSA – tous écoutés, scrutés, décryptés en permanence, cet univers où nos objets connectés, depuis nos pèse-personne jusqu'à nos réfrigérateurs en passant par nos montres, surveilleront en continu nos régimes alimentaires, le nombre de pas effectués dans la journée, les battements de notre cœur, notre taux de cholestérol et autres joyeusetés du même ordre qui rendront nos vies totalement normatives. Bienvenue à Gattaca, dans une ère nouvelle d'amélioration de l'humain et de contrôle social universel !

J'ai déjà dit plus haut comment cette volonté exorbitante, cette technophilie parfois délirante se transformait dialectiquement en son contraire : la dépossession démocratique des individus qui luttaient pourtant contre l'aliénation, une impuissance publique croissante de nos démocraties face à la naissance d'un monde de la technique qui les déborde et les dépasse de toutes parts, un univers de technologies nouvelles qui, par sa vitesse, sa puissance et sa complexité échappe chaque jour davantage à toute forme de maîtrise et de régulation démocratiques dans un contexte où, le marché étant devenu mondial, mais nos politiques étant restées nationales, elles avaient de moins en moins de prise efficace sur le réel.

Où l'on commence peut-être à mieux comprendre pourquoi les défis de la régulation, et plus généralement de la politique moderne, sont si difficiles à relever.

Pourtant, l'analyse que je viens d'esquisser ne doit en rien conduire à l'inaction, au sentiment que, si le cours de l'histoire nous échappe du fait de sa mondialisation, il n'y aurait plus rien à faire. C'est tout l'inverse. Cette situation objective nous impose en effet de dépasser l'antinomie de l'optimisme et du pessimisme, afin, dans un premier temps, de profiter au maximum des marges de manœuvre qui subsistent, mais à moyen terme aussi, pour tenter autant qu'il est possible d'en dégager de nouvelles pour reprendre la main sur ce cours du monde qui tend à nous échapper, pour retrouver, fût-ce par le détour d'entités plus puissantes que la nation, comme l'Union européenne pourrait l'être si elle n'était pas en si mauvais état, un pouvoir de régulation enfin réel sur le réel. Nombre de nos concitoyens, pourvu qu'ils ne se laissent pas berner par les miroirs aux alouettes agités par les extrêmes, commencent à comprendre que, malgré la puissance du phénomène inédit de la globalisation, l'impuissance publique – que ce soit dans la réduction les déficits publics ou dans les combats successifs pour relever le niveau de l'Éducation nationale, endiguer le chômage, relancer la croissance, assainir les quartiers, etc. – ne vient pas seulement d'obstacles extérieurs à nous, mais aussi de nos propres déficiences. En quoi ce n'est pas de pessimisme ni d'optimisme que nous avons besoin, mais, comme l'avait déjà compris Max Weber, de sens tragique et de courage, de volonté et d'intelligence des antinomies de l'action historique comme de capacité à les résoudre autant qu'il nous appartient de le faire.

Permettez-moi, avant quelques pistes de réflexion sur la régulation, une brève mise au point sur une catégorie, celle du tragique, qui n'a rien à voir avec le pessimisme, et qui offre sur le monde le seul point de vue qui me semble aujourd'hui convenir aux défis qui sont les nôtres.

Le sens du tragique grec : une catégorie qui transcende l'antinomie optimisme/pessimisme et qui seule permet de penser notre monde

Souvenons-nous de l'*Antigone*, la géniale pièce de Sophocle, dont je rappelle en quelques mots l'argument : lorsque Œdipe, alors roi de Thèbes, découvre qu'il est l'auteur du meurtre de son père, Laïos, et que la femme qu'il a épousée, Jocaste, n'est autre que sa mère, il se crève les yeux et s'exile à Colone, une banlieue d'Athènes où, accompagné par sa fille Antigone, il va à la rencontre de sa mort. Dès qu'Œdipe a quitté le trône de Thèbes, ses deux fils, Étéocle et Polynice, se querellent pour sa succession. Pour régler leur dispute, ils décident de se partager le pouvoir, de l'occuper chacun à leur tour, en alternance. Mais Étéocle, une fois installé sur le trône, refuse de laisser sa place à son frère quand son tour est venu. Ce dernier lève alors une armée étrangère pour attaquer sa propre ville. Les deux frères se battent et finissent par s'entretuer. Reste Antigone, désespérée devant tant de désastres. Créon, son oncle, le frère de Jocaste, a repris son ancienne place sur le trône de Thèbes, celle qu'il avait déjà occupée par intérim à la mort de Laïos. Suivant en cela la loi de la cité, Créon ordonne que l'on donne une sépulture convenable à Étéocle, qui a défendu la ville contre son frère. En revanche, considérant la trahison de Polynice, il publie un décret interdisant, sous peine de mort, qu'on l'enterre. Il fait jeter son corps hors de la ville, abandonné aux chiens et aux oiseaux. Antigone, fille d'Œdipe, nièce de Créon et sœur de Polynice, ne l'entend pas de cette oreille. Opposant la loi de la famille à celle de la cité, le droit de la tradition et des dieux à celui des simples mortels, elle décide de braver l'interdit de Créon et d'affronter courageusement sa sentence de mort afin de rendre à son frère les honneurs funèbres qui, selon elle, lui sont dus.

C'est donc un conflit entre deux lois, celle des hommes et celle des dieux, celle de la raison d'État et celle du cœur, celle de la cité et celle de la famille, que la tragédie met en scène. Chacun des protagonistes ayant évidemment raison de son point de vue, Créon et Antigone ayant tous deux d'excellents arguments à faire valoir, le conflit semble insoluble, et c'est en tant que tel, parce qu'il oppose deux légitimités défendables, qu'il apparaît à proprement parler comme tragique.

De là les quelques traits fondamentaux de cette catégorie que j'aimerais ici faire ressortir pour bien la distinguer du pessimisme.

C'est d'abord et avant tout une catégorie extramorale : le tragique n'oppose pas des bons et des méchants, des justes et des salauds, mais des légitimités, sinon équivalentes – Antigone défend malgré tout un point de vue qui apparaîtra à la fin de la pièce comme supérieur à celui de Créon, car c'est celui des dieux –, du moins défendables et non minables. Comme l'a bien vu Hegel, chaque moment du drame oppose des personnages entiers, des caractères forts qui possèdent cette particularité de contenir en eux leur propre contraire, d'intégrer inévitablement le point de vue de leur adversaire qui, bien qu'ils le refusent, ne peut pas ne pas être aussi en quelque façon le leur : pour être la sœur de Polynice, Antigone n'en est pas moins citoyenne de Thèbes et même fille de son ancien roi, Œdipe, ainsi que nièce de l'actuel souverain ; et pour être le plus haut magistrat de la cité, Créon ne peut pas rester insensible à la loi de la famille puisqu'il est l'oncle de Polynice et d'Antigone. La tragédie se compose donc d'une série de scènes qui sont autant de confrontations déchirantes entre des points de vue auxquels aucun des personnages, même s'il s'enferme dans le sien, ne peut être insensible. Créon et Antigone ne sont ni des salauds ni des lâches, ils ont du courage, le sens du devoir, une haute estime d'eux-mêmes comme des valeurs qu'ils défendent. La vérité, à l'encontre de ce que pensent aujourd'hui la plupart de nos moralistes aux petits pieds, c'est que les conflits qui ensanglantent aujourd'hui le monde sont tragiques, en ce sens qu'ils opposent bien davantage des légitimités opposées que des bons et des méchants, des justes et des salauds. Si j'étais ukrainien de l'Ouest et d'origine polonaise, il est probable que je voudrais que mon pays soit rattaché à l'Union européenne, voire qu'il entre dans l'Otan ; mais si j'étais de l'Est, appartenant à une famille russophone et russophile depuis des générations, il est à peu près certain que je souhaiterais plutôt un rattachement à la Russie. Si j'avais quinze ans dans les territoires occupés, je serais sans doute antisémite, et si j'avais le même âge à Tel-Aviv, je détesterais à coup sûr les organisations palestiniennes. Il y a des exceptions, sans doute, des conflits plus simples que d'autres en ce sens qu'ils s'incarnent dans des individus exécrables, à tous égards détestables, mais elles sont finalement assez rares, en quoi la catégorie du tragique, l'idée d'un conflit déchirant entre des légitimités, sinon également défendables, à tout le moins partiellement justifiées, me semble infiniment plus adéquate au réel que la posture facile des belles âmes qui défendent vaillamment les droits de l'homme.

Il en va de même ici, du côté du transhumanisme comme dans l'économie collaborative. La plupart de ceux qui plaident pour une augmentation de l'être humain qui éradiquerait les maux dont nous souffrons le font en toute bonne foi, comme le font ceux qui s'y opposent de toutes leurs forces. Même chose dans les conflits qui opposent les professionnels aux particuliers : le travailleur indépendant qui s'engage chez Uber estime qu'il a bien le droit de travailler et que l'en empêcher serait une atteinte intolérable non seulement à sa liberté, mais à son droit à assurer sa subsistance ; de son côté, le taxi fait valoir lui aussi à bon droit qu'il a payé une licence à prix d'or et que cette concurrence est déloyale. Même chose pour l'hôtelier qui doit payer ses salariés, s'acquitter de charges sociales, mettre son établissement aux normes de sécurité, etc., et qui voit forcément d'un mauvais œil le particulier qui, s'exemptant de toutes ces obligations, se contente de placer son appartement sur une application sans se soucier du reste. Personne, ici, n'est ange ou démon. C'est objectivement que le monde est déchiré, en quoi le tragique, en tant que catégorie extramorale, ne peut être levé que par le compromis, la régulation (ou la disparition d'un des deux termes, mais qui peut la souhaiter ?). Pour reprendre l'exemple de l'Ukraine, il est évident que seule une solution fédéraliste aurait pu et pourrait encore mettre un terme à la guerre civile.

Une deuxième caractéristique du tragique comme catégorie permettant de saisir les brisures du monde est non seulement qu'elle se meut hors morale, par-delà le bien et le mal, par-delà l'optimisme et le pessimisme, mais aussi qu'elle ridiculise largement les niaiseries actuelles sur l'idée de bonheur, ces doctrines à la mode qui veulent gentiment nous persuader que nous pouvons être heureux quoi qu'il arrive, où que ce soit, puisque le bonheur ne dépend que de nous, que de notre petite subjectivité, que de ces exercices de sagesse et de «psychologie positive» que nous pouvons tous faire sur nous-mêmes. Comme le disait Kant dans les *Fondements de la métaphysique des mœurs*, «si la Providence avait voulu que nous fussions heureux, elle ne nous aurait pas donné l'intelligence ». Remarque à laquelle Flaubert ajoutait cette autre, qui ne manque ni d'humour ni de bon sens, dans une lettre à Louise Colet du 13 août 1846 : « Être bête, égoïste et avoir une bonne santé : voilà les trois conditions voulues pour être heureux. Mais si la première vous manque, tout est perdu. »

Dans son *Dictionnaire philosophique*, André Comte-Sponville propose une approche plus modeste de l'idée de bonheur, une approche qui nous change des mignardises narcissiques des marchands d'illusions. Partant du constat, déjà posé par Kant, qu'aucun d'entre nous ne peut définir positivement et en toute certitude ce qui pourrait le rendre durablement heureux, il avance l'idée que, pour comprendre ce qu'est ou pourrait être le bonheur, il vaut mieux commencer par identifier son contraire, le malheur, qui est comme on vient de le suggérer beaucoup plus aisé à cerner. Le malheur, nous dit-il en substance, c'est quand je me réveille le matin et que je sais qu'aucune joie ne sera possible, en tout cas certainement ni aujourd'hui ni dans les jours prochains, parce que j'ai perdu un être aimé, parce que mon médecin vient de m'annoncer, pour moi ou pour un proche, une maladie incurable, plus simplement encore, parce que j'ai perdu un emploi, que ma femme m'a quitté et que je me sens trop âgé, trop fatigué pour refaire ma vie – ou tout ce que vous voudrez imaginer d'autre qui vient nous la gâcher radicalement. Et, ce matin-là, rien n'y fait, à tort ou à raison, on est sûr que c'est définitif.

C'est en partant de cette identification du malheur absolu qu'*a contrario* une définition minimaliste, mais à tout le moins réaliste, du bonheur peut voir le jour. Car le bonheur, c'est tout simplement le contraire du malheur, non pas une sérénité infinie et sans tache, encore moins un état de satisfaction de soi complet et durable, mais le sentiment que, ce matin-là, je n'exclus pas totalement la possibilité de la joie, l'éventualité que la journée puisse ne pas s'achever sans que je l'aie croisée à un moment ou un autre. Bien sûr, je ne suis pas stupide pour autant, j'ai conscience que cette joie sera momentanée. Ce sera un café pris dans l'harmonie avec un vieil ami, un moment de grande créativité, d'amour avec la femme que j'aime, le sourire d'un de mes enfants qui a réussi un examen, une bonne nouvelle sur la santé de quelqu'un pour qui je m'inquiétais ou, tout bêtement, un de ces instants de grâce, un soir, sur une terrasse ensoleillée, quand le monde semble pour une fois rempli de douceur et de beauté.

On dira que cette définition du bonheur ne correspond guère à ce que nous entendons habituellement par ce terme, une notion qui suppose à la fois durée et complétude, qui désigne un état de félicité parfaite censé se prolonger toute la vie. Se réveiller le matin en se disant « simplement » que la joie est possible, qu'elle peut venir, est-ce suffisant, est-ce vraiment ce qu'on appelle le bonheur ? Les marchands de sagesse en quinze leçons vous diront que non. Ce qu'ils vous promettent, eux, c'est du solide. Pourquoi et comment y parviennent-ils ? En vous assurant que tout dépend de vous, rien que de vous, que la sagesse du bonheur est à votre portée, parce qu'elle est tout entière en vous et qu'elle ne tient pas aux autres ni à l'état du monde. Quelle blague ! Si vous y croyez, tant mieux pour vous, bien sûr, mais le risque est grand que vous soyez un jour déçu, que cette tyrannie du bonheur obligé vous rende malheureux à force de contraintes et d'exigences irréalisables. Je préfère me contenter d'une sagesse plus modeste. Une absence de malheur me suffit, des plages de sérénité qui entrou-vrent humblement la porte à des moments de joie dont on doit savoir à quel point ils sont éphémères et, en toute hypothèse, dépendants des autres infiniment plus que de notre petit ego. Car c'est la lucidité qui sauve, les mirages idéologiques ayant invariablement des effets pathologiques dont je doute qu'ils puissent rendre quiconque vraiment heureux.

Enfin, le tragique reconnaît dans nos vies la part importante du destin, de la fatalité. Œdipe, par exemple, est innocent de tout ce qui lui arrive. C'est un homme courageux, qui a sauvé Thèbes de la malédiction du Sphinx au risque de sa vie, un bon roi, bon père et bon époux. Le malheur le frappe sans qu'il ait commis intentionnellement la moindre faute. Il en va de même pour chacun d'entre nous. La maladie, l'accident et la mort peuvent à chaque instant nous frapper, quoi que nous fassions. Ces maux sont comme la pluie, qui mouille les bons comme les méchants, en toute indifférence à l'égard de ce que nous sommes. Où l'on voit aussi que l'histoire des idées comporte des penseurs tragiques et des penseurs antitragiques, déchirure qui en elle-même incarne déjà l'un des aspects du tragique. Du côté des antitragiques : Jésus et Marx, Bouddha et Socrate, mais aussi Keynes et les philosophies du bonheur en général. Chez eux, tout a du sens, tout se termine bien, par le salut terrestre ou céleste. Du côté des tragiques : Kant et Freud, Nietzsche, Max Weber et Schumpeter, pour qui il n'est pas de lumière sans ombre, de visible sans invisible, de bonheur sans malheur, ni d'amour toujours heureux.

Pas de malentendu : extramoral ne veut pas dire immoral. La grande erreur que commettent parfois ceux qui se réclament du tragique consisterait à vouloir nous forcer à choisir entre moralité et déchirures du monde, comme si nous devions, au nom du tiers exclu, nous enfermer dans l'une ou l'autre des deux catégories. C'est contraire à toute phénoménologie de la vie de l'esprit. Il y a des ordres du réel : parfois nous sommes et devons être dans la morale. Comment faire autrement face au racisme, à l'antisémitisme, à la violence absurde contre les innocents ? Au nom de quoi devrions-nous renoncer à tout point de vue éthique, à la révolte, à la résistance contre l'oppression, la méchanceté et la bêtise ? Pour autant, dans d'autres circonstances, face au deuil de l'être aimé par exemple, à la maladie, aux accidents de la vie, aux « dommages collatéraux » des guerres, la morale n'a plus de sens, c'est le tragique qui s'impose par-delà le bien et le mal. Ou bien moral, ou bien tragique ? Mais les deux évidemment ! Pourquoi se mutiler à ce point, se priver des dimensions les plus essentielles de la vie de l'esprit sinon par coquetterie intellectuelle déplacée, dénuée de sens comme de fondement ? Oui, il y a des ordres du réel et, parmi eux, il y a évidemment la morale ET le tragique, qui ne se recoupent pas, mais qui ne s'excluent pas non plus. Parfois nous jugeons et nous nous indignons, parfois nous comprenons et nous pleurons comme les spectateurs des grands tragiques grecs dont Aristote disait qu'ils sont « saisis par l'effroi et la pitié ».

Liberté absolue, Big Brother ou régulation

Voilà pourquoi il faut bien comprendre, j'y reviens pour conclure, que, par-delà même le fond libéral et dérégulateur qui sous-tend plus ou moins secrètement le transhumanisme comme l'économie collaborative, les croyants de l'un comme les usagers de l'autre sont animés par un idéal d'émancipation, pour ne pas dire par l'utopie de la liberté absolue. Il s'agit en effet pour eux de repousser autant qu'il est possible les limites de la tradition afin d'être libres dans tous les domaines de la vie.

Libres car libérés par la technique des déterminismes biologiques autant qu'économiques qui pèsent dès l'origine sur nos existences ; libres de leur parole, l'éthique de la discussion devant l'emporter en toutes circonstances sur les arguments d'autorité ; libres de toute charge financière, que ce soit dans l'accès aux données, à la santé, aux logiciels en *open source* ou aux navigations sur le Web, le gratuit devant devenir la règle universelle ; libres, car débarrassés des intermédiaires, que ce soit au sein des réseaux de patients ou de particuliers échangeant des biens et des services ; libres d'aller apprendre à toute heure du jour ou de la nuit grâce aux MOOC, les cours en ligne ; libres, car débarrassés de la publicité et des spams, grâce aux logiciels qui nous en font grâce ; libres, parce qu'affranchis des professionnels de l'information, journalistes, éditeurs et même imprimeurs, parce qu'on peut s'informer directement sur le Net et les réseaux sociaux, mais aussi parce qu'on dispose désormais de tous les moyens pour s'autoéditer et mettre ses livres en ligne à coût marginal zéro...

Bref, c'est l'utopie d'une autonomie tous azimuts qui constitue à la fois l'infrastructure métaphysique, l'idéal moral et l'objectif ultime des nouvelles technologies et de leurs multiples retombées dans la vie de tous les jours – d'autres, au contraire[1], qui défendent la thèse rigoureusement inverse, décelant dans cette domination planétaire de la technique l'ombre de Big Brother, un totalitarisme d'un nouveau genre susceptible d'anéantir avant peu toutes nos libertés. Oserais-je avouer que je trouve ces

---

1. Dans le genre, le livre d'Evgeny Morozov, *Pour tout résoudre cliquez ici. L'aberration du solutionnisme technologique* (Fyp Éditions, 2014), atteint un sommet. Il est hélas d'une rare médiocrité sur le fond.

deux attitudes à proprement parler «tragiques»? Toutes deux portent une part de légitimité. Comme celles de Créon et Antigone, elles sont si évidemment complémentaires qu'elles ne peuvent même plus s'apercevoir qu'elles renvoient l'une à l'autre comme les deux faces d'une unique réalité. Car d'évidence, nous aurons l'un et l'autre versant, la liberté absolue ET Big Brother, et le second parce que la première, si nous ne sommes pas capables de réguler, si nos démocraties, dépassées par la technicité et la rapidité des innovations, se révèlent incapables de prendre en charge les déchirures du monde pour fixer dès maintenant des limites intelligentes et fines.

Une régulation politique adossée à un principe supérieur : poser des limites, oui, mais ne jamais interdire sans raison argumentée

Il est ici indispensable que le politique, pour une fois, ne se déleste pas de ces questions vers un quelconque comité d'éthique comme il en existe déjà, avec la légitimité et l'efficacité que l'on sait, c'est-à-dire proches de zéro. C'est au cœur de la vie politique, par exemple représentée de manière symbolique par un ministère de l'Innovation, mais aussi au Parlement, au sein d'une commission permanente enfin explicitement dédiée à ces questions, qu'il faudra afficher la volonté de ne pas baisser les bras, de ne pas se laisser déborder par le monde de la technique. Comment décider ailleurs de ce qu'il faudra autoriser ou interdire en matière d'ingénierie génétique comme de régulation économique et sociale ? Comment choisir, et sur quels critères, entre les trois possibilités qui s'ouvrent désormais à nous : interdire totalement les manipulations génétiques comme le demandent les « bioconservateurs » ; les limiter à des visées exclusivement thérapeutiques, comme beaucoup le souhaitent, ou aller jusqu'à les mettre au service d'une augmentation de l'être humain mais, dans ce dernier cas, de quelles améliorations pourrait-il et devrait-il s'agir ? Dans quelles conditions ? Pour quelques-uns ou pour tous ? À quelles fins et à quel prix ? Qui d'autre sinon, en dernière instance, un État éclairé pourra légitimement en décider dès que le collectif, et non seulement l'individu, sera mis en cause ? Où pourrait-on décider de ce qui risque de nous déshumaniser ou de ce qui, au contraire, pourrait nous rendre plus humains, ailleurs qu'en un lieu de décision et de visibilité légitime pour l'ensemble de la nation, informé par des débats où experts et intellectuels de toutes disciplines pourraient évidemment avoir un rôle à jouer, pourvu du moins qu'ils s'en soucient enfin, qu'ils s'en donnent les moyens et qu'ils s'y intéressent ?

Sans entrer plus avant dans le détail, il me semble qu'un principe fondamental devra régir ces futurs débats.

Il faut en effet que chacun comprenne bien que, sur chaque sujet à traiter, l'essentiel n'est pas de « crier » son opinion, pas même d'acquérir à titre personnel une conviction (« je suis pour ceci, contre cela »). C'est même exactement ce qu'il faut avoir le courage de dépasser, en prenant autrui en compte, en s'efforçant de parvenir à une pensée élargie au point de vue des autres. Car l'essentiel, en ces matières, c'est de ne pas en rester aux opinions, à la *doxa*. L'essentiel, c'est de se demander au nom de quoi je peux, et même parfois je dois, tenter de faire partager mes idées, mes convictions avec les autres, car la forme même de la loi, son universalité m'y oblige. Certes, j'ai à titre personnel un avis, je suis par exemple favorable depuis toujours aux PMA (procréations médicalement assistées) que l'Église réprouve de son côté. En revanche, je suis hostile à une légalisation autorisant des mères porteuses. Mais le problème ne s'arrête nullement lorsque j'ai, à tort ou à raison, exprimé un avis. La question devient seulement sérieuse à partir du moment où je me demande pourquoi et sous quelle forme (juridique ou seulement morale, impérative ou incitative, etc.) il devrait valoir aussi pour les autres. En d'autres termes, ce qui doit nous faire réfléchir le plus, c'est le passage de la conviction intime à la loi, le passage de l'intuition subjective, fût-elle réfléchie, à l'obligation pour autrui. Or, la plupart du temps, nous n'y pensons même pas. Notre « cher moi », comme dit Freud, est si content de lui qu'il s'estime satisfait quand il a « sa » conviction, la certitude qu'elle devrait s'imposer aux autres, allant pour ainsi dire de soi. Erreur, grave erreur : pour contraindre autrui, il faut avoir des raisons, et même de bonnes raisons de le faire. Ce n'est pas parce que je suis hostile aux mères porteuses que je dois automatiquement faire une loi qui interdise à autrui d'y recourir. Il faut, pour cela, des raisons qui dépassent ma subjectivité, des raisons qui prennent en compte le collectif, l'intérêt général, voire des valeurs universelles, et c'est là, le plus souvent, que le bât blesse. Je voudrais le montrer en prenant deux exemples concrets qui ne sont pas sans liens avec les questions que posera la logique du transhumanisme : celui des PMA pour les femmes ménopausées et celui du diagnostic préimplantatoire qui agita longtemps le petit monde de la bioéthique.

Malgré les réticences qu'elles soulèvent encore chez certains, les PMA se sont imposées dans les faits : elles ont tant et si bien soigné la stérilité de certains couples que des millions d'enfants en sont nés aujourd'hui, un peu partout de par le monde. Dans l'ensemble, ils se portent à merveille, en tout cas pas plus mal que les autres, et ils font la joie de leurs parents. Certes, on a dit, on dit parfois encore, que ces nouvelles techniques inaugurent le règne de «l'enfant-objet», commandé comme un vulgaire joujou au grand magasin de la médecine moderne. Mais cet argument spécieux a fait long feu : chacun comprend bien qu'un enfant voulu a plus de chances d'être accueilli dans un milieu favorable à son épanouissement qu'un enfant non désiré, fruit d'un moment d'égarement ou d'un banal manque de précaution. Or, le moins que l'on puisse dire, c'est que le bébé issu d'une PMA aura été voulu par ses parents. Trop, peut-être, diront certains psychanalystes, mais enfin, comme dit la sagesse des nations, «trop n'a jamais nui».

En revanche, il semble bien qu'une majorité de Français (et surtout de Françaises !) soit hostile à l'autorisation des PMA pour des femmes ayant passé l'âge de procréer. Or justement, c'est là qu'il faudrait appliquer le principe fondamental que j'évoquais plus haut : pour qu'un sentiment, quel qu'il soit, se transforme en une loi qui interdit, il faut l'élever au niveau d'un raisonnement argumenté. Il faut qu'il ne vaille pas seulement pour moi, mais aussi pour les autres, au moins potentiellement, y compris pour ceux qui, *a priori*, ne sont justement pas d'accord avec moi. Quand j'interdis le meurtre, même le criminel, qui fait une exception pour lui, peut être d'accord sur le fond avec moi, parce que les raisons que je puis avancer valent aussi pour lui, dès qu'il pense par exemple à ceux qu'il aime ou qu'il sert. Or, dans le débat public tel qu'on l'observe aujourd'hui, il faut bien avouer que les raisons invoquées pour fonder l'interdiction du recours à l'assistance à la procréation pour les femmes ménopausées sont, le plus souvent, d'une indigence consternante. On dit par exemple, argument qu'on a vu en permanence employé aussi contre le transhumanisme, que la nature, avec la ménopause, indique d'elle-même la limite morale à ne pas franchir.

Disons-le franchement : l'argument est absurde puisque, d'évidence, ce n'est fort heureusement pas la nature qui fait la loi juridique – tout particulièrement lorsque la législation concerne la médecine, un art presque en tout point artificiel et destiné pour l'essentiel à corriger les méfaits de ladite nature. Rien n'est plus naturel que le virus de la grippe et du VIH. Pour autant, il ne viendrait à l'esprit de personne de déclarer qu'il indique la voie à suivre ! On peut bien, si l'on y tient, tenir avec les fondamentalistes verts la nature pour une norme, mais c'est un choix idéologique parmi d'autres qui ne saurait, en tant que tel, s'exempter du devoir d'être justifié pour autrui avant de faire loi.

On a dit encore qu'il était impensable qu'un enfant de vingt ans ait une mère qui en ait quatre-vingts. Mais on voit mal pourquoi ce qui est permis aux hommes, y compris dans le cadre des PMA, ne le serait pas aux femmes, ni en quoi, en admettant même qu'on invoque de nouveau la prétendue sagesse de la nature, des choix strictement personnels et privés, fussent-ils contestables, regarderaient le législateur. Je ne dis pas qu'il est bon d'avoir des enfants à quatre-vingts ans – je pense même que c'est tout à fait déraisonnable, mais si on veut faire loi, il faut penser à toutes les conséquences, et notamment à celle-ci : voudra-t-on interdire aussi aux hommes de le faire, et sinon, pourquoi seulement aux femmes ? Ne faut-il pas, sur ces sujets, compter sur la sagesse des individus, plutôt que s'engager dans des législations qui entrent si profondément dans la vie privée qu'elles en deviennent intolérables ? On fera valoir, non sans raison, l'intérêt de l'enfant, en l'occurrence son intérêt à ne pas avoir des parents trop vieux, comme on l'invoque aussi dans le cas de l'homoparentalité, en prétendant qu'il lui faut un père et une mère pour assurer son équilibre. Peut-être, peut-être pas : je doute à vrai dire, la psychologie étant tout sauf une science exacte, que nous puissions démontrer quoi que ce soit de certain en la matière. Je connais dans mon entourage nombre de personnes qui furent élevées par un homme ou une femme seuls, d'autres qui furent élevés par deux parents du même sexe, d'autres encore par leurs grands-parents et qui ne me paraissent ni meilleurs ni pires que ceux qui furent élevés par deux parents « normaux ». Mais surtout, quoi qu'il en soit de nos convictions intimes, comment ne pas voir qu'à prendre en compte sur ce mode purement psychologique l'intérêt de l'enfant on ouvre une véritable boîte de Pandore ? Dans ces conditions, en effet, l'enfant a aussi tout intérêt, et même beaucoup plus sûrement, à ne pas avoir des parents alcooliques, névrosés à l'excès, psychotiques… et j'arrête là la série pour ne pas devenir odieux à mes propres yeux ! À quand le permis d'avoir un enfant à égalité avec le permis de conduire, ou même, vu l'importance de l'enjeu, bien au-dessus de lui ?! Je puis bien, en fonction de mes choix privés, réprouver telle ou telle action, mais de là à l'interdire aussi aux autres, il y a un saut, qui va de l'éthique personnelle au droit et qui mérite singulièrement réflexion. Il n'est pas incohérent, pour prendre encore un exemple qui a valeur de symbole, d'être à titre personnel contre l'avortement et néanmoins tout à fait pour sa dépénalisation au plan juridique.

Les mêmes principes doivent régir les questions soulevées par le diagnostic préimplantatoire (DPI) qui, disons-le clairement, est bel et bien une forme d'eugénisme. De quoi s'agit-il, en effet ? Dans le cas de certaines affections héréditaires graves (la mucoviscidose, par exemple), on peut aujourd'hui offrir aux couples qui souhaitent avoir un enfant indemne de la maladie deux possibilités de diagnostic précoce. La première (diagnostic «anténatal» classique) consiste à détecter la présence du trouble génétique chez le fœtus. Sa conclusion «logique» (je mets le terme entre guillemets parce qu'on peut contester bien entendu cette logique-là) en cas de test positif est l'avortement (puisque les couples qui ont recours à ce diagnostic en ont le plus souvent accepté par avance le principe). La seconde («diagnostic préimplantatoire» ou DPI) permet d'éviter cette issue. Elle consiste à recourir à la fécondation *in vitro*. On commence alors par obtenir plusieurs embryons, puis, grâce à des tests génétiques, on identifie ceux qui sont porteurs de l'anomalie. Seuls seront alors réimplantés les embryons indemnes. Cette technique a déjà permis de donner naissance à des milliers d'enfants sains, d'abord en Angleterre, aux États-Unis et en Belgique, puis depuis quelques années un peu partout ailleurs dans les pays occidentaux, y compris en France. Elle suscite pourtant deux objections majeures de la part de ses adversaires : on l'accuse d'abord d'eugénisme (anathème qui évoque le spectre du nazisme, mais ne résout rien) ; on ajoute ensuite qu'elle nous fait entrer sur une «pente glissante» où nul ne saura plus s'arrêter : pourquoi pas, tant qu'on y est, autoriser le choix du sexe et, bientôt, de la couleur des yeux, des cheveux, etc. ?

Ces arguments, qui frappent le public et possèdent toutes les apparences du bon sens et de la vertu, me semblent en vérité peu rigoureux. Ils contournent la vraie question qui est justement celle de la régulation, celle des limites *nuancées* que l'on doit imposer en ces matières au lieu de tout autoriser ou de tout interdire. Il faut ici récuser de la façon la plus nette la notion fallacieuse de «pente glissante». On peut, en effet, défendre avec des arguments efficaces, y compris dans la pratique réelle, le dispositif qui a d'ailleurs pour l'essentiel été retenu chez nous : seuls certains centres hospitaliers sont habilités à pratiquer le DPI ; des équipes médicales, assistées le cas échéant de personnalités extérieures, sont alors chargées de fixer elles-mêmes, dans le dialogue avec les patients, la limite à ne pas franchir en s'inspirant du principe suivant : oui au DPI à des fins thérapeutiques, pour des affections héréditaires graves, non dans tous les cas qui relèvent de la simple convenance. Ce principe permet d'éviter que l'on ne cède au fantasme de l'enfant parfait, la thérapeutique se bornant à écarter les embryons malades, sans chercher pour autant à sélectionner « les meilleurs ». La déontologie ainsi élaborée doit bien entendu l'être dans la transparence. Elle doit faire l'objet d'une évaluation rigoureuse, permettant de s'assurer que le principe général a bien été appliqué. Elle suppose seulement que l'on accorde un minimum de confiance aux individus concernés et que l'on se souvienne aussi que, s'il n'est pas interdit d'interdire, nul n'est pour autant autorisé à le faire sans raison. Voilà, me semble-t-il, le principe suprême qui devrait plus généralement régir le dialogue entre les convictions, religieuses ou non, dans une société laïque.

Des deux écueils que toute régulation devra s'efforcer d'éviter

Il ne faudra pas oublier non plus que la régulation se heurtera, même si elle se déroule dans des conditions d'argumentation parfaites, à deux difficultés que j'ai déjà évoquées mais que je rappelle une dernière fois.

La première touche à ce qu'on pourrait appeler la géopolitique de la régulation. Il est clair que, face à la possibilité d'augmenter l'être humain, fût-ce à des fins « seulement » thérapeutiques, certains pays seront moins réticents que d'autres, pour ne pas dire carrément plus allant, moins sourcilleux sur les limites que notre tradition républicaine, humaniste et orientée par les droits de l'homme, considérera comme à ne pas franchir. Tirons-en d'emblée la leçon et disons les choses franchement : quel sens pourrait bien avoir dans le monde d'aujourd'hui une régulation seulement nationale ? À peu près aucun. On l'a d'ailleurs vu déjà à maintes reprises avec les PMA, le DPI, les mères porteuses : ce qui est interdit à Paris mais autorisé à Bruxelles ou à Londres n'a pas grand sens. C'est donc au minimum à l'Europe tout entière d'inventer les règles de demain, ce qui, étant donné l'état de l'Union, ne sera pas un chemin de roses.

Ensuite, dans la mesure où le collectif sera forcément interpellé par ces sujets, l'idéologie néolibérale selon laquelle chaque individu doit être libre de décider pour lui-même et pour sa famille de ce qu'il veut augmenter ou pas sera évidemment prise à contre-pied par la réalité – ce pour quoi, comme je l'ai dit plus haut, il est indispensable que le politique ne se défausse pas vers des comités seulement issus de la société civile (même s'ils peuvent avoir le cas échéant un rôle d'éclaireur à jouer). Il est donc crucial que nos démocraties ne soient pas dépassées par la rapidité et la technicité des révolutions en cours, que nos politiques, dans une commission parlementaire permanente et en lien avec un ministère dédié, fassent l'effort, il est vrai considérable, de se former, d'investir du temps et de l'intelligence dans la compréhension du monde qui vient au lieu de se contenter, comme c'est encore le cas aujourd'hui, des bons vieux débats du XIXe siècle entre socialistes et libéraux.

C'est par définition au sein de l'espace public que la régulation doit avoir lieu, et non dans une société civile qui est par essence le lieu d'expression des intérêts particuliers et, par là même, évidemment peu propice à l'expression de l'intérêt général. C'est au plus haut niveau qu'il faut reprendre la main sur ce cours du monde qui nous échappe chaque jour davantage. Il ne dépend que de nous qu'il en aille ainsi, que nous retrouvions des marges de manœuvre indispensables à la régulation, que nous soyons capables de créer les instances légitimes, c'est-à-dire politiques – susceptibles de le faire, mais à une condition cependant : que politiques et intellectuels soient enfin prêts à mobiliser l'attention des opinions publiques ailleurs que sur le passé, qu'on en finisse avec les velléités restauratrices hargneuses, les lamentations médiatiques sur l'air du « tout fout le camp », pour s'intéresser enfin au réel, à ce présent et à cet avenir que nos enfants devront bien affronter autrement qu'à coups de nostalgie et de commémorations.

Puisse ce petit livre y contribuer en ouvrant un chemin.

ANNEXE

Pour comprendre les NBIC

Comme nous l'avons dit en introduction en évoquant différents rapports consacrés à ces sujets, nous sommes en train de vivre l'émergence et la convergence de plus en plus intégrées de plusieurs révolutions dans le domaine des technosciences, révolutions qui vont toucher tous les secteurs de la vie humaine, en particulier ceux de la médecine et de l'économie : nanotechnologies, biotechnologies, informatique (big data, Internet des objets), cognitivisme (intelligence artificielle) – et c'est ce qu'on appelle les NBIC –, auxquelles on ajoutera, pour faire bonne mesure, la robotique, les imprimantes 3D, les thérapies réparatrices à l'aide des cellules souches ainsi que les différentes formes de l'hybridation homme/machine. L'économie collaborative est elle-même rendue possible par certaines de ces nouvelles technologies, en quoi elle partage une partie de plate-forme technologique avec le transhumanisme.

Le propos de cette annexe est sans prétention aucune. Il s'agit seulement de donner au lecteur quelques points de repère élémentaires pour l'aider à comprendre à tout le moins où s'enracinent les enjeux philosophiques, économiques, éthiques et politiques posés par les révolutions techniques en cours. C'est dans cette optique que je vous propose quelques éléments d'information basiques, mais aussi bibliographiques, touchant les nanotechnologies, les big data, l'intelligence artificielle, la biochirurgie et l'ingénierie génétique et, pour les remettre en perspective, permettez-moi de citer de nouveau ici ce passage du livre du Dr Laurent Alexandre, *La Mort de la mort*, sur lequel j'aimerais revenir :

« Dans quelques décennies, les nanotechnologies vont nous permettre de construire et de réparer, molécule par molécule, tout ce qu'il est possible d'imaginer. Non seulement les objets usuels, mais aussi les tissus et les organes vivants. Grâce à ces révolutions concomitantes de la nanotechnologie et de la biologie, chaque élément de notre corps deviendra ainsi réparable, en partie ou en totalité, comme autant de pièces détachées. [...] Les quatre composantes des NBIC se fertilisent mutuellement. La biologie, et notamment la génétique, profite de l'explosion des capacités de calcul informatique et des nanotechnologies indispensables pour lire et modifier la molécule d'ADN. Les nanotechnologies bénéficient des progrès informatiques et des sciences cognitives qui, elles-mêmes, se construisent à l'aide des autres composantes. En effet, les sciences cognitives utiliseront la génétique, les biotechnologies et les nanotechnologies pour comprendre puis "augmenter" le cerveau et pour bâtir des formes de plus en plus sophistiquées d'intelligence artificielle, éventuellement directement branchées sur le cerveau humain. [...] Implantés par millions dans notre corps, des nanorobots nous informeront en temps réel d'un problème physique. Ils seront capables d'établir des diagnostics et d'intervenir. Ils circuleront dans le corps humain, nettoyant les artères et expulsant les déchets cellulaires. Ces robots médicaux programmables détruiront les virus, les cellules cancéreuses. »

Les disciplines ici évoquées sont bien évidemment fort différentes entre elles. Un spécialiste des nanotechnologies, un généticien, un économiste et un informaticien versé dans la conception des algorithmes ou l'analyse des big data (un «*data scientist*») ne font assurément pas le même métier. Ils ne possèdent ni la même formation ni les mêmes compétences, de sorte qu'associer ces différentes disciplines comme si leur «convergence» allait de soi n'est pas toujours pertinent, loin de là. Reste qu'elles en appellent sans cesse davantage à certaines formes d'interdisciplinarité. Pour ne donner qu'un exemple, il est clair que, sans les progrès de l'informatique, des big data, des objets connectés et de l'intelligence artificielle, sans la capacité de traiter des milliers de milliards de données sur la Toile, ni l'économie collaborative ni le séquençage du génome n'auraient pu voir le jour. Pas de Uber, d'Airbnb ni de BlaBlaCar sans des applications qui supposent la capacité à traiter à la vitesse de la lumière les quantités hallucinantes d'informations délivrées par des objets connectés. L'hypothèse de Laurent Alexandre – mais il n'est évidemment pas le seul à le penser –, c'est que cette convergence s'accélérant, toutes ces révolutions, inimaginables il y a peu encore, iront plus vite que nous ne le pensons. Voilà pourquoi il me semble utile d'en comprendre, fût-ce de façon minimaliste, quelques traits fondamentaux.

Qu'est-ce que les nanotechnologies ?

De quoi s'agit-il au juste quand on évoque le fameux «N» par lequel commence notre sigle (NBIC), et quelles sont les retombées potentielles de cette discipline qui bouleverse aujourd'hui le monde de la physique classique ? Dans le long rapport qu'elle a consacré en 2004 aux nanotechnologies, la Royal Society and Royal Academy of Engineering propose la définition suivante :

« Les nanosciences sont l'étude des phénomènes et la manipulation de matériaux aux échelles atomiques, moléculaires et macromoléculaires où les propriétés diffèrent significativement de celles observées à plus grande échelle. »

Bien qu'il estime qu'une définition parfaite est aujourd'hui impossible tant les réalités recouvertes par les nanosciences/nanotechnologies sont diverses, Étienne Klein, dans l'excellent petit livre qu'il leur consacre[1] (et que je conseille vivement à mon lecteur), propose de retenir trois critères : 1) un ordre de grandeur spatiale, celui du nanomètre ; 2) l'existence de propriétés originales, voire parfois tout à fait surprenantes, de la matière à cette échelle, et 3) le recours à une instrumentation spécifique pour observer et surtout manipuler, voire fabriquer des machines à l'échelle nanométrique.

Pour donner une idée de l'échelle en question, il faut rappeler que le nanomètre représente un milliardième de mètre, que cette longueur est donc au mètre ce que le diamètre d'une noisette est à celui de la Terre ! Pour être plus imagé encore, et bien qu'il soit en réalité assez difficile de se représenter la chose, un objet qui serait de la taille d'un nanomètre aurait une épaisseur cinquante mille fois plus petite que celle d'un cheveu. Or, à cette échelle, les propriétés de la matière diffèrent très sensiblement de celles que la physique de Newton décrit correctement dans le « macromonde », celui des objets de tous les jours, et ce notamment pour une raison qui semble à première vue tout à fait paradoxale, à savoir que plus un objet est petit, plus sa surface, contrairement à ce qu'on pourrait croire, est grande, ce qui augmente du coup considérablement ses liens potentiels avec les autres objets qui l'environnent.

---

1. *Le Small Bang des nanotechnologies*, Odile Jacob, 2011.

Pour faire comprendre ce paradoxe – qui est essentiel pour saisir les différences de propriétés que présente le réel à cette échelle nanométrique –, Étienne Klein suggère un exemple, celui d'une boîte de sucre ordinaire, un paquet rectangulaire de petits morceaux blancs, eux-mêmes rectangulaires. Avec cet exemple, on comprend aussitôt pourquoi la surface du grand objet (la boîte entière) est bien inférieure à celle des petits objets (les morceaux de sucre) pris ensemble. En d'autres termes, plus on fragmente le réel, plus sa surface augmente, donc plus ses relations éventuelles avec les autres objets environnants changent. Dans le cas d'un médicament, par exemple, cela peut modifier de fond en comble ses effets, de sorte que ce qui est un remède excellent au niveau macro peut devenir un poison violent au niveau nano ! De là les inquiétudes et les incessantes polémiques que suscite la recherche dans le domaine des nanosciences, ainsi que le souligne Étienne Klein :

« L'incertitude sur la toxicité des nanoparticules est réelle : à l'échelle du nanomètre, une substance a un comportement très différent de celui qu'on lui connaît à des échelles plus grandes, du fait de la surface d'exposition qui devient plus importante proportionnellement à la quantité de matière. Son comportement varie aussi selon la forme de la nanoparticule, ce qui n'est pas le cas à l'échelle macroscopique et exige des toxicologues qu'ils mettent au point des méthodes spécifiques d'analyse, de comptage et de détection. Il est possible, par exemple, que, du fait de leur petite taille, les nanoparticules traversent les membranes de certains tissus ou de certaines cellules[1] »,

---

1. Étienne Klein, *Le Small Bang des nanotechnologies*, *op. cit.*, p. 55.

provoquant ainsi des risques encore impossibles à évaluer pour la santé humaine.

Alors, me demanderez-vous, pourquoi tant d'intérêt pour ces nanosciences, un intérêt à vrai dire tel que certains chercheurs en finissent par déplorer le fait qu'aujourd'hui pour obtenir des financements à leurs recherches, il faille à tout prix présenter un projet estampillé « nano » ? Pour le comprendre, il faut en venir au troisième critère de définition des nanosciences, à savoir une instrumentation spécifique : le « microscope à effet tunnel », un appareil conçu voici une trentaine d'années par deux physiciens, Gerd Binnig et Heinrich Rohrer, invention qui leur vaudra au passage le prix Nobel en 1986.

Voici ce qu'Étienne Klein nous en dit :

> « Cet appareil allait ouvrir la voie à la révolution technique de premier ordre qui se déroule aujourd'hui sous nos yeux. [...] Il permet non seulement de former des images d'atomes individuels, mais aussi, pour la première fois dans l'histoire, de toucher un seul atome à la fois et de le déplacer à volonté. D'ordinaire, lorsque nous effleurons un objet, un stylo par exemple, des milliards d'atomes appartenant à nos doigts "entrent en contact", si l'on peut dire, avec d'autres milliards d'atomes appartenant à l'objet. C'est alors une jolie pagaille, une sorte de mêlée générale et invisible dans l'intimité superficielle de la matière. Grâce au microscope à effet tunnel. [...] on peut édifier à coups de caresses successives, atome après atome, des architectures matérielles inédites. »

Voilà pourquoi aussi les applications de ces nouvelles technologies dans le domaine industriel sont quasiment infinies. Elles vont de l'amélioration de la capacité des batteries à celle du rendement des panneaux solaires en passant par la création de toutes sortes de matériaux plus légers, plus solides ou dotés de qualités inédites – par exemple la possibilité, pour certains «nanotissus», de récupérer l'énergie du corps pour la transformer en électricité, ce qui permettrait au passage à tout un chacun de recharger en permanence son portable ou, plus important sans doute, d'alimenter son pacemaker. Pour ne donner qu'un seul exemple – mais c'est sans doute celui qui aura la plus grande influence sur la naissance de l'idéologie transhumaniste –, il devient dans l'idéal imaginable de modeler la matière selon des architectures précises afin d'utiliser au mieux les propriétés inédites des nano-objets, de construire ainsi ces « nanomachines » ou « nanorobots » qu'évoque Laurent Alexandre, et qui seraient éventuellement capables dans l'avenir non seulement de repérer des dysfonctionnements dans nos organismes, mais même, le cas échéant, de les réparer sur-le-champ. Laissons, ici encore, la parole à Étienne Klein, un scientifique fort peu porté sur la science-fiction, un physicien amoureux de l'esprit critique avec lequel on ne risque pas d'être entraîné si peu que ce soit dans des délires technophiles mais qui, pour autant, reconnaît les potentialités, il y a peu encore inimaginables, ouvertes par les nanosciences dans le domaine médical :

> « Lorsqu'on associe santé, médecine et nanotechnologies, on pense aussitôt au développement de la "nanomédecine", très prometteuse et toute bardée de hautes technologies : on évoque des traitements ciblés et régulés de diverses pathologies, des prothèses miniaturisées de toutes sortes, la possibilité désormais acquise d'introduire des artefacts dans le cerveau ou d'implanter dans le corps humain des mécanismes nanométriques à des fins médicales. [...] On peut envisager des nanomédicaments ciblant des cellules malades. L'idée est d'utiliser des nanovecteurs qui concentreraient des molécules médicamenteuses ou des

suppléments vitaminiques et pourraient atteindre spécifiquement des cellules ou des organes cibles. Pour cela, de nombreux travaux sont menés sur la façon de les intégrer à des aliments dont le goût et la texture demeurent attrayants. [...] On peut même parler de mécanismes "ultimes" au sens où leurs pièces sont des atomes individuels. [...] Cette évolution interroge à l'évidence la conception que nous nous faisons de notre propre humanité : quel taux d'hybridation souhaitons-nous établir entre technique et nature ? Entre ce qui est inerte et ce qui est vivant ? »

Où l'on comprend pourquoi le « N » des NBIC figure en première position dans l'élaboration des doctrines transhumanistes – où l'on voit aussi à quel point la différence entre science et idéologie devient chaque jour plus profonde, la réalité scientifique qui sous-tend le discours idéologique risquant sans cesse d'être instrumentalisée à des fins dogmatiques, voire, plus simplement encore, mercantiles.

Biochirurgie : « couper/coller » l'ADN avec le « Crispr-Cas9 », un pas de géant

Venons-en au « B » des NBIC, c'est-à-dire à la sphère des biotechnologies. Je rappellerai que le premier séquençage du génome humain, réalisé en l'an 2000, coûta 3 milliards de dollars, qu'il en coûte environ 3 000 aujourd'hui et que, avant la fin de la décennie, il reviendra à moins de 100 – de sorte qu'on pourra connaître son ADN, avec ses anomalies éventuelles, aussi simplement qu'on fait aujourd'hui une banale prise de sang. Mais l'essentiel n'est peut-être pas là. Il tient plutôt au fait que, grâce à une découverte toute récente, celle du « Crispr-Cas9 » au nom, il est vrai, fort barbare (la lignée des savants de Molière, décidément, n'est

pas éteinte[1]), on va pouvoir « couper/coller » notre ADN,
voire l'hybrider aussi facilement qu'on corrige une faute
d'orthographe ou déplace une phrase avec un logiciel de
traitement de texte. Avec cette découverte, tout ou presque
devient possible en matière de biochirurgie. On peut, par
exemple, éteindre ou allumer à volonté l'expression d'un
gène, le modifier, l'enlever ou l'hybrider – ce qui, bien
évidemment, offre des perspectives quasiment illimitées,
même si elles ne sont pas encore actuelles, à l'ingénierie
génétique humaine. Je vous renvoie ici au très intéressant
entretien accordé à *L'Obs* par Alain Fischer, professeur
au Collège de France, directeur de l'Institut des maladies
génétiques, du 10 décembre 2015 :

« Alain Fisher : Il faut rappeler à quel point le système
Crispr-Cas9 constitue un saut technologique majeur en
sciences de la vie et peut-être demain dans la thérapie
génique. Nous savions déjà modifier et couper l'ADN mais
pas de façon aussi précise et aussi aisée. [...]
Question : Que se passe-t-il si l'on modifie les cellules
germinales ?
Alain Fisher : C'est là que le questionnement commence
vraiment. Certains se demandent : pourquoi ne pas modifier
un embryon humain qui risque de développer une maladie ?
Mais cela n'a pas de sens. Un couple à risque peut avoir
un enfant indemne grâce à une fécondation *in vitro* puis un
diagnostic préimplantatoire [DPI] qui permet de distinguer
les embryons malades. [...] Il n'y a donc aucun intérêt à
corriger les embryons malades ! »

1. Le sigle, une fois explicité, n'est guère plus parlant puisqu'il
signifie : « *Clustered Regularly Interspaced Short Palindromic Repeats* », le
Cas9 désignant « seulement » que la chose en question (qui programme
une endonucléase bactérienne, c'est-à-dire une protéine appelée Cas9
qui coupe l'ADN) est associée à la protéine 9 (*associated protein 9*).
Quand la science devient poétique...

Certes, dans l'état actuel des choses, le professeur Fischer a tout à fait raison, à ceci près qu'il faut aussi rappeler ce qui suit : d'abord, que le combat pour autoriser le DPI a été long et difficile, attendu qu'il s'est heurté à de nombreuses résistances, religieuses bien entendu, mais pas seulement. Toute une partie de la gauche bien-pensante y voyait le retour insidieux d'un eugénisme qui rappelait les sombres temps du nazisme. J'en sais quelque chose pour avoir participé à ces discussions et publié, dès la fin des années 1980, notamment avec René Frydman, dans *Le Monde*, plusieurs articles en faveur de l'autorisation du tri d'embryon dans le cas de maladies telles que la mucoviscidose. Ensuite, il est évident que, par-delà l'utilité ou l'inutilité pratiques immédiates de manipulations génétiques germinales auxquelles on peut, en effet, substituer bien plus aisément un DPI, il reste que, du point de vue de la recherche scientifique, il s'agit d'une tout autre perspective. Infiniment plus dangereuse, certes, voire effrayante puisqu'elle se transmettra aux générations futures, mais aussi, précisément pour cette raison, plus radicale et plus prometteuse si l'on réfléchit à l'éradication définitive de telle ou telle pathologie. Par ailleurs, Alain Fischer, malgré son hostilité à ces hypothèses de travail, ne peut s'empêcher d'évoquer la question, fût-ce pour finalement l'écarter en raison des dangers qu'elle présente :

« Certaines variantes de nos gènes sont des facteurs de risques de maladies cardiovasculaires, de cancers... Par exemple, le gène CCR5 est un récepteur qui permet l'entrée du virus du sida. Chez de rares personnes, ce gène est muté, ce qui les rend réfractaires à l'infection du VIH. Ne pourrait-on pas généraliser l'inactivation de ce gène pour rendre tout le monde résistant à cette infection ? La procédure est très lourde, puisqu'il faut modifier le génome d'embryons. Et sommes-nous sûrs de ne pas provoquer des effets délétères ? Le gène CCR5 permet aussi au système immunitaire de combattre certaines infections virales. Avons-nous le droit de modifier le génome de notre descendance ? »

C'est toute la question, en effet, à tout le moins celle qui gît au cœur du transhumanisme, ses partisans répondant évidemment par l'affirmative, pourvu que des précautions soient prises, que des expérimentations soient conduites sur les animaux, que les effets pervers puissent être contrôlés, etc. Mais est-ce possible ? Peut-on tout contrôler ? La façon dont Alain Fischer critique, sans les nommer, les transhumanistes, est tout à fait compréhensible et caractéristique des réticences légitimes que soulève le projet :

« Dans le rêve de certains, cette technique pourrait être aussi utilisée pour augmenter les performances humaines : courir plus vite, augmenter la vigilance… Souhaitons-nous vraiment cela ? La médecine a d'autres buts : donner à chacun les meilleures chances de vivre le plus longtemps et le mieux possible dans le cadre de ses capacités naturelles. Si l'on utilise ces nouvelles techniques pour sauver la vie d'un enfant de deux ans, c'est parfait. Même chose si l'on guérit le cancer d'un adulte. Mais vouloir allonger la vie de tous au-delà de cent ans est à mon avis déraisonnable. Voulons-nous vivre dans un monde composé de vieillards ? »

L'argumentation de Fischer est évidemment forte… et faible. Forte parce que les dangers des manipulations génétiques germinales sont immenses, les effets pervers encore tout à fait inconnus et l'imprudence des docteurs Folamour préoccupante ; faible parce que rien ne dit qu'on ne parviendra pas à maîtriser ces effets pervers, les progrès des biotechnologies n'étant pas *a priori* limités, ni du point de vue scientifique ni même du point de vue moral ; faible aussi parce qu'il est sûr que, si certains pays choisissent la voie de l'augmentation, il sera difficile aux autres de les regarder faire sans bouger ; faible enfin, parce que, dans l'hypothèse où l'on parviendrait à allonger la vie humaine, ce serait sans aucun doute en augmentant aussi sa qualité, le rêve transhumaniste ne visant pas la vieillesse éternelle, mais plutôt la jeunesse éternelle. Qu'on n'y soit pas encore est clair, qu'il y ait des obstacles qui paraissent insurmontables dans l'état actuel de nos connaissances est non moins évident, mais que le rêve ne puisse jamais devenir réalité, nul ne peut aujourd'hui l'affirmer, pas davantage qu'on ne peut prétendre que les limites imposées par la nature se confondent forcément avec celles que recommanderait l'éthique.

Permettez-moi d'y insister encore, car c'est vraiment essentiel. La nature est un fait, jamais une norme, c'est une donnée matérielle, nullement une valeur éthique, et si nous pouvions vivre en bonne santé plus de cent ans, si nous en avions le goût et l'envie, que nous étions capables de résoudre les problèmes démographiques, économiques et politiques qu'une telle perspective ne manquerait évidemment pas d'ouvrir, je vois mal pourquoi nous devrions *a priori* nous en priver au motif que « ce n'est pas naturel ». Du reste, toute l'histoire de la médecine n'est-elle pas celle d'une lutte contre les méfaits d'une nature aveugle et radicalement insensible sur le plan moral ? Si la nature était de règle, ne devrions-nous pas quitter ce monde une fois nos gènes transmis aux générations futures ? Si notre espérance de vie est aujourd'hui d'environ quatre-vingts ans, n'est-ce pas parce que nous avons, du moins dans nos démocraties modernes, repoussé des limites, contrecarré largement la logique brutale de la sélection darwinienne ? Alors qui peut dire sérieusement où nous devrions arrêter ce processus et à quel âge il est « bon » de mourir ? À chacun de répondre à cette question, mais pour voir autour de moi, l'âge venant, de plus en plus de vieillards, dont certains que j'aime infiniment, j'en aperçois un grand nombre qui, bien que fort âgés, ont encore le goût de vivre et ne sont nullement enthousiasmés à l'idée partir, point de vue tout aussi légitime à mes yeux que celui des héritiers qui, parfois, aimeraient bien en effet que l'attente ait un terme…

Qu'est-ce que les big data ?

Intéressons-nous maintenant au « I », Informatique, de notre sigle. Et , pour commencer, qu'est-ce au juste que les big data ? Littéralement, ce sont les « grosses données », disons le volume gigantesque de données brutes ou déjà structurées, publiques ou privées, qui circulent en permanence sur l'ensemble des réseaux dans le monde entier du fait de nos échanges de mails, de SMS, de nos navigations sur la Toile, notamment *via* Google, ou de nos interventions multiples (musique, photos, messages écrits, etc.) sur les réseaux sociaux (Facebook, Twitter, LinkedIn…), mais également des objets connectés qui, de plus en plus nombreux, envoient eux aussi en permanence des masses gigantesques d'informations sur le Net. Le volume de ces données numériques a augmenté de manière exponentielle au fil des toutes dernières années, et il se compte aujourd'hui, non plus en « pétaoctets » (10 puissance 15 octets), ni même en « exaoctets » (10 puissance 18 octets), mais en « zettaoctets » (10 puissance 21 octets). Pour donner une idée du caractère vertigineux du volume de données qui se baladent sans cesse sur la Toile, il suffit

de savoir qu'un pétaoctet représentait déjà l'équivalent de
2 milliards de photos de résolution moyenne !
Comme on peut l'imaginer, l'ensemble de ces données
pose des problèmes gigantesques de stockage (pour qui,
du moins, voudrait les stocker, et dans cette optique, ce
que l'on appelle le «*cloud comuting*», le stockage dans le
«nuage», c'est-à-dire dans des «*data centers*» qui se trouvent
en dehors de nos terminaux, offre des solutions efficaces
et relativement peu coûteuses) et plus encore d'analyse :
quelles informations en tirer ? Quel sens leur donner ?
Que peuvent-elles nous apprendre sur les attentes des
consommateurs, sur les goûts des diverses catégories de
population, mais aussi sur leur santé, leurs déplacements,
leurs voyages touristiques, le mode de consommation, leurs
options politiques, leurs participations à des associations, à
des courants idéologiques, voire à des activités terroristes ?
Les informations qu'on peut tirer des big data, si on sait
les utiliser, sont d'une diversité sans limites. Elles peuvent
servir les finalités les plus diverses depuis le traitement des
épidémies, la prise en charge de catastrophes naturelles, la
gestion des primes d'assurance ou la lutte contre le crime,
jusqu'au séquençage du génome humain en passant par la
régulation des transports aériens, de la circulation routière,
la voiture autopilotée, la lutte contre le cancer, le suivi à
domicile des malades, des personnes âgées dépendantes,
la publicité ciblée ou le choix et le suivi de l'efficacité
des thèmes retenus par l'équipe d'un candidat dans une
campagne électorale ! Elles peuvent tout aussi bien servir,
c'est le revers de la médaille, à des fins abominables, par
exemple au cyberterrorisme. Tout est question d'analyse,
de «*data mining*» (j'indique à dessein les termes désormais
utilisés par tous les spécialistes, termes dont on notera, et
ce n'est évidemment pas un hasard, qu'ils sont tous issus de

l'anglo-américain), de capacité à extraire du sens des *data*, capacité qui dépend notamment du choix des algorithmes qui permettent de faire apparaître des significations utiles à partir d'une masse au départ globalement plutôt informe (même si une part de ces données est déjà structurée, donc plus ou moins sensée), de sorte que le métier de « *data scientist* » devient dans certains secteurs tout à fait essentiel. Pour résumer, on a pris l'habitude de caractériser l'analyse des big data par une série de « V » : Volume, Vitesse, Variété, Valeur. Volume, nous avons dit pourquoi. Vitesse, parce que les données s'accumulant de seconde en seconde, par millions, il faut désormais parvenir à les analyser en temps réel ; Variété, parce qu'il s'agit aussi bien de photos, d'images, de contenus multimédias, de films, de musique, de données géographiques, médicales, etc., chiffrées, que de textes ; et enfin Valeur, parce que leur analyse peut avoir dans certains cas une grande valeur, non seulement commerciale (en termes de publicité et de ciblage du client), mais aussi « morale » et politique, quand il s'agit de combattre le crime, les accidents, les maladies, d'aider aux soins de personnes isolées ou de porter secours à des populations en détresse.

Bien évidemment, il existe encore une autre face d'ombre à ces avancées, au demeurant incontestables et utiles, en particulier sur le plan médical : c'est la menace qui pèse sur nos vies privées, avec une question, au fond analogue à celle qui se pose déjà dans la lutte contre le terrorisme avec la généralisation des écoutes : jusqu'où sommes-nous prêts à sacrifier des pans entiers de nos libertés et de nos vies privées pour bénéficier en retour des avantages des big data ? Et, pour être honnête, ajoutons cette autre question : cela dépend-il encore de nous, de nos choix individuels et même politiques, attendu que de toute façon rien de ce que nous mettons sur la Toile n'est plus aujourd'hui confidentiel ? Tout, je dis bien tout, ce que nous émettons dans le monde numérique, qu'il s'agisse de nos mails, de nos SMS, des informations émises par nos objets connectés, de nos navigations sur la Toile ou de nos échanges sur les réseaux sociaux est potentiellement décryptable, sinon *de facto* décrypté.

Sans cesse, les données que nous croyons naïvement privées – par exemple nos navigations sur le Net, qui en vérité sont suivies grâce à des « cookies », des capteurs implantés sur le disque dur de nos ordinateurs personnels, ou encore les informations qu'une montre ou un pèse-personne connectés envoient sur la Toile – sont possiblement rendues publiques sur ce qu'on appelle désormais l'« *open data* », c'est-à-dire justement ce processus qui consiste à rendre peu à peu disponible à l'analyse, et ce pour l'ensemble des populations, toutes les données privées ou publiques, sans aucune restriction juridique ni économique – processus qui, on le comprend aussitôt, peut être d'une très grande utilité pour quantité d'entreprises (pour répondre à la demande des clients) et d'organisations diverses (par exemple les compagnies d'assurances), mais qui posent du même coup des problèmes considérables de protection de la vie privée.

Il est, pour illustrer ce propos, devenu très difficile de conserver aujourd'hui le secret médical. Il suffit que vous confiiez vos soucis de santé à un proche, un membre de votre famille ou un ami qui, sans penser à mal, en parle à un autre proche sur un réseau social pour que l'information, désormais irrattrapable, soit potentiellement publique et, pourquoi pas, aussitôt décryptée par votre mutuelle qui pourra le cas échéant en faire usage. Ce n'est là qu'un exemple parmi des dizaines d'autres que l'on pourrait donner des avantages (pour les uns) et inconvénients (pour les autres) de l'analyse des données de masse.

Pour résumer cet aspect plutôt négatif des approches des big data (mais encore une fois, il est indispensable de le mettre en balance avec les aspects positifs), pour cinq raisons au moins, l'anonymisation et la protection de nos données personnelles sont largement un leurre, et ce quels que soient les louables efforts de la CNIL et des autorités compétentes. D'abord, il faut savoir que les adresses IP qui figurent sur nos ordinateurs sont aussi transparentes qu'un numéro de téléphone : elles indiquent à qui le veut le nom de l'utilisateur probable de la machine, d'autant qu'en croisant cette information avec d'éventuelles données de localisation il est à peu près impossible d'échapper à une recherche d'identification. Ensuite, il faut observer qu'il existe de nombreux logiciels, simples et peu coûteux, qui permettent d'écouter toutes nos conversations téléphoniques et de décrypter tous nos mails ainsi que tous nos SMS. N'oublions pas que notre ancien président de la République a pu être mis sur écoute par le gouvernement alors qu'il disposait d'un appareil en principe « sécurisé » (je dis bien le gouvernement, car il est inimaginable que le garde des Sceaux n'ait pas été averti de ces écoutes, inimaginable aussi qu'il n'en ait pas fait part à son Premier ministre, qui lui-même en a obligatoirement averti son président). Continuons : il faut savoir aussi que, après les attentats du 11 septembre 2001, la législation américaine touchant la lutte contre le terrorisme (le fameux Patriot Act) a autorisé les autorités compétentes à accéder directement et sans permis spécial à toutes les données stockées sur le *cloud* de toutes les sociétés américaines, y compris bien entendu de celles qui travaillent à l'étranger. La Commission européenne a beau protester, contester la légitimité de cette législation, tenter tant bien que mal de mettre en place des systèmes européens de stockage (c'est aussi à cela que répond le projet «Andromède»), rien n'y fait. D'abord parce que cela laisse les États-Unis de marbre, ensuite parce que, de toute façon, les sociétés qui mettent en place les différents types de *cloud* se réservent des *backdoors*, des portes de derrière, qui leur permettent quand même d'avoir accès aux données stockées chez elles et censées être protégées ; ensuite parce que en toute hypothèse rien ne nous garantit que ces systèmes ne seront pas fracturés un jour ou l'autre, attendu qu'ils font quotidiennement l'objet de milliers de tentatives pour y parvenir ! Enfin, soyons clairs : les enjeux économiques qui entourent les big data sont gigantesques. Pour en donner une toute petite idée, des entreprises de plus en plus nombreuses se spécialisent, aux États-Unis notamment, dans la collecte, le stockage et la revente de données qui pourraient être utiles aux autres entreprises pour cibler leurs clients, répondre à leurs attentes, faire des campagnes de publicité, etc. C'est ainsi que, comme nous l'avions dit dans un chapitre précédent, l'excellent rapport que le Commissariat général à la stratégie et à la prospective a consacré en novembre 2013 aux big data fait observer que la société Axiom obtient en 2012 un revenu de plus d'un milliard de dollars grâce à ce type de vente tandis qu'elle se targue de détenir une moyenne de 1 500 données sur plus de 700 millions d'individus dans le monde !

Cognitivisme : de l'intelligence artificielle (IA) faible à l'IA forte ?

Quelques mots, pour finir, sur le C, pour «cognitivisme», qui conclut notre sigle. Il faut ici distinguer clairement ce qu'on appelle l'intelligence artificielle (IA) faible, qui est déjà réalité, de l'IA dite «forte» qui reste encore (et selon moi à jamais, mais les spécialistes de l'IA sont majoritairement d'une autre opinion que la mienne) une utopie. Pour aller à l'essentiel et en première approximation, on pourrait dire que l'IA forte serait l'intelligence d'une machine capable, non pas seulement de mimer de l'extérieur l'intelligence humaine, mais qui serait bel et bien dotée de deux éléments jusqu'à présent exclusivement humains (ou à tout le moins présents seulement dans des intelligences incarnées dans des corps biologiques, les grands singes et les animaux supérieurs étant sans doute eux aussi capables de les posséder, fût-ce à un degré moindre) : la conscience de soi et les émotions – l'amour et la haine, la peur, la souffrance et le plaisir, etc.

L'IA faible se contente, elle, de résoudre des problèmes. Elle peut sans doute mimer l'intelligence humaine, mais il ne s'agit jamais que d'une imitation mécanique, tout extérieure, comme le prouve du reste de manière suffisante le fait que, pour le moment, aucun ordinateur n'a été capable de réussir avec succès le fameux test de Turing, du nom de ce mathématicien britannique qui avait imaginé une expérience dans laquelle un être humain dialogue avec une «entité» cachée, sans savoir s'il s'agit d'un ordinateur ou d'un autre humain. L'ordinateur imite le dialogue, mais seulement comme un mauvais psychanalyste qui, entendant le mot «maman», vous sort un «Votre maman, ah bon, bien sûr, associez donc librement», etc. Au bout de quelque temps, l'ordinateur est si décalé et, il faut bien le dire, si stupide, que l'humain même le plus niais finit par s'apercevoir que c'est bien une machine avec qui il converse.

Reste que la plupart des cognitivistes sont convaincus qu'on parviendra un jour à fabriquer des machines

semblables au cerveau humain, des ordinateurs susceptibles d'avoir conscience d'eux-mêmes comme de ressentir
des émotions, ce que contestent de leur côté nombre de
biologistes qui assurent qu'il faut disposer d'un corps
vivant pour avoir ces deux attributs. *A priori*, nous avons
spontanément tendance à pencher en faveur du biologique,
sauf que les partisans de l'IA forte plaident, en s'appuyant
sur un monisme matérialiste, que le cerveau lui-même n'est
qu'une machine comme les autres, seulement plus sophistiquée, un simple matériau organisé qu'on arrivera un jour
à imiter de manière parfaite, fût-ce au prix d'hybridations
entre l'homme et la machine, hybridations qui sont déjà en
voie de réalisation, par exemple du côté du cœur artificiel,
une machine, certes, mais recouverte de tissus biologiques.

De là l'idée (à mon sens le fantasme) qu'il serait un
jour possible de stocker son intelligence et sa mémoire sur
une sorte de clef USB (ou son équivalent dans quelques
décennies), mais aussi de fabriquer des machines vraiment
intelligentes, c'est-à-dire capables de conscience de soi
et d'émotions. Où l'on voit que l'utopie d'un glissement
insensible du faible au fort s'est introduite dans l'univers
des mathématiciens informaticiens matérialistes. Car
désormais, les machines accomplissent – du moins est-ce
là leur thèse – à peu près tout ce que les humains sont
capables de faire : elles sont autonomes, à tout le moins
largement autant qu'eux, elles peuvent prendre des
décisions, apprendre, corriger leurs erreurs, se reproduire, et bientôt, telle est l'utopie, elles réussiront le test
de Turing. De là la thèse d'un Kurzweil, selon laquelle nous
pourrons atteindre l'immortalité en nous hybridant avec
ces entités nouvelles et en devenant ainsi nous-mêmes des
posthumains.

Je dis tout de suite que ce regain d'intérêt pour le matérialisme philosophique se heurte à mon sens à plusieurs objections sérieuses.

Certes, si on se place d'un point de vue simplement « béhavioriste », comportementaliste, si on ne juge les machines que du « dehors », la distinction entre elles et l'être humain, comme dans l'excellente série *Real Humans*, pourra un jour devenir difficile, voire impossible à établir. Même si ce n'est pas encore le cas, il n'est pas exclu qu'un jour une machine réussisse le test de Turing. Mais qu'est-ce qui nous prouve pour autant qu'elle aura « vraiment » conscience d'elle-même, qu'elle éprouvera « vraiment » des sentiments, de l'amour et de la haine, du plaisir et de la peine ? Ce n'est pas parce qu'une imitation est parfaite qu'elle n'est pas pour autant une copie. À moins de sombrer dans un délire paranoïaque, il me semble absurde de prêter à des machines des émotions qu'elles n'ont aucun moyen ni aucune raison d'éprouver. Bien qu'elles imitent parfaitement la vie, elles ne sont pas vivantes, pas plus qu'un perroquet qui parle ne comprend ce qu'il dit. On dira que le cerveau lui-même n'est qu'une machine. Reste que la pensée existe hors de lui. Pour être tout à fait clair : il faut assurément un cerveau, et même un cerveau bien fait, pour découvrir, comme Newton, la loi de la gravitation universelle. Pour autant, cette loi n'est pas dans nos têtes, elle est découverte par nous, pas inventée ou produite par nous, mais incarnée dans le réel – même chose pour les fameux cas d'égalité des triangles qui ont bercé notre enfance : il faut un cerveau pour les comprendre, mais les lois des mathématiques n'en existent pas moins hors de nous, en quoi un certain dualisme me semble impossible à renier.

Du reste, j'aimerais, par exemple, qu'on m'explique d'un point de vue strictement moniste et matérialiste quelle différence peut bien exister entre un cerveau humain de droite et un cerveau humain de gauche, voire entre le cerveau qui se trompe dans une addition et le même, quelques instants plus tard, qui voit juste et corrige sa bévue. Ne suis-je pas « biologiquement » le même quand je commets une erreur et quand je la corrige ? Il me semble que c'est ailleurs, dans la vie psychique des êtres vivants, que se loge la différence avec les machines, et c'est par définition ce que l'approche béhavioriste, qui en reste aux signes extérieurs, ne peut pas voir.

Mais laissons là ce débat métaphysique sans fin, pour en revenir à l'IA faible qui, elle, a du moins le mérite de ne pas relever de l'utopie matérialiste à laquelle je ne crois pas une seconde, mais de la réalité bien réelle.

En effet, qui aurait parié un centime, au début du siècle dernier, qu'une machine battrait aux échecs le meilleur joueur du monde ? C'eût semblé à coup sûr une plaisanterie de mauvais goût, un rêve infantile digne d'un mauvais plagiat de Jules Verne. Et pourtant... Depuis la victoire de l'ordinateur nommé « Deep Blue » contre le champion du monde d'échecs, nous savons que c'est possible, mais désormais, en outre, la moindre application sur votre PC, voire sur votre humble smartphone, est à peu de chose près capable d'en faire autant ! Mais il y a plus, plus fort encore dans le domaine des progrès accomplis ces toutes dernières années en matière d'IA faible. Le programme informatique d'IBM qui répond au doux nom de Watson, comme l'acolyte de Sherlock Holmes, a remporté haut la main en 2011 le célèbre jeu télévisé « Jeopardy ! » qui faisait jusque-là fureur aux États-Unis, et ce en battant deux de ses champions. Il s'agissait pourtant d'un incroyable défi pour une machine : trouver la question correspondant à une réponse formulée en langue naturelle, en l'occurrence en anglais courant. En utilisant notamment le logiciel Hadoop (un logiciel de traitement des big data), Watson s'est montré capable de parcourir à toute vitesse 200 millions de pages de texte, ce qui lui a permis de l'emporter sur son concurrent humain. Encore fallait-il pour cela, non seulement qu'il « comprenne » correctement les questions, ensuite qu'il puisse lire en quelques secondes des sommes de documents qui prendraient plusieurs vies à un humain, mais qu'il en tire de plus la réponse adaptée à la question posée (en l'occurrence, j'y reviens pour qu'on mesure bien l'ampleur du défi : trouver la question derrière la réponse que donnait l'animateur !). La performance, tout simplement vertigineuse, laisse rêveur. Quand bien même on resterait convaincu que l'IA forte n'est qu'une utopie, l'IA faible, qui dépasse désormais, et de très loin, certaines capacités intellectuelles des simples mortels, n'en pose pas moins déjà des problèmes bien réels, comme en témoigne la lettre ouverte, dont j'ai déjà parlé, contre la fabrication et l'utilisation par l'armée des fameux « robots tueurs » signée par Elon Musk, Stephen Hawking et Bill Gates en juillet 2015 – une pétition à laquelle se sont finalement associés plus de mille chercheurs dans le monde entier.

Ces trois personnalités, pourtant passionnées de science et de technologies nouvelles, attirent notre attention sur les dangers considérables que fait courir à l'humanité le passage des drones ou des missiles téléguidés, donc pilotés par des humains, fût-ce à distance, à des robots tueurs supposés « intelligents » et, comme tels, capables de décider par eux-mêmes « d'appuyer sur le bouton », de décider de la vie et de la mort de tel ou tel individu. Dans leur lettre, nos trois scientifiques/chefs d'entreprise abordent les arguments pour et contre ces robots, ils n'occultent pas le fait qu'ils pourraient, dans une guerre, remplacer les humains et, par conséquent, éviter des pertes inutiles. Mais, comme ils l'écrivent aussitôt, le danger n'en est pas moins immense, largement supérieur à l'avantage qu'on peut en tirer :

> « Peu coûteuses et ne nécessitant pas de matériaux rares, ce qui n'est pas le cas des bombes atomiques, de telles armes seraient bientôt omniprésentes. Bien vite, on les trouvera sur le marché noir, les terroristes pourront eux aussi en disposer facilement, mais aussi les dictateurs qui veulent asservir leurs peuples, les chefs de guerre aux tendances génocidaires, etc. »

De là les avertissements de nos trois compères, qu'il est bon d'entendre[1] :

Écoutons d'abord Bill Gates : « Je suis de ceux qui s'inquiètent de la superintelligence. Dans un premier temps, les machines accompliront de nombreuses tâches à notre place et ne seront pas superintelligentes. Cela devrait être positif si nous gérons ça bien. Plusieurs décennies plus tard, cependant, l'intelligence sera suffisamment puissante pour poser des problèmes. Je suis d'accord avec Elon Musk et d'autres, et je ne comprends pas pourquoi les gens ne sont pas inquiets. »

Et Stephen Hawking d'enfoncer le clou : « Réussir à créer une intelligence artificielle serait un grand événement dans l'histoire de l'homme. Mais ce pourrait aussi être le dernier. »

Pourquoi le dernier ? Parce que tout être doté d'une intelligence « darwinienne », et dans l'hypothèse où se place Hawking, ce serait le cas des machines, a pour premier et principal but de survivre, donc d'éliminer tous ceux qui

---

1. Je les cite tel que rapporté sur le site de *L'Express/L'Expansion* en juillet 2015.

menacent sa vie. Or les machines intelligentes, comme dans les pires scénarios de science-fiction, étant capables de lire en quelques secondes des millions de pages, sauraient à peu près tout sur nous, à commencer par le fait que nous, les humains, sommes les seuls à pouvoir les débrancher, ce qui ferait de nous leurs premiers et principaux ennemis. Contrôlant tous les services informatisés, donc les armées, elles seraient aisément capables de nous détruire.

Laissons enfin la parole à Elon Musk, entre autres brillantissime patron de Tesla : « Je pense que nous devrions être très prudents. Si je devais deviner ce qui représente la plus grande menace pour notre existence, je dirais probablement l'intelligence artificielle. Je suis de plus en plus enclin à penser qu'il devrait y avoir une régulation, à un niveau national ou international, simplement pour être sûr que nous ne sommes pas en train de faire quelque chose de stupide. Avec l'intelligence artificielle, nous invoquons un démon. »

Et joignant le geste à la parole, Musk a mis de sa poche 10 millions de dollars dans un fonds dédié à la recherche sur la sécurité des futures avancées de l'intelligence artificielle, montrant ainsi, s'il en était encore besoin, que l'idéal de la régulation est peut-être bien vital pour nous, aujourd'hui.

Table

Table

Du même auteur

Philosophie politique I. Le Droit: la nouvelle querelle des Anciens et des Modernes, Paris, PUF, 1984.

Philosophie politique II. Le Système des philosophes de l'histoire, Paris, PUF, 1984.

Philosophie politique III. Des droits de l'homme à l'idée républicaine, Paris, PUF, 1985 (en coll.).

La Pensée 68. Essai sur l'anti-humanisme contemporain, Paris, Gallimard, 1985 (avec Alain Renaut).

Systèmes et critiques, Bruxelles, Ousia, 1985 (en coll.).

68-86. Itinéraires de l'individu, Paris, Gallimard, 1987 (en coll.).

Heidegger et les Modernes, Paris, Grasset, 1988 (en coll.).

Homo Aestheticus. L'invention du goût à l'âge démocratique, Paris, Grasset, 1990.

Pourquoi nous ne sommes pas nietzschéens, Paris, Grasset, 1991 (en coll.).

Le Nouvel Ordre écologique, Paris, Grasset, 1992.

Des animaux et des hommes. Une anthologie, Paris, Hachette, «Le Livre de Poche», 1994 (en coll.).

L'Homme-Dieu ou le sens de la vie, Paris, Grasset, 1996.

La Sagesse des Modernes, Paris, Robert Laffont, 1998 (avec André Comte-Sponville).

Le Sens du beau, Paris, Cercle d'art, 1998.

Philosopher à dix-huit ans, Paris, Grasset, 1999 (en coll.).

Qu'est-ce que l'homme ?, Paris, Odile Jacob, 2000 (avec Jean-Didier Vincent).

Qu'est-ce qu'une vie réussie ?, Paris, Grasset, 2002 ; Hachette, « Le Livre de Poche », 2009.

Lettre à tous ceux qui aiment l'école, Paris, Odile Jacob, 2003 (en coll.).

La Naissance de l'esthétique moderne, Paris, Cercle d'art, 2004.

Le Religieux après la religion, Paris, Grasset, 2004 (avec Marcel Gauchet).

Comment peut-on être ministre ? Réflexions sur la gouvernabilité des démocraties, Paris, Plon, 2005.

Apprendre à vivre 1 : traité de philosophie à l'usage des jeunes générations, Paris, Plon, 2006.

Kant : une lecture des trois Critiques, Paris, Grasset, 2006.

Vaincre les peurs : la philosophie comme amour de la sagesse, Paris, Odile Jacob, 2006.

Familles, je vous aime : politique et vie privée à l'âge de la mondialisation, Paris, XO, 2007.

Pour un service civique, Paris, Odile Jacob, 2008 (en coll.).

Apprendre à vivre 2 : la sagesse des mythes, Paris, Plon, 2008.

La Tentation du christianisme, Paris, Grasset, 2010.

Combattre l'illettrisme, Paris, Odile Jacob, 2009 (en coll.).

Face à la crise, Paris, Odile Jacob, 2009.

Le Christianisme, la pensée philosophique expliquée, Vincennes, Frémeaux & Associés, 2009.

Qu'est-ce qu'une vie réussie ?, Paris, Hachette, « Le Livre de Poche », 2009.

Philosophie du temps présent, Vincennes, Frémeaux & Associés, 2009.

Apprendre à vivre : traité de philosophie à l'usage des jeunes générations, Paris, Flammarion, 2009.

Du même auteur

Heidegger, l'œuvre philosophique expliquée, Vincennes, Frémeaux & Associés, 2010.

La Révolution de l'amour : pour une spiritualité laïque, Paris, Plon, 2010 ; J'ai lu, « Essai », 2012.

Mythologie, l'héritage philosophique expliqué, Vincennes, Frémeaux & Associés, 2010.

Faut-il légaliser l'euthanasie ? (avec Axel Kahn), Paris, Odile Jacob, 2010.

L'Anticonformiste : une autobiographie intellectuelle (entretiens avec Alexandra Laignel-Lavastine), Paris, Denoël, 2011 ; Pocket, 2012.

Karl Marx, la pensée philosophique expliquée, Vincennes, Frémeaux & Associés, 2011.

Chroniques du temps présent : Le Figaro, *2009-2011*, Paris, Plon, 2011.

Sigmund Freud, la pensée philosophique expliquée, Vincennes, Frémeaux & Associés, 2011.

La Politique de la jeunesse : rapport au Premier ministre, Paris, Odile Jacob, « Penser la société », 2011 (avec Nicolas Bouzou).

De l'amour : une philosophie pour le xxie *siècle*, Paris, Odile Jacob, « Sciences humaines », 2012.

Schopenhauer, l'œuvre philosophique expliquée, Vincennes, Frémeaux & Associés, 2012.

L'Invention de la vie de bohème, 1830-1900, Paris, Cercle d'art, 2012.

Descartes, Spinoza, Leibniz : l'œuvre philosophique expliquée, Vincennes, Frémeaux & Associés, 2013.

Hegel, l'œuvre philosophique expliquée, Vincennes, Frémeaux & Associés, 2013.

Epicuriens et stoïciens : la quête d'une vie réussie, Paris, Le Figaro, « Sagesses d'hier et aujourd'hui », 2013.

Aristote : le bonheur par la sagesse, Paris, *Le Figaro*, « Sagesses d'hier et aujourd'hui », 2013.

De Homère à Platon : la naissance de la philosophie, Paris, *Le Figaro*, « Sagesses d'hier et aujourd'hui », 2013.

Descartes : je pense donc je suis, Paris, *Le Figaro*, « Sagesses d'hier et aujourd'hui », 2013.

Pic de la Mirandole : la naissance de l'humanisme, Paris, *Le Figaro*, « Sagesses d'hier et aujourd'hui », 2013.

Gilgamesh et Bouddha, sagesses d'Orient : accepter la mort, Paris, *Le Figaro*, « Sagesses d'hier et aujourd'hui », 2013.

Jésus et la révolution judéo-chrétienne : vaincre la mort par l'amour, Paris, *Le Figaro*, « Sagesses d'hier et aujourd'hui », 2013.

Spinoza et Leibniz : le bonheur par la raison, Paris, *Le Figaro*, « Sagesses d'hier et aujourd'hui », 2013.

La Philosophie anglo-saxonne : la force de l'expérience, Paris, *Le Figaro*, « Sagesses d'hier et aujourd'hui », 2013.

Kant et les Lumières : la science et la morale, Paris, *Le Figaro*, « Sagesses d'hier et aujourd'hui », 2013.

Nietzsche : la mort de Dieu, Paris, *Le Figaro*, « Sagesses d'hier et aujourd'hui », 2013.

Hegel et l'idéalisme allemand : penser la lumière, Paris, *Le Figaro*, « Sagesses d'hier et aujourd'hui », 2013.

Marx et l'hypothèse communiste : transformer le monde, Paris, *Le Figaro*, « Sagesses d'hier et aujourd'hui », 2013.

Schopenhauer : pessimisme et art du bonheur, Paris, *Le Figaro*, « Sagesses d'hier et aujourd'hui », 2013.

Hegel et l'idéalisme allemand : penser l'histoire, Paris, *Le Figaro*, « Sagesses d'hier et d'aujourd'hui », 2013.

Nietzsche : la mort de Dieu, Paris, *Le Figaro*, « Sagesses d'hier et d'aujourd'hui », 2013.

Le Cardinal et le Philosophe, Paris, Plon, 2013 ; J'ai lu, 2014.

Marx et l'hypothèse communiste : transformer le monde, Paris, *Le Figaro*, « Sagesses d'hier et d'aujourd'hui », 2013.

Du même auteur

Freud : le sexe et l'inconscient, Paris, *Le Figaro*, « Sagesses d'hier et d'aujourd'hui », 2013.

Heidegger : les illusions de la technique, Paris, *Le Figaro*, « Sagesses d'hier et d'aujourd'hui », 2013.

Sartre et l'existentialisme : penser la liberté, Paris, *Le Figaro*, « Sagesses d'hier et d'aujourd'hui », 2013.

La Pensée 68 et l'ère du soupçon, Paris, *Le Figaro*, « Sagesses d'hier et d'aujourd'hui », 2013.

La Philosophie aujourd'hui : où en est-on ? Paris, *Le Figaro*, « Sagesses d'hier et d'aujourd'hui », 2014.

La Naissance de l'esthétique et la question des critères du beau, Paris, *Le Figaro*, « Sagesses d'hier et d'aujourd'hui », 2014.

La Plus Belle Histoire de la philosophie, Paris, Robert Laffont, 2014.

Les Avant-Gardes et l'art moderne, Paris, *Le Figaro*, « Sagesses d'hier et d'aujourd'hui », 2014.

Entre le cœur et la raison : la querelle du classicisme, Paris, *Le Figaro*, « Sagesses d'hier et d'aujourd'hui », 2014. *Une brève histoire de l'éthique*, Paris, *Le Figaro*, « Sagesses d'hier et d'aujourd'hui », 2014.

Karl Popper : qu'est-ce que la science ? Paris, *Le Figaro*, « Sagesses d'hier et d'aujourd'hui », 2014.

Philosophie de l'écologie. Croissance verte ou décroissance ?, Paris, *Le Figaro*, « Sagesses d'hier et d'aujourd'hui », 2014.

Philosophie du progrès. Le romantisme contre les Lumières, Paris, *Le Figaro*, « Sagesses d'hier et d'aujourd'hui », 2014.

L'Innovation destructrice, Paris, Plon, 2014.

Sagesses d'hier et d'aujourd'hui, Paris, Flammarion, 2014.

Chroniques du temps présent : Le Figaro, 2011-2014, vol. II, Paris, Plon, 2014.

Pour en savoir plus
sur les Éditions Plon
(catalogue complet, auteurs, titres,
revues de presse, vidéos, actualités…),
vous pouvez consulter notre site Internet :
www.plon.fr
et nous suivre sur les réseaux sociaux :
www.facebook.com/Editions.Plon
www.twitter.com/EditionsPlon

Composition : Soft Office

Achevé d'imprimer en avril 2016
par Normandie Roto Impression s.a.s.
N° d'impression : 1602109

Dépôt légal : avril 2016
Imprimé en France